新视野教师教育丛书·专业养成系列

社会转型与师生文化冲突

林存华　著

北京大学出版社
PEKING UNIVERSITY PRESS

图书在版编目（CIP）数据

社会转型与师生文化冲突/林存华著. —北京：北京大学出版社，2011.9
（新视野教师教育丛书·专业养成系列）
ISBN 978-7-301-18841-5

Ⅰ.①社… Ⅱ.①林… Ⅲ.①师生关系－研究 Ⅳ.①G456

中国版本图书馆 CIP 数据核字（2011）第 075343 号

书　　　　名：	社会转型与师生文化冲突
著作责任者：	林存华　著
丛 书 策 划：	姚成龙
责 任 编 辑：	成　淼
标 准 书 号：	ISBN 978-7-301-18841-5/G·3110
出 版 发 行：	北京大学出版社
地　　　　址：	北京市海淀区成府路 205 号　100871
网　　　　址：	http://www.pup.cn
电 子 信 箱：	zyjy@pup.cn
电　　　　话：	邮购部 62752015　发行部 62750672　编辑部 62765126　出版部 62754962
印　 刷　 者：	河北涞县鑫华书刊印刷厂
经　 销　 者：	新华书店
	787 毫米×1092 毫米　16 开本　12.5 印张　264 千字
	2011 年 9 月第 1 版　2011 年 9 月第 1 次印刷
定　　价：	32.00 元

未经许可，不得以任何方式复制或抄袭本书之部分或全部内容。
版权所有，侵权必究
举报电话：（010）62752024　电子信箱：fd@pup.pku.edu.cn

序

我们生活在一个特殊的社会转型时期。在社会与文化深度转型的过程中，多元文化充斥着人们日常生活的方方面面。在旧有文化价值逐渐失去规范力量、新的文化价值尚未完全建立起来的时候，社会生活的各个领域存在着形形色色的文化冲突。师生文化冲突是社会转型带给学校教育的必然产物，是社会转型时期教育领域最具代表性的文化冲突。在这个社会转型和文化多元的时期，我们花点时间去认识师生文化冲突，探寻师生文化冲突的原因，引导师生文化冲突的解决，对于提升教育质量和改进学校教育，有着十分重要的意义。

就目力所及，《社会转型与师生文化冲突》是一本首次系统探讨师生文化冲突的著作。这本书以社会转型为背景，描述了社会转型期师生文化冲突的表现、特点和类型，分析了师生文化冲突的积极意义和消极作用，探讨了师生文化冲突的根源、动因和影响因素，探寻了师生文化冲突的应对路径。此书的面世，不仅能够丰富教育学有关师生冲突和师生关系的研究，也能够对学校教育实践存在的师生冲突问题发挥一定的指导作用。

翻阅这本书，感觉此书有以下几方面的特点。

第一，注重从文化学角度来分析师生冲突问题。教育本身是一种关乎文化传播、文化传承和文化发展的活动，教育与文化有着内在的逻辑联系。教育上的问题首先表现为文化问题，或者说教育问题都有着文化方面的根源。从文化学的视角来分析教育问题，可以对教育问题中内隐的价值理念作出深刻的文化分析，并且能够提出独到又富有启发意义的建议。实践表明，把教育问题纳入文化学视野，赋予教育问题以文化意义，是深入认识、分析与解决教育问题的有效做法。

第二，注重理论与实践的有机统一。我们常说："理论是灰色的"，"理论与实践是有距离的"。如何架接理论与实践之间的桥梁？如何让一线的中小学教师切实感受到自己熟悉的实践问题，与深奥的教育理论之间的距离并不遥远？此书在这方面作了一点尝试，即通过援引、分析大量师生文化冲突的真实事例，将师生文化冲突的理论阐释与相应的教育现象分析结合起来，帮助教师生学会对熟悉教育现象进行理论分析。

第三，注重把实践当中的问题作为分析对象。师生文化冲突不只是一个简单的理论问题，它也是一个真实的实践问题。在这本书中，对师生文化冲突的解读不是就理论而理论，而是注重捕捉当今学校中遇到的师生矛盾和冲突的事例，通过对师生文化冲突实例的分析，概括、提炼师生文化冲突的若干理论观点，同时针对其中的问题，给出具有一定操作价值的对策。也即，这本书从文化学视角出发，坚持教育学立场，注重把教育实践问题作为研究的着眼点和着力点。

第四，注重对师生文化冲突的未来走向进行把脉。文化冲突对维护和增进师生关系来说，常常是一种挑战。"冲突型"的师生关系，如何调整，如何应对？此书提出，开展师生文化对话，建立"对话型"的师生关系，是应对师生文化冲突的一条可行之路。让师生关系从紧张的冲突状态，转变到宽松的对话状态，可能是师生文化冲突的未来发展方向之一。

任何一种分析师生冲突的视角，固然有其独到的优势，也有难以避免的局限。由于师生冲突涉及面广，影响因子多，可以说既有社会文化的因素，又有教育实践的因素，对于它的分析，如果仅从文化学来看，那么肯定难以周全。这就需要借助其他学科的视野，坚持教育学的立场和多学科的视角，进一步完善对师生冲突的认识。

郑金洲
2011 年 2 月

目录

导　言　从文化视角来研究师生冲突　　1

  一、研究师生冲突的不同角度　　1

  二、从文化视角研究师生冲突的优势　　4

  三、研究师生文化冲突的意义　　7

  四、师生文化冲突的界说　　8

第一章　师生文化冲突：社会转型期基础教育中的鲜明问题　　13

  一、社会转型期师生文化冲突的表现　　13

  二、社会转型期师生文化冲突的特点　　22

  三、社会转型期师生文化冲突的类型　　27

第二章　现实影响的双面性：师生文化冲突的作用分析　　37

  一、师生文化冲突的积极意义　　37

  二、师生文化冲突的消极作用　　44

  三、压制师生文化冲突的危害　　53

第三章　问题根源的多重性：师生文化冲突的动因溯源　　60

  一、师生文化冲突的社会文化根源　　60

  二、师生文化冲突的家庭生活根源　　63

  三、师生文化冲突的直接动因溯源　　72

第四章　影响因素的复杂性：师生文化冲突的成因考察　　82

  一、师生文化冲突的学校因素　　82

二、师生文化冲突的教师因素	87
三、师生文化冲突的学生因素	93

第五章　开展文化对话：师生文化冲突的对策探寻（上）　　105

一、师生文化对话的合理性	105
二、师生文化对话的界定	111
三、师生文化对话的追求：文化和谐	113
四、师生文化对话的前提：尊重学生	120

第六章　开展文化对话：师生文化冲突的对策探寻（中）　　128

一、师生文化对话的基础：悬置偏见	128
二、师生文化对话的关键：宽容学生	132
三、师生文化对话的要点：重塑权威	142

第七章　开展文化对话：师生文化冲突的对策探寻（下）　　151

一、师生文化对话的推进：理解学生	151
二、师生文化对话的深入：相互理解	160
三、师生文化对话的结晶：文化生成	166

实例索引	177
相关链接索引	181
主要参考文献	183
后　记	189

导言 从文化视角来研究师生冲突

师生冲突是师生关系的一种特殊存在形态,它不仅影响着师生双方的身心状态,而且还对课堂教学的开展、对学校教育的实效都有着不可低估的重要影响。在社会转型时期①,师生冲突成了基础教育中的普遍现象,师生冲突问题越来越成为教育研究者和教育工作者共同关心的问题。从文化视角来研究师生冲突,有助于深刻地揭示师生冲突的文化根源,并用文化互动的方式合理地应对师生冲突。在社会和文化深刻转型的今天,从文化学的角度研究师生冲突,即把师生冲突看成是师生之间的文化冲突,并对师生文化冲突加以深入的研究,具有理论和现实的双重意义。

一、研究师生冲突的不同角度

根据已有的研究成果,研究师生冲突比较常见的思路主要有四种:一是教育学的分析,二是心理学的分析,三是社会学的分析,四是生态学的分析。这些研究角度各有特点,也各有优劣。

(一)教育学角度

从教育学视角分析,师生关系本质上是一种教与学的工作关系,其他各种关系,如组织关系、人际关系等,都是从中衍生出来的。教师是教育者、管理者,学生是受教育者、被管理者。良好师生关系取决于教师的教育水平和教育方式。只要教师讲究教育艺术,恰当地运用教育学生的手段,那么就能有效地控制教育过程、调节学生的行为,做到与学生融洽相处。一旦教师的教育手段出现偏失,学生又出现越轨行为,且学生不服教师的批评责罚,师生之间的良好关系就会破坏、瓦解,师生冲突也会随之发生。② 可见,站在教育学角度来看,师生冲突的发生与教育手段的得失密切相关,师生冲突直接源自于教育手段的失效。

---

① 社会转型具体表现在:从计划经济为主导转向市场经济为主导、从农业社会转向工业社会、从封闭社会转向开放社会、从单一性社会转向多元化社会、从伦理型社会转向法制型社会等。但不可否认的是,从计划经济向市场经济、从农业社会向工业社会的社会转型不可能一朝一夕就完成,"传统"到"现代"、新旧体制的转换和更替是一个长期的发展过程。而且,由于长期的落后,我国的现代化进程与国外发达国家相比,属于赶超式而不是自然演进式的。

② 许琼华. 师生冲突的多视角解读[J]. 哈尔滨学院学报,2007(10).

(二) 心理学角度

从心理学角度分析，师生关系是一种自然的人际关系。这种人际关系保持着相对稳定又相对脆弱的平衡。一方面，双方有着施教与受教的依赖关系；另一方面，双方又先天地隐含了一种希望与欲求的冲突倾向。教师总希望把学生当作一种材料加以塑造，按照自己的想法要求学生；而学生则要求以自我探索的方式独立求知。这种冲突倾向最终是否变成真实的冲突，取决于教师自身的个性特征及对待学生的态度。如果教师富有爱心、和蔼可亲、处事公正、知识渊博、教学有方，那么师生关系就融洽。相反，如果教师冷漠、偏心、不负责任、才疏学浅，那么就很容易与学生发生冲突。① 可见，站在心理学角度来看，师生冲突源于师生双方心理需求的差异，特别是教师的心理特征与师生冲突有着直接的联系。

(三) 社会学角度

从社会学角度看，师生关系是一种特殊的社会关系。从某种意义上说，师生的背后是两个异质的社会，师生双方在社会地位、社会资本、社会角色等方面都存在着巨大的差异。而且，两者之间的关系是一种不对等的关系，在一定程度上还是一种相互对立的关系。教师以社会代言人的身份从事教学，从而维护和传授社会所认可的普遍价值规范，相应地，他们不能根据个人的主观好恶，随意传授个人价值观；相反，学生常常关心的是"眼下"自我价值观的实现，而且，每个学生的价值观又千差万别，很可能与社会的普遍价值观有所不同。有的时候，学生可能会为了实现自己眼前的"美好愿望"，而与阻止其行为的教师发生冲突。② 可见，站在社会学的角度，师生冲突源于师生双方地位的不平等；而且，师生冲突其实是一种社会冲突，是师生背后两个社会的冲突。

传统的教育学和心理学观点认为，师生冲突通常只具有负功能。从社会学角度分析师生冲突的论者则认为，师生冲突不仅是不可避免的，其存在也是合理的。在一定的范围之内，师生冲突有利于师生关系的重新定位，使师生双方理解对方的苦衷，化解误会，重新调整各自的心态。而且，师生冲突有利于校正不合时宜的规章制度，建立合理有效的规则；有助于师生双方反思，教师可以对自己以往的教育手段进行再认识，增强教学的艺术性，学生亦能在教师帮助下，对自己的学习态度、思维方式做一个反醒。③

---

① 陈振中．重新审视师生冲突——一种社会学分析 [J]．教育评论，2002（2）．
② 左金娣．教师应对课堂师生冲突的策略探析 [J]．保定师范专科学校学报，2006（4）．
③ 姜勘．从社会学角度审视师生冲突 [J]．引进与咨询，2003（1）．

(四) 生态学角度

从生态学角度看，师生关系是教育生态系统中两个主体之间的关系。在整个教育生态系统中，作为教学活动主体的生态因子——教师和学生，他们互为对方的外部环境，是相互联系、彼此依存的。但在一个生态系统中，某个要素（生态因子）哪怕是微不足道的改变，都可能带来整个生态系统的变革，并影响其他各个要素的生存和发展。如果各要素之间不能均衡发展或失去平衡，那么会导致整个生态系统的不和谐发展。教育生态因素的失衡或不和谐，将会导致师生冲突的发生。教育生态因素的失衡表现在：

第一，教育生态中的教师行为失范。有些教师不尊重学生，迷恋高压控制，通过命令、威胁、责罚维护权威，经常一厢情愿地将自己的观点强加给学生，以达到教学监控的目的。教育生态中师生的不平等，致使师生情绪对立，关系失衡。

第二，不通畅的物质流、能量流和信息流。目前的教育体系下，师生沟通渠道单一、堵塞，造成系统中物质流、能量流和信息流不畅，表现为经费投入不够、设备更新不到位、班级人数过多等。这会给师生冲突的埋下隐患。

第三，教育生态功能失调。当前学校教育主要追求的是考试成绩，其他活动如社会实践、体育锻炼等，都可以为"主课"让路。师生为成绩加班加点，无暇交流；校园生活单调乏味，班级气氛沉闷压抑，学生之间只有竞争。在这样缺乏活力的生态环境中，师生双方紧张情绪无法正常宣泄，彼此抱怨，互相出气，矛盾和冲突一触即发。

第四，超耐度的生态空间。教师不考虑学生的可接受程度盲目施教，教育过分强调高难度、高强度或高控制等等，都会成为师生冲突的诱发因素。值得注意的是，目前引起师生冲突的一些外部诱发因素，往往被人们所忽略，如班级规模和师生比等因素。①

可见，从生态学角度来看，师生冲突存在的基础是教育生态系统的不稳定。师生冲突源自于教育生态因素的失衡或不和谐。

(五) 对不同角度的评析

基于工作关系、人际关系、社会关系或生态关系来分析师生冲突，虽然都有各自的独特之处，能够帮助我们找出师生冲突的一些原因并提供某些对策，但是，每一种分析视角也有不足之处。

教育学和心理学的角度倾向于认为师生冲突作用是负面的，这两种角度都假设学生是不成熟的个体，他们的成长需要教师严格的教育和管理。师生冲突的发生影响了学校正常的秩序，影响了教育目标的达成，因而，要采取各种措施控制和去除师生冲

---

① 许琼华. 师生冲突的多视角解读 [J]. 哈尔滨学院学报，2007 (10).

突。教育学视角把师生冲突归因于教育手段的失效,心理学视角把师生冲突归因于师生的心理差异和教师不良的心理特征。而实际上,师生冲突的影响不见得都是负面的,师生冲突也不该、不能从根本上消除;师生冲突的产生除了教师教学手段失当、师生心理需求差异的表面原因上,还有着更为深层、更为重要的文化根源。

社会学的角度虽然认识到了师生冲突的积极作用,并提出了一些整合师生冲突的方法,但是,却不能说清楚隐藏在师生背后的文化差异,对师生冲突的重要影响。生态学的角度提供从生态因素分析师生冲突的特别视角,但很难对生态因素失衡的原因作出清楚的解释。而且,从教育生态因素失衡的现象中,我们分明能看到文化在其中的作用。这也为用文化视角来解释师生冲突提供了空间。

二、从文化视角研究师生冲突的优势

从文化视角来研究师生文化冲突,能够分析师生冲突深层的文化原因,找出原先有关师生冲突认识的盲点,从而让我们更加自觉地运用教育文化学的观点和方法来应对师生冲突。

(一) 文化的含义

在说明从文化视角来研究师生冲突的理由之前,似乎有必要交待一下本书对"文化"一词的理解。文化可以说是一个大家既熟悉又陌生的概念。[①] 熟悉是指每个人几乎无时无刻都在与"文化"打交道,身边的"文化现象"一抓就是一大把;陌生是指要想将"文化"讲得明明白白、让多数人举手赞同,却不是一件容易的事情。

尽管研究者对什么是"文化"众说纷纭,但一般都认同文化包括物质文化、制度文化和精神文化三个层面。本书使用的"文化"概念,侧重于精神文化层面,指的是一定群体所共同拥有的价值观念和遵循的行为方式。正确理解文化的含义,需要把握文化与个人生活的关系。

1. 每个人都生活在一定的文化之中

文化是人们赖以生存的全部意义之所在,是每个人生活中须臾不可缺少的东西。[②] 人总是生活在一定的文化背景之中,人创造了文化,又被文化所规范、制约。人们往往通过自发的模仿类比,在潜移默化的社会示范中,在家庭或环境的不知不觉的熏陶中,自然而然地接受社会生活所需的文化要素,并且把它们溶化在血脉中,使之成为

[①] 我们常常发现这样的现象:对于生存中许多很艰涩的问题或很复杂的东西,人们能够清楚地说明其所以然,而对一些与我们的生存息息相关的东西,反倒无法用语言加以描述。熟悉的并非熟知的。文化就是这样一个问题,就是这样一种存在。〔衣俊卿. 文化哲学十五讲 [M]. 北京:北京大学出版社,2004:1.〕

[②] 麦特·里德雷. 美德的起源:人类本能与协作的进化 [M]. 刘珩译. 北京:中央编译出版社,2004:203.

自己在日常生活中不假思索就可以成功地遵循的规则或规范。存在于人内在规定之中的文化，一旦被人所接纳，便会自发地左右其各种活动。① 对于一定群体来说，文化是其共同的价值观念和行为方式。对于个人来说，文化则是其建构个人思想、知识的内在准则。"文化为思想的形成、构思和概念化提供条件，它渗透到个人知识中，塑造个人知识，有时也管理个人知识。"②

2. 每个人的言行都内含一定的文化

不论是一个社会群体，还是一个具体的人，都是带着一定的"文化"来认识世界的。谁也不会以一种原始质朴的眼光来看世界，人们的看法总会受到特定的习俗、风俗和思想方式的剪裁编排。这是因为落地伊始，社群的习俗便开始塑造每个人的经验和行为；到咿呀学语时，每一个人已是所属文化的造物；而到长大成人并能参加该文化的活动时，社群的习惯便已是他的习惯，社群的信仰便已是他的信仰，社群的戒律已是他的戒律。③ 据此，我们可以推导出，无论是教师还是学生，都会根据各自所属群体的文化来生活和处事。而且，由于教师群体和学生群体之间有不少的差别，教师文化和学生文化除了有一定重合之处外，还有着性质不同的一面。

文化不仅是人们观察事物、认识世界的准则，也是标识和区分一定群体的依据。"物以类分，人以群聚"，而群聚的深层基础主要是共同的文化。④ 据此，我们可以认为，教师群体和学生群体之所以能够成为不同的团体，是因为共同的文化将其成员连接为一体。而共同的居住地域、相似的年龄和心理特征、生活中的接触交往，则是形成师生不同群体文化的重要条件。

（二）文化视角的优势

基于教育文化学的理论视角，用文化分析的方法，来研究师生文化冲突，至少具有以下两方面的优势。

1. 对师生冲突的原因作出深刻的文化解读

从文化的角度分析，师生冲突是由师生之间的文化矛盾引起的。师生冲突不是因为学生的人性深处，有着一种自然的反抗现存的教育和社会秩序的东西，也不是他们心理和生理成熟的自然后果，更不是单纯的外部社会不良因素诱惑的结果，而是源于两种不同质文化的冲突，即以青少年为主体的亚文化和以成年人为主体的主流文化的

---

① 衣俊卿. 文化哲学十五讲［M］. 北京：北京大学出版社，2004：18—19. 268.
② 埃德加·莫兰. 方法：思想观念［M］. 秦海鹰译. 北京：北京大学出版社，2002：11.
③ R. 本尼迪克特. 文化模式［M］. 王炜，等译. 北京：生活·读书·新知三联书店，1988：5.
④ 正如 R. 本尼迪克特所言，"真正把人们维系在一起的是他们的文化，即他们所共同具有的观念和准则。"〔R. 本尼迪克特. 文化模式［M］. 王炜，等译. 北京：生活·读书·新知三联书店，1988：18.〕

冲突。[①] 我们都知道，在学校教育情景中，教师通常是成人主流文化的代言人，学生则是要被成人文化同化的对象。但学生作为特定的群体，有着自己独特的亚文化，有着不同于成人的价值判断和行为规范。面对教师强势文化的影响，学生不见得都是无条件地接受，他们为了维护自己的文化，有时候会采取对抗的方式，抵制教师的价值观念和某些做法。当师生之间不同的文化存在一定的对立、对抗时，我们就可以认为师生之间发生了文化冲突，也即师生冲突产生了。由此，我们就不难理解文化在师生冲突中的潜在作用。

基于文化视角来理解师生冲突，可以得出如下的认识：教师和学生由于各自形成了一套不同的文化价值，当他们不同的文化价值在交往过程中发生摩擦和矛盾时，双方如果都固执己见、互不相让，那么师生文化矛盾的激化和升级便会造成师生冲突。换句话说，教师和学生都有自己遵循的文化，当师生之间的文化差异难以共存，并且发生矛盾、难以调和的时候，师生冲突也就发生了。

有人可能会说，在发生师生冲突的时候，教师和学生中的一方只要放弃自己的文化，那么冲突就会自然而然地消解了。实际上，这样的情况很难会发生，教师和学生既然形成了各自的文化，就会时时受到自己文化的影响和制约，这样就不可能简单地接受不同的价值，来规范自己的言语和行动，否则，就会使自己的思想陷入矛盾和混乱之中，使自己的行动也处于无所适从的状态。所以，师生之间文化差异与文化矛盾的客观存在，使得师生冲突的发生具有一定的必然性。

2. 为师生冲突的处理提供不同的思路

文化是人们习以为常的价值观念和行为方式，所以教师与学生和一般人一样，都很难觉察到他们言行其实是由一定的文化支配的，他们都会把自己看问题的方式和评判事物的标准看作是理所当然的。在师生之间发生冲突时，他们背后的文化、或者说他们内心接纳的文化不知不觉地起着作用。师生冲突有着文化冲突的影子，师生冲突在相当程度上可以理解为他们背后所代表的文化之间的冲突。

而要妥善地处理师生冲突，教师和学生就需要注意自己平时不易察觉、不会主动去分析的文化，尝试着去接纳不同文化中的合理成份，即使接受不了，也要能够以开放的心态宽容其存在。这一点不仅是对身处文化冲突之中师生的要求，更是对教育管理人员、教育研究人员和教育行政人员的要求。因此，从文化视角来分析师生冲突，不仅能够得出一些深刻而又不同于教育学、心理学、社会学和生态学的见解，而且也有助于我们找到不同的处理师生冲突的方法和途径。

此外，从文化视角来分析师生冲突，也能够拓展我们的视野，加深我们对师生冲突的认识。在一部分中小学教师心目中，师生冲突主要指的是外在的、激烈的师生行为冲突，师生冲突只发生在教师与个别学生身上，师生冲突也只是个别现象，而且，他们往

[①] 左金娣. 教师应对课堂师生冲突的策略探析[J]. 保定师范专科学校学报，2006（4）.

往把内隐的、"平和"的师生价值对立排除在师生冲突之外。实际上,外在的、激烈的师生冲突固然是师生冲突,内隐的、不动声色的师生对抗也未必不是师生冲突。分析师生冲突的文化视角,既强调对显性冲突的重视,又强调对隐性冲突的关注。显然,这样的分析能够帮助我们,尤其是教育实践工作者,比较全面地认识和分析师生冲突。

三、研究师生文化冲突的意义

在社会转型时期,基础教育中的师生冲突带有明显的文化特征。从文化视角来研究师生冲突,也即研究师生文化冲突,不仅是教育学理论自身发展的需要,也是积极回应教育实践中师生文化冲突层出不穷这一现实问题的需要。

(一)理论意义

研究师生交往中的文化现象,并探讨教师文化与学生文化的相互关系,并以此来观照当前我国学校教育中教师文化与学生文化的冲突现象,有着一定的理论价值。

在我们这个时代,旧的价值体系中存在着不少不符合时代发展的内容,而新的价值体系尚未站稳脚跟。正如有的学者所言,"在变化中,各种不同的文化都会争先恐后地顽强地表现自己。多种文化的自我张扬与凸显,必然带来多元文化之间的文化冲突、碰撞、摩擦、博弈"①。这种文化冲突的状况几乎影响了整个社会,引发人们内心失调以及人与人之间的矛盾,当然也深刻地影响到了作为社会文化重要传递载体的学校。

当前,师生文化冲突不是师生关系中的特例,而是师生关系在社会转型期的重要表现形式,是学校生活的本真状态,也是师生发展、基础教育改革的动力。所以,研究师生文化冲突具有一定的学科发展价值,它能够呼唤研究者运用教育文化学的观点、立场和方法,对师生冲突进行深入、系统的研究,从而拓展我们对师生关系的认识,加深对师生冲突的理解,促进教育学理论的发展。

在我国当下的教育理论研究中,以文化视角来研究教师与学生并不多见,而直接探讨教师文化与学生文化,特别是师生文化冲突的文献更是少见。而且,基础教育改革、课程改革正在如火如荼地进行,与此相关的课堂教学研究、教师专业发展和学生健康成长等研究业已在我国蓬勃兴起。这些改革和研究都在不同程度上涉及教师文化与学生文化,涉及师生文化的冲突与对话,而且,师生文化冲突的研究成果也有助于这些研究的深入。基于这样的研究现状,从文化的视角对师生冲突进行较为系统的研究,是我国教育学界一个富有生命力的研究领域,而且对于教育理论的丰富和发展也能起到一定的作用。

---

① 邓伟志.建设和谐文化要处理好几个关系[N].光明日报,2006-07-25.

(二) 实践意义

从教育实践的角度来看，在中小学校，教师文化与学生文化的疏离乃至冲突，已经成了当前我国学校教育中一个较为显眼的文化现象。有调查表明，师生冲突在初级中学的确是一种较为普遍现象。在被调查的262名学生中，有52.29%的学生认为自己曾与教师发生过冲突，但不经常发生；有12.21%的学生认为自己与教师经常发生冲突；只有13.36%的学生认为自己与教师从未发生过冲突，可见初中师生具有冲突的普遍性。[①] 这一调查结果虽然不能充分地说明师生文化冲突的普遍性，但毕竟可以从某个方面说明初中师生冲突已经成了学校生活的常态。相关的一些资料和现象也表明，在小学、高中，师生冲突也不少见。而前面已经讨论过，师生冲突大多有其背后的文化原因，很多师生冲突可以理解为是师生文化冲突。

尽管师生文化冲突的影响不见得都是负面的，但不可否认它具有一定的破坏作用。带有破坏性质的师生文化冲突，如果对之认识不足和处理不当，那么就有可能严重削弱教师对学生的文化影响力，就有可能成为学校教育中许多问题的根源之一。而不少教师要么没有认识师生文化冲突积极的一面，要么对师生文化冲突的现象认识不清，对其危害估计有差错，抑或在处理师生文化冲突的问题上方法有欠考虑或力有不逮。可以说，师生文化冲突是困扰不少教育工作者的一个现实问题。这种真实存在的教育实践问题，除了需要我们给予理论的关照，即在描述、解释教师文化与学生文化冲突的同时，还要我们提出一些解决问题的操作性策略。因此，研究中小学师生文化的冲突现象，并提供相应的、可供中小学教师操作的对策，具有一定的现实指导意义。

四、师生文化冲突的界说

师生冲突的相关研究并不少见，而专门从文化视角来研究师生之间冲突的文献则并不多见。要讨论这一问题，似乎有必要从师生文化冲突这一基本的概念来说起。这是因为，在缺乏一个能够称之为共识或权威的见解之前，分析师生文化冲突的概念绝不会是一项徒劳之举。在分析概念的基础上，确立有关师生文化冲突的基本共识，对于我们讨论师生文化冲突，应该是非常有必要的。

(一) 冲突与文化冲突的界定

虽然对于师生文化冲突这一概念少有研究者论及，但冲突与文化冲突却是有不少的学者作过分析。借助对冲突与文化冲突有关研究的梳理，应该有助于揭示师生文化冲突的含义。

---

① 崔丽娟. 初中阶段师生冲突的现状调查与分析 [J]. 河南职业技术师范学院学报（职业教育版）

1. 冲突的界定

"冲突"一词是日常生活中尚不算冷僻的一个词语，一般指的是人与人之间不愉快的矛盾与对抗行为。《现代汉语词典》（第5版）关于"冲突"有两义：①矛盾表面化，发生激烈争斗；②互相矛盾；不协调。《辞海》关于"冲突"的解释有三项：①急奔猛闯；②抵触；争执；争斗③文艺用语；指现实生活中人们由于立场观点、思想感情、要求愿望等不同而产生的矛盾冲突在文艺作品中的反映。可见，词典中"冲突"的含义是基于公开化的矛盾，是一种可能会产生斗争的矛盾形式。

在哲学界，冲突似乎也主要指的是矛盾斗争的状态。如冯契先生主编的《哲学大辞典》将冲突解释为：①矛盾和矛盾斗争的表现形式之一。冲突也存在于自然界。如地震、火山爆发、炸弹爆炸等冲突。在艺术创作中指对立的人物、感情、愿望、利益之间，矛盾的激化。它是客观现实中矛盾斗争的集中表现，又是反映生活矛盾的一种手段。冲突在艺术中可表现为性格冲突、意志冲突、内心冲突、命运冲突等。冲突是情节构成的基础和情节发展的动因，是刻画人物性格、揭示生活本质的手段。②对本来和谐状态的一种破坏和否定。①

在社会学研究中，"冲突"是一个非常重要的概念，"社会冲突论"学说在西方社会学研究中占有一席之地。"社会冲突论"多注重权力问题，集中研究权力的产生、分配和作用等问题，也研究社会生活中的冲突现象，如人与人、群体与群体、阶层与阶层、阶级与阶级的冲突。"社会冲突论"学说的主要代表人物有G.齐美尔、L.科塞、R.达伦多夫等社会学家。在1956年发表的《社会冲突的功能》一书中，L.科塞将"社会冲突"界定为："由于争夺社会地位、权力和资源以及价值观的不同而引起的斗争；斗争中相互对立的诸方，旨在吞并、伤害或消除对立的一方。"②

国内也有学者对"冲突"作了解释：一种相互对立的互动行为方式，指两个或以上的个人或团体以压倒对方为目的的行为。冲突与竞争意义相近，但方式不同。"冲突"的特征在于：双方必须直接接触，带有情绪上的敌对；双方力的作用是互相反对，彼此打击；其产生的根源于个人或团体间的利益、意见和态度方面的根本对立。③

很难说以上的一些见解清楚地解释了冲突与社会冲突，但这些说法至少从一些角度、层面描绘了日常语言和专业研究者的分析。通过以上的罗列，我们可以归纳出冲突，特别是社会冲突，具有的某些基本含义：（1）冲突是矛盾的激化；（2）冲突通常是双方或多方的对抗；（3）冲突可以从行为上进行观察；（4）冲突的产生与利益、价值的差异有着密切关系；（5）冲突，尤其是社会冲突的结果带有一定的破坏性。

2. 文化冲突的界定

前面已经提到过冲突，特别是社会冲突的基本含义，我们也规定了"文化"的概

---

① 冯契主编. 哲学大辞典［Z］. 上海：上海辞书出版社，1992：670.
② 张海鹏，等. 当代社会科学大词典［Z］. 南京：南京大学出版社，1995：592.
③ 程继隆主编. 社会学大辞典［Z］. 北京：中国人事出版社，1995：571.

念,即一般指一定群体习得并共同遵循的价值观念和行为规范。有了这样的铺垫,我们似乎可以比较容易地得出"文化冲突"这一概念的基本含义。其实不然,局部与局部的简单相加,并不等于分解前的整体。而且,单看研究者对"文化冲突"的多种不同表达,我们就可知"文化冲突"这一概念也并不那么简单。

第一,泛指不同性质文化间的矛盾和对抗。例如,有的研究者认为,文化冲突是指不同文化之间以及同一文化体系下亚文化之间的相互对立、相互排斥、相互否定;① 是由于差异而引起的互相冲撞和对抗的状态。② 文化冲突是不同性质的文化之间的矛盾性的表现,它不仅会改变原来的文化性质,而且还会产生出新的文化。③ 也有研究者特别强调文化冲突是由文化型式与要素间的矛盾引发的,在一定程度是"超有机体"的,是不同性质、型式的文化间的对立。一般地说,社会冲突问题伴随着文化冲突的,社会集团间的对抗,既可以是以社会集团文化型式间的冲突为起因的,文化型式间的冲突,也可以是社会对抗产生的结果。④

第二,特指文化传播过程中,不同民族、集团间的文化对抗。例如,有研究者提出,文化冲突指两种或两种以上的文化相互接触所产生的竞争、对抗状态。不同民族、社区及社会集团的文化,有不同的价值目标、取向,并且常常各以自己的文化为优越,视其它文化为异己的危险物。当它们在传播、接触的时候,便产生了竞争、对抗以至于企图消灭对方文化存在的状态,此种冲突,谓之文化冲突,也称价值冲突。它容易使人产生严重的不适应症,如心理失衡、人格异常、行为越轨等。⑤

第三,专指民族文化的危机中的文化模式或文化精神的对抗。例如,有研究者认为,文化冲突是某一时期、某一民族占主导地位的文化模式或文化精神,由于不再有效地规范社会和个体的行为而陷入了危机,同时新的文化特质开始出现,并遇到了旧文化模式或文化精神的排斥和抵制,于是新旧文化模式或文化精神之间展开的对抗。⑥

以上有关文化冲突的三种认识,其共同之处都强调文化冲突是不同文化价值的对抗;其不同之处主要是对文化冲突发生的范围有着不同的认识。

当然,也有研究者从不同的角度来界定文化冲突。例如,文化冲突"是指一个人或一群人在两种文化之间的内心思想冲突。这两种文化具有相互矛盾的标准和对抗的

---

① 杨俊,彭贵川.论语文教育中人文精神培养的文化冲突与超越[J].西南民族大学学报(人文社科版),2004(11).

② 陈平.多元文化的冲突与融合[J].东北师大学报(哲学社会科学版),2004(1).

③ 司马云杰.文化社会学[M].北京:中国社会科学出版社,2001:295;王继平.论近代中西文化冲突与整合过程中的价值选择模式[J].湘潭大学社会科学学报,2005(1).

④ 郑金洲.教育文化学[M].北京:人民教育出版社,2000:131.

⑤ 程继隆主编.社会学大辞典[Z].北京:中国人事出版社,1995:358;吴菁.中西文化的冲突与应对[J].南通职业大学学报,2005(1);李晓明.文化冲突与青少年犯罪[J].苏州大学学报(哲学社会科学版),2002(1).

⑥ 关健,李庆霞.文化的构成与文化冲突[J].边疆经济与文化,2005(5).

立场，可是两者都部分地得到了接受，这一名词通常不用来特指群体之间的冲突。"① 这种观点似乎与一般意义上的文化冲突相异较大，而与艺术中的冲突有些接近，只不过强调了生活在两种文化生活的人的冲突。

诚然，在文化传播、接触，特别是主导文化模式的危机与转型过程中，文化冲突将会在社会的更大范围中较为明显地表现出来，但是，文化接触不一定必然地导致文化冲突；② 而且，在一个相对稳定的社会中，相对缓和的、小范围的文化冲突也是不间断的。

基于以上的分析，本书倾向于将文化冲突界定为：不同性质文化或同一文化内部不同型式之间的对抗。

文化冲突虽然强调是文化价值观的冲突，但终归要通过行为和行动表现出来，故在其表现形式上与社会冲突有一定的重合之处。不过，就对抗的剧烈程度和破坏性而言，文化冲突要弱于社会冲突；而社会冲突的发生与不同集团间价值观的差异和对立有着割不断的联系，故文化冲突常常与社会冲突是相伴而生的。

（二）师生文化冲突的界定

再回到师生文化冲突这一本书的核心概念上来。依据对"文化冲突"这一概念的界定，师生的文化冲突指的是持不同性质文化的教师与学生，在价值观念和行为方式上的对立、对抗。这种对立、对抗带有一定的情绪反应，一般可以通过一方或双方的外在行为而显现出来，并且是一种特殊的成人文化与儿童文化的冲突。

师生文化冲突这一现象在我国学校教育中彰显，而师生文化冲突这一概念却很少被学界使用。在描述相关现象时，不少学者使用的是"师生冲突"这一概念。实际上，与文化冲突和社会冲突这对概念的关系相类似，师生文化冲突和师生冲突也是一个问题的两个方面。

那么，"师生冲突"指称的是什么样一种现象呢？有的研究者认为，师生冲突指的是师生之间由于价值观、目标、地位、资源多寡等方面的差异，而导致的直接的、公开的旨在遏止对方并满足自己的互动过程。③ 也有研究者的界定较为宽泛，认为师生冲突是师生之间不同群体之间或隐蔽或公开的、旨在阻止对方实现其目标从而实现自己的目标，并由此造成的相互干扰教育教学的互动过程。④ 可见，不管是外在的、易于察觉的师生

---

① 汝信主编. 社会科学新辞典 [Z]. 重庆：重庆出版社，1988：916.

② 文化冲突与文化接触不完全相同。没有接触，就不会冲突；但是，接触并不一定导致冲突。接触的结果，有可能产生冲突；也有可能相互之间在不发生冲突的情况下就融合起来，结成一种新的文化型式；且同样有可能在接触以后，由于相互之间并不矛盾而仍保留各自的形态。〔郑金洲. 教育文化学 [M]. 北京：人民教育出版社，2000：131.〕

③ 田国秀. 接纳冲突：当代教师面对师生冲突 [J]. 教育理论与实践，2004（2）；白明亮. 批评与反思：师生冲突的社会学分析 [J]. 南京师大学报（社会科学版），2001（3）.

④ 石艳. 隐性冲突：一种重要的师生互动形式 [J]. 湖南师范大学教育科学学报，2004（2）；王建军，邹红. 师生冲突的分析及其管理对策 [J]. 现代教育论丛，2003（6）.

冲突，还是内在的、隐蔽的师生冲突，一般都包含着文化层面的矛盾与对立。

　　在这里还需要辨别一下，个别学生与个别教师的冲突能不能算作是师生之间的文化冲突？这一问题似乎很好回答。既然文化是一定群体共享价值观念和行为习惯，那么个别学生、个别教师的价值观念与行为应该称不上"文化"，所以他们之间的冲突似乎与"文化冲突"毫不相干。实际上，深究一下，这个问题并没有想象的那么简单。个别学生、个别教师固然也是独立的个体，但他们毕竟生活在社会中，过着群体的生活，遵守一定群体的文化价值规范。尽管个别的学生与教师，作为个体来讲是单一的、独特的，但他们遵奉的文化价值与表现的行为习惯，却带有相当的群体性，因而，个别的师生冲突很多时候也是师生文化冲突一种重要表现形式，他们之间的冲突不仅是教师个体与学生个体的冲突，还常常在一定程度上反映了他们各自所在的社会群体之间的文化冲突。当然，主要是由于学生个性问题、心理问题引发的师生冲突，一般情况下也是不宜称之为师生文化冲突的。

第一章　师生文化冲突：社会转型期基础教育中的鲜明问题

在社会与文化深层转型的今天，多元文化充斥着人们的生活领域。多元的文化的存在，意味着人们在自由选择个人偏爱的价值观念的同时，也会感受到不同性质文化的冲突。这是整个社会处于特定历史时期人们的文化生存状态，即便凭借着围墙与外界相隔的学校教育（即基础教育）世界，也难免受到社会转型期多元文化的冲击。学校教育世界中多元文化的并存，深刻影响了学校教育的方方面面，增加了学校中文化冲突发生的可能性，其中自然也包括师生之间的文化冲突。

社会转型时期，学校教育中的文化冲突与师生文化冲突逐渐显现，更多地走到学校生活的"前台"。如同有的研究者所言，社会转型不仅是社会经济、政治变迁，更是文化变迁，是社会文化模式的深层转型，即人的生活方式的转变。社会转型的文化影响力，必然引起教育领域从思想理念、价值目标到行为模式的深刻变革，从而引发新旧教育价值目标、教育文化内容、教育行为秩序的对立和碰撞，进而在教育主体——师生双方呈现潜隐性甚至对抗性冲突。[①] 在一定程度上，师生之间的关系不再是传统社会那种"一日为师，终身为父"的亲密关系，师生之间的文化冲突逐渐成了学校中一道独特的文化景观，成为强调规矩与秩序的基础教育中的不和谐音符。

一、社会转型期师生文化冲突的表现

处在剧烈的社会与文化转型时期，文化冲突的波及面是非常广泛的。对于中小学的教师与学生来说，他们之间的文化冲突既有相似于社会转型期一般的文化冲突的地方，又具有某些独特的之处。以下所描述的几个方面的师生文化冲突，不能说概括了转型期社会背景下师生文化冲突的所有方面，但或许抓住了其中的一些关键之处。

（一）代言主流文化的教师与浸染多元化价值学生的冲突

学校教育不仅是一种知识传递的活动，更是一个师生文化的互动过程。教师试图传递给学生的文化，一般是按照既定的国家教育方针、教育目的而筛选与提炼的，是

[①] 辜志强，赵敏．师生冲突的文化原因及其积极意义[J]．九江学院学报，2008（5）．

带有一些理想色彩的成人文化,而且通常是占据社会主导地位的官方文化、主流文化①。再来看中小学学生,他们基本上是未成年人,尚处于社会化、文化化的过程之中。学生亚文化一方面选择、学习、吸收成人主流文化的某些成分,另一方面也会受大众文化、"草根"文化的影响,形成一些不同于教师所拥有的价值观念和行为习惯。也就是说,教师文化主要是价值相对统一的主流文化;学生文化的成分则相对复杂,并且有不少部分与教师代言的主流文化相异甚至相反。这样在师生文化接触、互动的过程中,就难免会出现教师所代表的主流文化与学生所接受的多元文化的冲突。

在社会与文化深刻转型的特殊历史时期,代言主流文化的教师与浸染多元价值学生的文化冲突是比较常见的现象。在社会转型期,文化变迁加剧,多元文化呈现在人们面前。社会与文化的转型,给学生更多的选择不同文化价值的机会,也为学生群体选择乃至形成的亚文化,甚至反学校文化提供了有利的条件。也就是说,教师"鼓吹"的"主流文化",弘扬和反映的是国家倡导的文化趋向和主流价值,对此,浸染多元价值学生学生并不见得会盲目地服从,相反,他们很可能会抱着观望、不耐烦的态度,或者是抱着怀疑的态度,甚至会采取了对立、对抗的方式。因而,这种形式的师生文化冲突是师生文化冲突的主要表现形式之一,而且不同形式的师生文化冲突,一般会或多或少地显现出这种形式师生文化冲突的影子。代言主流文化的教师与浸染多元价值学生的冲突,可以从下面的实例中看出一些端倪。

【实例1.1】

学生说愚公太"愚蠢"了

  初一语文课上,老师严格按照教学大纲讲授《愚公移山》,把与社会要求相符的那种"有恒心"、"有毅力"的观念灌输给学生。但有的学生却不以为然,有学生认为:愚公为什么不搬家,太愚蠢了;还有学生会问,愚公那么有毅力,但到底还是借助神的力量,而神又真的存在吗?教师在备课时并没意识到学生的这套价值系统的存在,相反还斥责学生想入非非。

〔资料来源:丁敏.师生冲突的文化因素探析〔J〕.苏州科技学院学报(社会科学版),2003(3).〕

---

① 从社会主要阶层的构成和存在状况的角度来看,可以把文化的基本存在状态区分为官方文化、精英文化和大众文化。官方文化也称作正统文化,往往是一个社会占统治地位的、为官方所认可或颁布的统治思想或意识形态;精英文化主要是由社会的知识分子,特别是人文知识分子所代表的自觉的文化精神;而大众文化主要指一般民众的自在的文化模式或社会文化心理。主流文化或正统文化比较接近上述的官方文化,主要指一定时期一定社会中占主导地位或起支配作用的文化,它往往就是官方的统治思想或意识形态,此外还包括与官方思想完全认同并为官方思想提供依据和论证的精英文化,即知识分子文化;而亚文化或非正统文化的范围比较广泛,包括不同职业、不同阶层、不同年龄结构的群体的各种特殊文化,包括不同民族、不同宗教信仰的特殊文化,也包括在社会中不占主流地位、非官方的知识分子的精英文化。〔衣俊卿.文化哲学十五讲〔M〕.北京:北京大学出版社,2004:49—50.〕

代言主流文化的教师,在教授课文时,常常会把课文中内含的、规定的价值一丝不苟地灌输给学生。在上例中,教师上课时有点照本宣科的味道,致力于"把与社会要求相符的那种'有恒心'、'有毅力'的观念灌输给学生"。而浸染多元文化的学生,显然对主流文化并不是完全认同。面对教师强势的宣传攻势,有的学生还是会选择大胆地表达他们的观点。如在上面的实例中,有的学生认为"愚公为什么不搬家,太愚蠢了",还有的学生质问"愚公那么有毅力,但到底还是借助神的力量,而神又真的存在吗?"面对学生对主流文化如此的反叛,实例中的教师还是以主导的官方文化自居,无视且无法容忍学生多样、并能满足其需要的亚文化,而且还"斥责学生想入非非"。从师生互动的结果看,教师如此的处理方式是不能让学生心服口服的,是不能因此让学生改变他们看法的,相反,学生很可能会选择以消极或公然的方式,继续抵制教师代言的主流文化。

(二) 强调学科知识学习的教师与兴趣多样化学生的冲突

在学校教育中,几乎所有的教师都把学科知识的授受,作为师生交往的重中之重,甚至有的教师认为,自己的任务就是传授学生知识,教师所要关注的就是学生的知识学习。于是,教师的精力基本上都花在如何将那些枯燥乏味的知识传授给学生,如何将学生的心思从多彩的日常生活,引导到学科知识学习的课堂之中,而很少去关注学生生活的本身,关注学生生活的多样性和兴趣的差异性。而以学生为主体的青少年亚文化,却不见得把学习作为唯一的兴趣,学生文化在一定程度上以"唯使人愉悦"为天职,它紧紧贴近、甚至简单复制世俗,不追求什么意义,或者说,使人愉悦就是其意义。[①] 因而,不管教师如何强调学科知识学习的重要性与唯一性,学生还是会着力保留属于自己的兴趣爱好,还是会希望用自己喜爱的方式进行学习。尽管如此,学生毕竟在师生交往中处于相对弱势的地位,有的时候他们也不得不暂时放弃自己的兴趣。至少,在教师在场的时候,常常会发生学生表面上屈从于教师喋喋不休教导的现象。在这种情况下,如果教师做得过分些,学生的抵触更强烈些,那么强调学科知识学习唯一重要的教师,就会与兴趣多样的学生发生文化冲突。

【实例 1.2】

学生在课堂上玩电子游戏

突然,静悄悄的教室里传来了"嘟嘟"的电子游戏机的声音。教室里一下子骚动起来,我三步并作两步赶到××同学的座位旁:"把游戏机给我。上

---

① 叶为. 重新审视师生冲突——一种文化学分析 [J]. 湖北师范学院学报(哲学社会科学版),2005 (4).

课有纪律没有？胡闹什么！"谁知该同学根本没有将我放在眼里，若无其事地照打他的游戏机。我更火了，硬把他手里的游戏机抢了过来。他更嚣张了，坐在位子上把东西故意弄得"叮当"乱响。总之，是一副"我也给点颜色你看看"的样子。我想把他叫到办公室，却叫不动。

〔资料来源：丁静. 关于师生冲突中教师行为的案例研究［J］. 教育研究，2004（5）．〕

在上述实例中，课堂教学中竟然会有学生不务正业，玩起电子游戏来，这对教师来讲肯定是无法容忍的。透过这一事件本身，我们看到背后的师生的文化冲突：强调学科知识传授、作为知识权威的教师，认为自己的主要任务是为学生"授业、解惑"，认为学生应该无条件地认真听讲，尤其在课堂这一传授知识的主场地，学生不能因为有其他兴趣，就可以去做别的事情；而对于学科知识的学习，不见得所有的学生都非常感兴趣，大多学生都有自己的、多样的兴趣。当教师讲授的内容远离学生兴趣的时候，有的学生可能会强迫自己配合教师的灌输，而有的学生可能无视教师的存在，就自作主张地在课堂中做起无关的事情。可以说，只管知识传授的教师，与多样兴趣的学生存在着文化上的差异、对立与冲突。

如果说在知识传递相对单一、文化传媒相对落后的传统社会，强调学科知识唯一重要的教师与有着多样兴趣学生之间冲突，只是个别现象，不过是一个不怎么重要的教育问题的话，那么在社会与文化转型时期，这一问题就变得相当突出，需要引起教育者的足够重视。在我们这个时代，学生更加倾向于追求民主、平等、自由等价值，当他们的兴趣迫于教师而受到阻碍时，他们还会寻找其他的方式来表达他们的兴趣，有时还会公然与教师叫板，与教师的命令对着干。因此，在社会转型时期，强调学科知识传授的教师与兴趣多样化学生，发生文化冲突的概率将会大幅增加。

处于社会转型时期兴趣多样化的学生，与强调知识学习的教师之间发生的文化冲突，在学校教育中可以说是屡见不鲜。下面一则比较详细的实例，更能反映这种形式师生文化冲突的细节。

【实例1.3】

班主任把课外活动取消了

A老师是A班的班主任兼语文老师。A老师接管A班时，同事告诉他，这是一个很活跃的班级。他接管之后，用他的话讲，"A班学生爱玩，整天想搞什么文体活动，学习风气不浓。"A老师特别看不惯文体委员，"小小年纪，天天想东想西，也不把精力放在学习上。"他常讲："学生生活要过得充实，只有努力学习，把精力真正地投入到学习之中。这样，你们就会感受到知识的力量，感受到知识的魅力，生活也会变得充实。有些学生满脑子想着玩，搞什么活动，玩得快乐只是一时，将来你们会后悔浪费了时光。梅花香自苦寒来，宝剑锋从磨砺出。没有踏实的学习精神，就不会有学习的收获。一分耕耘，一分收获。"说久了，A班学生也慢慢觉得A老师讲得似乎有道理，不应该老想着玩。

A班繁重的作业和单调的学习生活，仍是挡不住学生向往浪漫的中学生活。一些活跃学生忍不住向A老师提议少布置些作业，多搞些活动。

A老师说："搞活动，我不反对，但你们提的理由不成立。学生生活即学习生活，我上中学的时候，每天上早操、早自习，中午多数同学不午休，晚自习后还有个别同学在路灯下学习。那时，没有什么活动，但我们很充实，因为我们都真正地投入学习。我的体会是，投入学习后就不会感到生活的单调。那段中学时光，我和我的同学回想起来，都感到既难忘又上进……数学家陈景润走路看书，头撞在树上，他却认为别人撞他了。昆虫学家法布尔爬到树上观察螳螂扑蝉，树下人笑他，他都不知道。他们的学习和研究，不但使他们成就一番事业，而且增添了他们的生活旨趣……正是因为没有真正地投入学习，你们才会觉得学习的枯燥与单调。我有句个人名言：学习者，所谓充实者、快乐者。"

他摘下他那副厚如啤酒瓶底的眼镜，揉了揉布满血丝的眼睛，语重心长地说："刚上中学那会儿，我也爱玩，也有自己的星期天，没有这么多的作业。"A老师顿了顿，眼里出现了少有的欣喜，随之又黯淡下去，"可是，没过多久，我的成绩由第一名退到二十几名。你们和我一样，都是农村孩子，能进这所中学不容易。父母省吃俭用，流血流汗供你们读书。我不忍心叫你们失望，我布置作业多，是为你们好。你们要理解老师……好了，活动我们一定会搞，不是现在，等你们毕业，我们搞毕业晚会，大家在那时尽情地唱、跳。机会很多呀，即使毕业之后，同学仍可以聚会。"

尽管学生觉得A老师的话情真意切，不好反驳，但仍抱怨学习生活的枯燥，向往影视作品中充满诗意的中学生活。A老师却反驳说："哪有？影视上的东西能信吗？那都是假的，编出来哄你们这些未成年人的。你们长大了，就会知道生活该是什么样的。所有的学生生活都是一样的，还不都是学习吗？我上大学，生活不也是两点一线（教室—寝室）吗？"

学生认为让老师同意搞活动没有可能，于是文体委员就自行组织了班上的同学去郊游。可郊游中出了点事，班上的学生因口角和社会上的人打架，A班受到学校的批评。

A老师常以此为戒："这件事，我无所谓的，我并不是一个在乎学校批评的人，但你们搞郊游，不通知我是不对的。你们是未成年人，我作为班主任有监护的权力，以后班上有什么活动，都要经我批准。××同学（指文体委员）虽是班干部，但也是未成年的孩子，组织活动为什么不告诉我，眼里有没有老师？"后来，A班学生没人敢组织活动。再后来，A老师把A班的课外活动取消了。

〔资料来源：杜志强．教师权力策略：基于师生冲突的案例剖析［J］．教育与现代化，2009（2）．〕

在实例1.3中，A老师基于自己过去的学习经历，坚持认为"学生生活即学习生活"，并且布置了很多的作业，要求所有的学生都全身心地投入到学习之中。而生活在社会转型时期的A班学生，其生活的环境显然与A老师曾经的学习环境不可同日而语。面对繁重的作业和单调的学习生活，兴趣多样化的A班学生不堪忍受。他们向往的是浪漫的中学生活，他们要求多搞些活动来调节枯燥的学习。

可见，兴趣多样化的A班学生与A老师在文化价值上存在着冲突。A老师也意识到师生之间的意见分歧。但他却利用自己的制度权威，无视学生"抱怨学习生活的枯燥"，断然否定了学生提出的"影视作品中充满诗意的中学生生活"。在A老师看来，影视上的东西都是假的，是编出来哄骗未成年人的。A老师还强调，"所有的学生生活都是一样的，还不都是学习吗？"对此，学生尽管表面上不好反驳，但兴趣多样化的学生显然不能认同教师强调学科知识学习的价值观念，并且师生之间价值观念的对立还延伸到行为上，那就是文体委员就自行组织了班上的同学去郊游。当然，在师生文化冲突中，学生一般都是弱势的一方，之后，A老师索性把A班的课外活动取消了。

（三）实行统一标准的教师与渴望差异性对待学生的冲突

在制度化的学校生活中，教师常常以法定的权威自居，以专制的方式管理学生，也常用统一的标准来评价学生。这种用整齐划一的标准评价学生，主要表现在学生的好坏由教师说了算。但是，教师用所谓的"一个标准"对学生的评价，其结果很可能是片面的，而且在评价的过程也一般不允许学生"插嘴"，不给学生表达他们不同想法的机会。即便是学生要选择表达不同的想法，教师往往也不置可否，还是按照自己的方法来处理问题。而生活在一个日趋开放社会的学生，显然是不会满意教师用统一不变的尺度，来评价具有鲜明个性的他们，他们希望能够得到体现权变而又不失公平的"弹性"评价。

具体来说，作为社会主流文化和家长利益的代言人，教师在评价学生时必然体现社会与家长的利益。当前，迫于社会评价的压力，不少教师在评价学生时主要看重的仍然是学习成绩，而为了方便管理学生，教师在评价学生时通常会加上遵守纪律这一条。因而，教师的评价是为了把学生塑造成高分、听话、顺从的优等生。而在社会转型时期，文化价值呈现多元并存的形态，流行于日常生活环境中的各种社会思潮、价值观念和行为方式，不断影响着青少年的评价标准，不断拓展着学生自我评价的价值取向。因此,教师的标准有时会比学生更为狭隘、更有局限性,教师往往做不到全面、准确地评价学生。

例如,对于"好学生"的评价标准,学生与教师的看法并非一致。有研究者提出,班级中受学生群体欢迎的往往是两种人:一种是成绩优秀,但不担任什么大的职务,性格随和、与人为善;另一种是成绩平平,但聪明、好动、风趣、乐于助人,在班级中具有一定的号召力。对于受教师宠爱的班干部,学生们则"敬而远之"。教师总认为自己喜欢的学生一定也是受大家尊重的好学生,而一旦从学生身上发现了与自己原有的价值观念和思维方式不符的观念、情绪和行为时,就往往运用自己的权威进行同化和规范。[1] 这样,奉行一元化评价理念的教师与渴望差异性对待的学生之间,就不可避免地发生了文化冲突。

【实例1.4】

学生要求课后补罚俯卧撑

上课铃已经打过了,一位女生满头大汗地跑到我面前,说:"老师,我迟到了。"我只说了句:"8个俯卧撑!"她恳求道:"可以让我课后补做吗?"我板着脸孔说:"大家都一样,迟到都要即时做俯卧撑。"女同学无可奈何,一边流着眼泪,一边在全班同学的面前做完了俯卧撑。这件事处理平静了较长时间,但后来发现,这个女同学由原来的合群开朗变得孤僻起来,怕见老师,怕上体育课。

〔资料来源:丁静.关于师生冲突中教师行为的案例研究〔J〕.教育研究,2004(5).〕

教师评价学生的结果,常常与一定的奖惩措施结合在一起。在上面的实例中,体育教师对学生迟到的评价是独断性的。这是依据个人说了算的统一标准,对学生进行的评价。这种评价在实例中具体表现为:不管学生是出于什么原因迟到,不管学生提出要变通惩罚方式,教师都以不可置疑的语气来强调"大家都一样,迟到都要即时做俯卧撑"。迟到的那位女生显然对教师如此的判断和惩罚是不满意的,因为在她看来自己迟到是有原因的,而且因为迟到马上罚做"8个俯卧撑"有些困难,于是她恳求老师希望能够得到"特别"的对待,即在课后补做。这样,教师与学生不同的文化价值,在具体的事件中发生碰撞和冲突。

(四)采用家长式管理的教师与崇尚民主平等学生的冲突

在学生管理方面,不少教师为了维持整齐的秩序,为了体现自身的权威,常常会

---

[1] 丁敏.师生冲突的文化因素探析〔J〕.苏州科技学院学报(社会科学版),2003(3).

采取命令、训斥、惩罚等手段来控制学生。在那些教师的思想深处，认为自己是代表国家和社会来教育学生，拥有着法定的权威，因而在师生交往过程中，对学生采用命令的方式，让学生无条件地服从，这并没有不恰当的地方。而崇尚民主、平等的人与人关系的学生，显然不会因为对方是教师，就会非常自觉地、无条件服从。这样，独裁的教师与渴望平等学生之间的文化冲突就会显现出来。

在我国长期的封建社会中，人们有把教师等同于学生家长的倾向。"天地君亲师"的说法，是把教师的地位仅摆在具有血缘关系的长辈之后；"一日为师，终身为父"的做法，更是要求学生把教师看作是一家之长的父亲，并要尊敬、服从、认同这一权威。经由这种文化的长期浸染，相当多的教师常常在潜意识中把学生当作自己的孩子一样看待，把自己当作学生的家长来要求。诚然，把学生看作自己孩子这种做法，是教师爱学生的一个情感基础，本身也无可厚非。而其中的问题是，与此相应地把自己当成学生家长，则容易导致教师运用其外在的权威来管理、约束学生。因为我们的传统一直强调"君君、臣臣、父父、子子"不可僭越的伦理文化，而在这样的国度，家长制的观念不仅深入人心，家长制本身也意味着命令与服从的上下级关系。

这种关系假如是在社会发展迟滞、文化发展缓慢的农业文明时代，学生倒也比较认可这一熟悉的管理方式，不至于产生明显的、较大范围的抵制，引发强烈的师生文化冲突。而我们这个时代的状况却大有不同。由于学生的早期社会化正值社会转型时期，他们所接受的大都是处于变动中的价值评判体系，他们身上没有留下沉重的传统负累。不仅如此，基础教育阶段的学生由于得风气之先，形成了与转型后的文化较为适应的价值取向和行为模式，包括思想、态度、习惯、信仰、生活方式等。[1] 可以说，学生广泛接受的是民主、自由、平等、宽容等一些现代观念，一般对家长制的管理方式，对于教师权威的滥用是非常反感、乃至会强力抵制的。在这种情况下，采用家长式管理的教师就比较容易与学生发生文化冲突。

采用专制管理方式的教师与希望师生平等相处学生之间的发生的师生文化冲突，不断地在社会转型时期的学校中上演。有研究者专门讨论了这种类型的师生文化冲突在课堂中的表现形式。该研究者认为，课堂中教师规定的制度是一种具有专断倾向的一元化价值，而学生亚文化则崇尚自由、民主，主张对话、平等，信守诺言，遵守规则。这样，教师主张的课堂制度文化与生所拥有的亚文化存在许多冲突，主要表现在：①专断的课堂制度文化与渴望对话的学生亚文化之间的冲突。课堂制度文化的专断是指课堂规则的制订与执行，是由教师单方面完成的。这种以命令、支配等单向输出为主的课堂管理制度，与学生群体中平等对话、和谐共生的亚文化产生冲突。②虚幻的课堂制度文化与遵守规则的学生亚文化之间的冲突。课堂制度文化的虚幻现象是指课

---

[1] 黄书光，王伦信，袁文辉．中国基础教育改革的文化使命［M］．北京：教育科学出版社，2001：81—82.

堂成员对于规则的否认和抽离态度,导致规则不能内化为课堂成员的信念。很多课堂制度文化都会要求"师生之间要互相尊重、平等相处";要求教师"不准体罚学生、忌用伤害学生自尊心和人格的言行"等。但是,许多教师从来不会去用这些规则来规范自己的言语及行为,却又常常用自己制定的规则去评价学生。这种虚幻的课堂制度就会与遵守规则的学生亚文化之间产生强烈的冲突。[①]

【实例 1.5】

我踢了学生一脚

  我刚当班主任,我们班最调皮的一个学生不好好听课,在下面做小动作,为了给他面子,我开始就瞪了他一眼。可他照旧不理睬,而且还敲桌子,并不时地说话。我一急,上去就是一脚,他反过来给我一脚。我俩就对打起来。后来被学生拉开。这事以他后来退学结束。

  〔资料来源:王馄,刘普. 对初中师生冲突应对的调查与思考〔J〕. 教师教育,2006(11).〕

  在实例 1.5 中,教师的瞪眼、踢人有其背后的文化原因。这位教师可能下意识地认为,课堂中应该完全由教师主导,教师可以无条件地命令、支配学生。于是,这位教师对做小动作的学生采取专断的家长式管理。而调皮的学生尽管需要教师的管教,但相对于教师专断的管教,学生显然更愿意接受民主、平等、对话的师生交往。这样一来,在相关因素的触动下,具有不同文化倾向的师生之间发生了激烈的行为冲突。

  当然,采用家长式管理的教师与崇尚民主平等学生之间的文化冲突,不仅发生课堂教学之中,也发生在课堂教学以外的学校生活中。下面我们将结合一则实例,对这种形式的师生文化冲突作进一步的分析。

【实例 1.6】

一次考场变故折射的师生文化冲突

  高考临近,某校举行例行的考前模拟考试。监考老师来到教室,重申考试纪律。他警告道:"上次考试,我们这个班有人作弊,希望这次不再出现类似现象。否则,绝不轻饶。"学生骆某,党员,校学生会主席,成绩特优。听完老师的话,立即起立纠正道:"老师,如果说上次考试有人作弊的事发生在我们班教室,这是事实;但说我们班同学作弊却不对。请你纠正。"师闻言暴跳,令骆某停考。巡视考场者依师骆不从,依骆师不依,遂不了了之,草草

[①] 安富海. 论课堂中的文化冲突与调适〔J〕. 教育导刊,2010(15).

招呼两句离开。学生毕竟拗不过老师,骆某终未能参加该次考试。

事后,骆某家长认为老师错误剥夺孩子的考试权利,致使孩子失去了一次进一步了解自己学习成绩的机会,影响志愿填报;同时,认为老师的表现给孩子造成心理伤害,担心影响高考。家长出于忧虑与愤怒,扭住学校和教师不放,非要讨个说法。此事虽经各方调解最终得以平息,但整个过程搞得教师很狼狈,学校很难堪。这是一场本不该发生的冲突。教师强调考试纪律本没有什么不对,但该教师误以为自己有惩治学生的特权,言谈伤害了全班同学的自尊,导致了学生的顶撞和过激反应。

〔资料来源:张阜生.一场师生冲突的启示[J].四川教育,2003(10).〕

在上面这个实例当中,对学生骆某公然地纠正自己的错误这一举动,那位教师勃然大怒,无礼地批评学生,使师生的矛盾激化。师生文化冲突的发生,与教师把自己看作是享有权威、令出必行的封建家长不无关系。在教师的文化观念当中,他可能相信作为教师的他是长辈,应该具有封建家长那样的地位,是高学生一等的;而学生应该服从,即便是他的言行有误,其管理的学生也不能批评、指正、反抗,而只能一味地服从,并维护其权威。但是,学生们,特别是敢于言说的骆某,显然是不能认同这种价值观的。在教师不理智言行的催化下,更是加剧了骆某内心的不满,激起了进一步的反抗和对立。于是,采用封建家长制管理的教师与崇尚民主自由的学生之间,便出现了文化上的冲突。

二、社会转型期师生文化冲突的特点

师生文化冲突在不同的社会时期零星可见。与那种偶发的、个别的师生文化冲突相比,社会转型期的师生文化冲突具有一定的必然性。[①] 就师生文化冲突的特点来说,社会转型期的师生文化冲突带有这个历史时期文化冲突的某些特征,呈现出不同于以往的一些特点,这些特点诸如表现形式多样、冲突激烈、快速多变、因果复杂、影响深远等。

(一)呈现多样的具体形态

在社会转型时期,虽然原有主流文化的统治地位发生了动摇,但仍在规范、影响着人们的价值观念和行为方式,新兴的多元文化因素逐渐渗入人们的日常生活与非日常生活领域,但却没有占据主导地位,发生绝对的影响。由此,这一特定历史时期给

---

① 这与我们所处的时代背景有关:我们这些生活在当今时代的人,正处于传统农业文明和现代工业文明两个时代之间的裂谷中,正牌传统和现代的夹缝中。我们注定要承受大变革时代心灵震动所带来的痛苦与煎熬,我们命定要随渴望自由与逃避自由的心理冲突。〔衣俊卿.文化哲学十五讲[M].北京:北京大学出版社,2004:334.〕

人们带来了眼花缭乱、形色各异的文化图景,增加人们比较和选择不同文化价值机会的同时,也给人们带来了现实的、多样的文化冲突。

与此同时,我国当前也处于全球化的境遇当中。这种特殊的处境使文化冲突的样式趋于多样,具体包括:传统文化与现代文化和后现代文化之间的对立;本土文化与外来文化的冲撞;"强势"文化与"弱势"文化的冲突以及各种文化意识形态之间的冲突。其中,具有鲜明色彩的是"强势"文化与"弱势"文化的冲突,而更加剧烈并且具有震撼力量的是文化意识形态之间的冲突。[①] 这一复杂文化现象必然也会影响教师与学生的生活,使得师生的文化冲突呈现多种多样的形式。可以这么认为,当前的师生文化冲突,是特定时期文化冲突在学校教育中的主要反映。从师生文化冲突的影响因素而言,或多或少地显现出儿童文化与成人文化冲突、中外文化冲突、传统与现代文化冲突的影子。

或许,师生文化冲突的多样性,与计划经济向市场经济体制转轨中多方面的文化冲突,有一定的吻合之处。当前,我国主动打开国门,积极推进经济体制和社会结构的变革,广泛开展对外的经济、文化等方面的交流。以西方文化为代表的国外文化,凭借着发达的媒介和新异的面孔,汹涌澎湃地进入了国门,几乎影响了国民社会生活的方方面面,对中国的传统文化形成了多层次、多样式的文化冲击。有研究者提出,在由计划经济向社会主义市场经济的体制转轨过程中,反映在价值观层面的文化冲突主要表现在:

第一,重义轻利与义利并重的伦理冲突。计划经济体制片面地强调国家和集体利益,忽视个人利益、个人自由和个人价值,甚至将个人利益与集体利益对立。而市场经济要求市场主体必须具有强烈的利益意识和逐利动机,并强调义利并重的价值取向。

第二,公平与效率的价值冲突。在我国经济体制的转轨过程中,人们由从前对平均主义的不满,转变为对收入差距拉大的忧虑,公平与效率的价值冲突成为人们关注的热点。

第三,反映在思想观念上的依附意识与自主意识的冲突。计划经济体制强调高度集中统一,使人失去了应有的独立性、自主性,养成了一些人的依附意识。而市场经济是以人格的独立和自主为前提条件的,它与依附意识是格格不入的。

第四,反映在思维方式上的唯书唯上与求实创新的冲突。受计划经济体制下"左"的思想影响,一些人习惯于唯书唯上的思维方式。社会主义市场经济是一个全新事物,无现成的理论和经验可循,需要坚持思想路线的与时俱进,不断开拓创新。[②]

当然,转型期社会学校教育中出现的师生文化冲突,与一般的经济体制转轨中的文化冲突不可能完全等同,但不可否认的是,这些形形色色的文化冲突会渗透到学校

---

① 庄晓东主编. 文化传播:历史、理论与现实 [M]. 北京:人民出版社,2003:194.
② 孙肖远. 论体制转轨中的文化冲突与文化构建 [J]. 社会主义研究,2002(6).

教育中,成为师生文化冲突的具体表现形式。例如,教师宣扬的集体利益至上与学生重视个人利益的价值发生冲突;教师要求学生完全的服从和听话与学生独立自主意识发生的冲突;教师要求的应循守旧与学生的开拓创新、不拘一格的思维方式发生的冲突;等等。

(二) 冲突激烈又变化快速

社会转型时期的师生文化冲突,呈现出冲突激烈而且快速多变的特点。在社会转型时期,师生文化冲突发生在多重文化激烈冲突的社会背景下,其冲突的过程往往会表现出激烈的师生对抗;师生之间的文化冲突又发生在文化价值快速更迭的社会场景中,其冲突的表现形式在多样的同时,又呈现出不断变化的态势。

1. 师生文化冲突的表现激烈

由于中国社会发展或中国现代化的特殊历史定位,中国的文化转型必然同时面对一般意义上的现代化和人类社会的全球化这双重文化景观。因此,在中国文化转型过程中,始终面临着激烈的文化冲突,其中既有精英层面的前现代的、现代的和后现代的文化精神的冲突,也有大众层面的文化价值观念的多元流变和分裂游离。[①] 整个社会不同层面存在的激烈文化冲突,必然也会影响到学校中的师生文化冲突的强烈程度。在某种程度上,作为重要文化机构的学校是社会文化景观复杂形态的一个缩影。师生间的文化冲突,不仅体现了精英层面的文化冲突,也展现了大众层面的文化对抗。而且,师生文化冲突还在很大程度上代表了成人文化与儿童文化的冲突。从这一点上说,师生文化冲突在某些方面有可能比社会层面的文化冲突还要来得激烈。

2. 师生文化冲突的变化快速

处于计划经济向市场经济转型、传统农业文化模式向现代工业文化模式转变的时代,来自西方的、现代的、不同文明的多元价值不断地涌现在人们面前,多元价值相互碰撞中发生的文化冲突,也以较快的速度加以更迭。在这一特殊的历史时期,师生文化冲突的具体表现形式不但不会相对缓慢、平静,反而表现出新的冲突层出不穷的形态。一方面,旧有的一些师生文化冲突表现形式,可能通过师生文化的交流与互动,被弱化、缓解或整合掉了;另一方面,新兴一代的青少年思想更趋开放,受现代价值观念的影响也更为容易,并且以新的方式与教师文化发生文化冲突。也就是说,社会转型期师生文化冲突呈现出的面貌,并不是千面一孔的,而是趋向于千变万化的。

(三) 凸现复杂难解的一面

我国正处于社会转型时期,前现代化、现代化与后现代化并存,全球化与本土化同时进行,经济体制、社会结构、文化价值等方面都发生着剧烈的变革,传统的文化

---

① 衣俊卿.文化哲学十五讲[M].北京:北京大学出版社,2004:348.

与新兴的文化发生着强烈的碰撞。社会转型必然带来文化变迁，多样化的价值、多元文化交织在一起，难分难解。

社会转型时期，人们生活在其中的文化环境，正面临着整个社会主导的文化模式发生危机的特定时代[①]。在这种社会文化背景下，不仅学生的文化价值存在迷惘的一面，教师的文化价值也在不同文化的交互作用中，感受到了真实的无助。可以说，不管是作为个体的教师与学生，还是作为群体的教师与学生，都不同程度经历着多元价值所带来的文化冲突，而教师与学生之间的文化冲突，更是表现出多种价值交杂与冲突这样一种复杂的形态。

1. 师生文化冲突发生于价值迷茫的社会文化背景

中国社会经过一个多世界的社会与文化变革，不仅经济、科技取得了长足的发展，而且在政治体制和文化教育方面发生了很大的变化。在这百多年的历史时期中，西方科技理性和人本精神等价值，逐渐为统治阶层和相当多的民众接受。但是，这种与现代化改革相适应的文化价值，却没有取得主导的、深层的民众生活方式。基于几千年传统农业文明的文化模式，依旧在社会活动和个体行为中发挥着强大的影响力，现代文化精神还没有真正生成。这种矛盾的文化景观，"引发了现代社会的文化焦虑感和危机感，这是一种无边际的、充满不确定性的世界中失去依托、丧失确定的标准和依据的茫然无措的焦虑和困惑，是一种在茫茫荒原上寻找生存之指路灯塔时身心疲惫、长途跋涉的迷惘。因此，也引发了不同形式、不同层面的文化反抗和文化批判。"[②]

学校作为社会生活中重要的文化机构，是各种文化价值竞相占据的堡垒之一。生活在学校中的师生，自然也比较容易感受转型期社会多元文化的碰撞，以及容易在价值选择时出现无所适从和迷茫。在多元的、复杂的文化环境中，教师和学生都感受到多种形态的文化冲突。在教师与学生发生文化冲突的同时，教师和学生各自文化的内部，也可能经历着不同程度的文化迷失和文化冲突。就教师文化内部的冲突来说，一方面他们可能以传承传统文化的身份和心态，与表现新兴价值的学生发生文化冲突；另一方面他们自己也在接受某些现代价值后，与传统文化发生一定程度上的决裂。因此，在这种社会文化背景下生活，价值迷茫的师生也许自己都没有搞明白，就糊里糊涂地发生了文化冲突。

2. 师生文化冲突的根源与结果错综复杂

引起师生文化冲突的原因，也不仅仅是教师与学生之间简单的文化差异引起的。

[①] 文化危机可以简单地界定为特定时代的主导性文化模式的失范。具体说，是指一种人们习以为常地、自在地赖以生存的自在的文化模式，或人们自觉地信奉的文化精神，不再有效地规范个体的行为和社会的运行，开始为人们所怀疑、质疑、批判或在行为上背离，同时一些新的文化特质或文化要素开始介入人的行为和社会的活动，并同原有的文化模式和文化观念形成冲突。〔衣俊卿. 文化哲学十五讲 [M]. 北京：北京大学出版社，2004：94.〕文化危机更多地发生在人的观念世界或心理世界，给人造成无形的价值迷失和内心痛苦。

[②] 衣俊卿. 文化哲学十五讲 [M]. 北京：北京大学出版社，2004：145.

实际上，师生文化冲突有其深层的社会与文化根源，在文化冲突的背后，有着深刻的经济社会、历史文化、社会心理等方面的根源。而且，师生文化冲突又受着众多因素的影响。影响师生文化冲突的因素，除了教师和学生外，还有社会、学校、家庭等因素。在社会转型时期，文化的发展呈现多元的趋势，学校、教师、学生、家庭各自的文化都有其独特之处，它们之间的不一致也在文化接触的过程中表现得淋漓尽致，而它们各自在师生文化冲突发挥影响的途径和形式，也是错综复杂的。这给还原师生文化冲突的本来面目、探讨师生文化冲突的解决方法带来了很大的困难。

在社会转型时期，多元文化同处于一个时空，但其中也没有一种文化模式取得压倒性优势。因而，文化冲突的结果，常常不是一种文化的胜出，而另一种或几种文化被消除，而是存在多种形态：虽然部分文化会消失，但更多的可能是不同文化相互融合，出现"你中有我，我中有你"的现象，或者是各种文化在相互影响的同时，大体上都能在多元文化中继续占有一席之地。同样地，师生文化冲突的结果也是多样的。尽管在学校中教师文化相对学生文化具有一定的优势，但师生文化冲突发生时，学生文化也不可能完全被同化。至于，师生文化冲突的最终结果到底如何，取决于多方面的因素，具体的表现将是复杂的、不一而同的。

（四）具有意义深远的影响

社会转型时期的文化变迁波及社会的各个层面，具有整体性、全面性，因而其形态比一般的文化变迁剧烈，对人们的生活，特别是价值观的信仰产生的影响更为深刻。这是一种深层的、影响到个人性格的文化理念之冲突，比单纯的经济增长对人生活的影响更为深远。同样地，师生文化冲突对学生和教师，都会产生意义非同寻常的深远影响。

具体来分析，师生的文化冲突，不仅仅是造成师生双方心理的不适应或矛盾、痛苦的状态，更重要的是，在以冲突这种特别的方式所进行的互动中，学生文化可能会吸收一些教师文化的成分，变得更为成熟，更为适应社会的变化。在学生升入大学深造或踏入社会之前，假如在学校教育世界经历过师生文化冲突，对他们的成长来说就有可能会发生积极的作用，可能会帮助他们在这种多元文化并存、价值观念变动不居的转型期社会，找到一个调适的空间。而教师文化在这互动的过程中，也会以另一种方式感受到一些新兴文化的冲击，从而促进教师文化的更新与不断重组。

当然，教师和学生，特别是在文化权力上占有优势的教师，在文化冲突的过程中，如果没有摆正个人的角色定位，没有采取恰当的方式，而使师生文化冲突朝着破坏性的方向发展的话，那么就会造成师生双方文化不适应和矛盾心态的加强，引发更为剧烈的行为冲突，从而对教师组织教育、教学带来意想不到的困难。更为严重的是，这会给学生的成长造成心理上的阴影。关于文化冲突对师生双方的影响，将在下文作更为充分的讨论。在这里需要强调的一点是，师生文化冲突无论是对学生，还是对教师，其影响都是深层次的,而且常常是长期的、持久的。

三、社会转型期师生文化冲突的类型

对师生文化冲突进行分类,是深刻认识师生文化冲突的需要。按照不同的分类标准,师生文化冲突有着不同的具体形态。这些不同的冲突类型,不见得是社会转型时期独特的师生文化冲突形态,但社会转型期的师生文化冲突显然也是可以按照下文的标准进行分类的。

(一) 显性冲突与隐性冲突

根据冲突的外在表现形态,可以将师生文化冲突分为显性冲突与隐性冲突。

1. 显性的师生文化冲突

显性的师生文化冲突是外在显现的,是容易察觉到的师生之间公开的对抗交锋。显性冲突表现为师生之间直接的言语争吵或言语和行为对抗兼而有之。言语上的对抗诸如教师讽刺、呵斥、辱骂学生,学生公开谩骂教师,师生之间的争吵、言语中伤、相互谩骂等。行为上的冲突表现为:教师体罚学生、用暴力攻击学生身体、殴打学生,学生主动攻击教师,师生之间出现相互拉扯、厮打等行为侵犯。

【实例 1.7】

被激起来的耳光

> 学生小李在自修课上吵闹,我把他叫到办公室里谈话,他的态度还不错,马上就承认了错误,并表示以后一定改。之后,我让他写检讨书,没想到他的检讨书写得乱七八糟。我拿着这检讨书到教室里去找他,让他重写。可他却质问我:写得好好的,为什么要重写?于是,我就把这张检讨书在教室里读了,结果学生听了哄堂大笑。小李一声不响,扯过检讨书往垃圾桶里一扔,扭头就冲出了教室。我担心他又要逃学,立即把他抓了回来。他说我打他,我说如果你是我儿子,我早就打了。他把头往我这儿凑:"你打,你打啊!你打我,我就去叫人来打你!"一时间,我的火噌地上来了,就是被开除我也认了,"啪"地一声,给了他一个耳光,并对他说:"从现在开始,你不是我们六班的学生了,你给我出去!"我知道这件事处理得不好,但当时火一上来,实在无法克制。

〔资料来源:佚名. 被激起来的耳光 [J]. 思想理论教育, 2010, (4).〕

实例 1.7 是一起公开的师生文化冲突,是显性的师生文化冲突的一种具体表现形式。在实例中,教师没有征得学生小李的同意,就在教室里公开宣读了他的检讨书,

并引得其他学生哄堂大笑,这样使学生小李觉得折了面子。于是,"小李一声不响,扯过检讨书往垃圾桶里一扔,扭头就冲出了教室。"紧接着发生更为强烈的言语冲突,学生小李还威胁教师,"你打我,我就去叫人来打你"。教师的权威受了挑战,并在发火的情况下打了学生一个耳光,使师生文化冲突发展成公开的言语争吵和行为对抗兼而有之的显性冲突。

2. 隐性的师生文化冲突

隐性的师生文化冲突不是外在易察觉到的对抗,它是师生之间间接的冲突,表现为内在的心理抵制和隐蔽的行为对抗。隐性师生文化冲突的外在表现并不明显,一般指的是师生之间发生的非面对面的对抗交锋,通常的表现为师生中的一方消极违背对方的行为。从学生的角度来看,消极的抵制或违反教师合理的教学要求,干扰教学正常秩序的进行,如上课讲话,做小动作,故意违背听、说、读、写要求等。[①] 隐性的师生文化冲突除了表现为学生在课堂上自由讲话,或背后对教师言语不敬、故意违背教师指令、学生拉小团体与教师唱反调外,还表现为教师对某些有矛盾的学生故意疏远、漠不关心、借机惩罚等。

【实例 1.8】

门外偷窥的眼睛

一天,我在公共汽车上听到几位中学生的一段对话。"我最烦咱们班主任了,口口声声说信任咱们,可总是从教室后窗偷看咱们……""可不是吗,为了抓住几个在自习课上说话的违纪者,就躲在窗外面偷偷监视大家,他难道不知道这种做法会伤害大多数同学的自尊心吗?""在小学,我们老师就喜欢从教室后窗偷看我们,没想到,中学老师也这样。老师的这种责任心可真让人吃不消,我们像个囚徒一样在别人的监视下生活。""是呀,一次上自习课,我想问后桌同学一道题,一回头,正好撞上老师在后面监视的目光,只好连忙回身坐好,装成继续学习的样子,心慌得半天回不过神来,担心老师误会自己不守纪律,但又不方便解释,觉得特别扭。"

〔资料来源:马际娥.教师:请走出信任危机的沼泽 [J].中小学管理,2007 (2).〕

实例 1.8 中,学生对班主任从教室后窗偷偷监视这种行为非常反感,认为这是对学生的不信任、不尊重,而且也会伤害大多数同学的自尊心。从学生的对话中,他们对教师这种行为持明显的抵制态度,并且在背后议论教师,对教师的做法持否定态度。学生在教师背后的言语不敬、对班主任偷窥表现出来的"烦",可以理解为一种隐性的

---

① 姜勋.从社会学角度审视师生冲突 [J].引进与咨询.2003 (1).

师生文化冲突。

3. 显性冲突与隐性冲突的关系

一般来说，师生之间隐性的文化冲突往往发生在显性文化冲突之前，是显性冲突的前兆，它在一定条件下可以转化为显性的冲突；而显性冲突则是隐性冲突的延续，是隐性冲突不断积累、加剧的结果。当然，隐性的师生文化冲突也不一定发生在显性的师生文化冲突之前。隐性冲突也可能是显性冲突的延续①和不良影响之一。而且，也存在这么一种情况，即显性冲突与隐性冲突之间不存在必然的关系。

在学校教育情境中，显性的师生文化冲突由于具有外显性，能够被冲突双方及第三者明显感知，因而容易得到学校领导和教师的关注，并积极地加以处理或应对。而隐性的师生文化冲突由于没有完全公开化，可能冲突中的一方不容易清楚地感受到它的存在，特别是当学校领导和教师没有发现和识别它时，它往往容易被忽视。这样，隐性的师生文化冲突会不断地累积，持续地产生负面作用，其危害也是不容小视的。长久的、持续的师生隐性文化冲突，也是有可能严重损害师生身心健康的。

（二）激烈冲突与一般冲突

根据冲突的对抗程度，可以将师生文化冲突分为激烈冲突和一般冲突。

1. 激烈的师生文化冲突

激烈的师生文化冲突是指师生之间对抗强烈的文化冲突。在激烈的师生文化冲突中，往往伴有师生一方或双方的行为失控现象。尤其是教师在冲突过程中不能以自己的权威控制局面，更容易导致激烈的师生文化冲突的发生。在这种类型的师生文化冲突中，学生往往表现出强烈的抵制倾向，表现出一种不合作、不服从的顽强态度。激烈冲突的明显特征是师生之间严重对立——教师失去冷静，行为过激，痛骂学生，失手打学生；学生则公然蔑视教师的权威、违抗教师命令，和教师顶嘴、谩骂教师，甚至动手打教师。这种类型的师生文化冲突，如果得不到有效的控制和妥善的处理，那么很容易导致恶劣的后果。

师生文化冲突一般发生在学校之中，但激烈的师生文化冲突还可能延伸到学校之外。这种冲突往往是课堂冲突延伸到课外，是课堂冲突的进一步恶化。它通常表现为两种方式：一是学生借助其它手段或指使他人对教师进行报复；二是以学生为中介，引起社会其他人员与教师的冲突，如教师与学生家长的冲突等。

---

① 剧烈的显性师生文化冲突必然掺杂着内心的对抗，当外显的行为冲突进行到一定阶段时，也可能转化为内隐的对抗与冲突。以学生罢课为例，经过校长以及其他有关人员的协调后，学生虽然重新回到教室，但是一段时间的心理对抗与调适是其必经阶段。〔杨宏丽. 课堂文化冲突的多视角审视［J］. 东北师大学报（哲学社会科学版），2006（5）.〕

【实例 1.9】

他把书扔进了垃圾桶

我恼怒地对他说:"你这是什么态度,你根本不像学生,你干脆收拾东西回家吧。"他暴躁地跳起来对我吼道:"回家就回家,有什么稀罕!"接着把书本扔到了教室的垃圾桶中,然后在走廊对我吼道:"你好野,除非你不出校门,你一出校门我就叫人把你劈了!"然后就疯一般地冲下教学楼,向校门口奔去。

〔资料来源:丁静.关于师生冲突中教师行为的案例研究[J].教育研究,2004(5).〕

在上面实例中,教师允许自己对学生发怒,而容不下学生的不尊敬,实际上是将自己的地位置于学生之上。当教师在全班学生面前责骂学生时,引起那个学生的极大反感,与教师公然唱反调,而且不惜采取强烈对抗的方式,即不但与教师对骂,而且还离开教室,在言语上威胁教师。这样的师生文化冲突,可算作是激烈的冲突。

2. 一般的师生文化冲突

一般的师生文化冲突是指师生对抗强度较弱的文化冲突。在一般的师生文化冲突中,师生之间的对立、对抗通常不那么严重,师生双方都还算相对冷静。在这种类型的冲突中,教师还是能够控制住整个局面,使冲突仅仅限于师生交往之间的一个小插曲,或者使之不产生难以挽回的恶劣影响。一般的师生文化冲突也可能是隐性的师生文化冲突,表现为师生中的一方或双方消极地、间接地抵制对方的行为。从学生的表现来看,他们所采取的方式大多是消极的抵抗,例如,当学生对教师观点、做法表示不满时,通常以背后批评、取绰号、不听课等方式进行非暴力的不合作。这种类型的师生文化冲突,消极的影响比较小,而且比较容易处理。在处理得当的前提下,能够产生积极的影响。

【实例 1.10】

不请假就回家的学生

班主任在校门口偶然碰上本班一位未请假准备回家的学生。

班主任:(斥喝)嗨,你过来!

学生:(不快地)干吗?

班主任:(责问)你上哪儿去?

学生:(不耐烦地)回家,家里有事。

班主任:(生气地)你请假了吗?

学生:(抵触、不满地)没见到您。

班主任：（恼怒地）你瞧你这态度，还倒有理了。

学生：（委屈地）我怎么了？

〔资料来源：张晓军，孙立萍. 师生冲突与教师行为［J］. 生活教育，2007（9）.〕

实例 1.10 是一起师生言语冲突，冲突缘于班主任对未请假学生的教育批评。在班主任看来，未请假就回家是不守纪律的表现，应该严厉批评；在学生看来，我不请假是因为没有看到班主任，而且班主任不能以粗暴的态度对待学生，不能对学生不尊重。于是，实例中的班主任与未请假回家的学生发生了文化冲突。这起师生文化冲突主要是师生言语上的争吵，而且从其表现形式来看还是相对温和的，并没有发生师生间强烈的对骂，也没有伴随公开的肢体冲突。因而，我们可以认为这是一起一般的师生文化冲突。

3. 激烈冲突与一般冲突的关系

激烈的师生文化冲突都是公开的、显性的师生文化冲突，一般的师生文化冲突既可能是激烈的冲突，也可能是一般的冲突。前者是师生的矛盾得不到调和、不断累积而表现出来的师生之间的强烈对抗，后者则是师生文化矛盾尚在可控范围内发生的一般对抗。激烈的师生文化冲突如果应对得当，可能会转化为一般性的师生文化冲突；而一般的师生文化冲突如果处理不当，也会发展成激烈的师生文化冲突。

对于一个持续时间较长的师生文化冲突，我们有时候还不能简单地判定它是激烈冲突还是一般冲突。原因在于冲突也有不同的发展阶段，一个持续时间较长的师生文化冲突，可能在某一阶段表现为一般冲突，而在另一阶段则表现为激烈冲突。

（三）积极冲突与消极冲突

根据冲突的作用与影响，可以将师生文化冲突分为积极冲突与消极冲突。

1. 积极的师生文化冲突

积极的师生文化冲突具有正面功能，对师生交往和师生关系具有建设性。积极的师生文化冲突能够使学生有机会表达自己的看法和意见，也使教师的意图和愿望清楚地传递给学生，双方通过交流，有利于把文化冲突现象改为文化整合现象。冲突使得学生加深对学校规章制度的理解和体验，并且有助于改变一些旧有的不合时宜的规则，建立新的规则，从而丰富和发展了校园文化。[1]

---

[1] 叶为，韦耀阳. 重新审视师生冲突——一种文化学分析［J］. 师范学院学报（哲学社会科学版），2005（4）.

【实例1.11】

学生在课堂上玩足球

在我本学期任课的两个班中，其中一个班的课堂纪律问题总令人担忧。一天，上课过程中，我看见班后面的几个同学在座位上来回晃动，不一会儿又弯下腰，没有专心听讲。我在不影响其他同学的情况下，走到他们身边故意停留，发现他们在脚下互相传递着一个足球。我抱起球放到教室墙角，警告他们课后处理。课后我要他们做出检讨，并在下一次课前向全班宣读自己的保证书。又一次要上我的课了，我勒令他们向全班宣读。虽然他们照做了，但我看到了他们不屑的眼神。我觉得自己有些过分，但想达到以儆效尤的目的。为了消除我们之间的误会，我去了解他们每个人的情况，利用课间和他们谈心、交流，我希望他们的成绩能有所提高，或者至少知道尊重别人、尊重自己。以后的事实证明，这几个被其他教师认为不可理喻的学生，和我有了更深的感情。直到现在我都清晰记得，我离开这所学校时，在教学楼上向我热烈挥手的学生不是所谓的优秀生，而是我的这些后进生。

〔资料来源：李金霞. 师生冲突的正向功能 [J]. 现代教育论丛，2008（1）.〕

实例1.11中教师意识到了自己在处理师生文化冲突中做得"有些过分"，而且主动去了解学生的情况，积极地去跟学生谈心、交流，从而使师生文化冲突成为师生深入交往、教师正面影响学生的教育契机。这样，师生文化冲突产生了积极的效应，冲突的发生不仅没有损害师生之间的良好关系，反而增进了师生之间的感情。当实例中的教师"离开这所学校时"，那些曾经与其发生冲突的学生，在教学楼上向这位教师热烈挥手。鉴于实例中师生文化冲突产生的良好效应，我们可以认为是一起积极的师生文化冲突。

2. 消极的师生文化冲突

消极的师生文化冲突具有负面功能，对师生交往和师生关系具有破坏性。消极的师生文化冲突具有一定的消极意义，它可能会破坏正常的教学秩序；它会影响师生之间的信任，使教师丧失教育契机，使学生加剧对学校和教师的敌对情绪；它会对师生双方的身心健康带来不良的影响，而且很有可能是长期的、潜在的负面影响；它会降低学校教育、教学的实效。

【实例1.12】

适得其反的批评

我希望能达到"骂而成器"的目的，然而适得其反，话音刚落学生们就窃窃私语了。见此，我又对"四大金刚"加以批评："我不允许课堂上出现这种行为。如果你们对听课毫无兴趣，我允许你们出去。"最后，还加重语气表明我的立场："如若继续，即使期末考试满分，你还得补考。"话语一出，哗然四起。我顿觉语塞，直觉告诉我，情况难以收拾了。剩下的半节课就不了了之了。

〔资料来源：丁静．关于师生冲突中教师行为的案例研究［J］．教育研究，2004（5）．〕

实例1.12中教师对学生的批评引发了众怒。教师过激的语言、有失公允的说法，不仅没有化解或缓解师生文化冲突，而且使冲突朝恶性方向发展，成为消极的师生文化冲突，其导致直接的后果是"情况难以收拾"、"剩下的半节课就不了了之"。

3. 积极冲突与消极冲突的关系

有关师生文化冲突的积极作用和消极意义，在下文还会作较为详细的展开和深入的分析。在这里需要强调的是，积极冲突和消极冲突的区分，主要是加深认识和学术研究的需要。在真实的学校教育情境中，师生文化冲突的作用和影响是较为复杂的。在很多时候，我们不能简单地把师生文化冲突，作积极冲突和消极冲突的两方面的区分，而只能说这一起师生文化冲突是以积极作用为主的师生文化冲突，或是以消极影响为主的师生文化冲突；有的师生文化冲突的影响与作用可能不甚明显，这样也很难简单区分积极或消极与否。

实际上，相当多的师生文化冲突是积极冲突和消极冲突的复合体，即它既具有积极的意义，又具有消极的影响。而且，在一定条件下，积极师生文化冲突和消极师生文化冲突还可能相互转化。需要注意的是，由于师生文化冲突影响的长期性，有些短期内以消极作用为主的冲突，在较长时期内可能随着消极作用的消解，其积极作用才会逐渐地凸显出来。

（四）长期冲突与短期冲突

根据冲突的持续时间，可以将师生文化冲突分为长期冲突和短期冲突。

1. 长期的师生文化冲突

长期的师生文化冲突是指持续时间较长、过程较复杂的师生文化冲突。长期冲突中的"长期"，是一个相对概念，有时候相对几个小时，持续一两天时间就可以称为长期。一般认为，至少持续1个星期以上的冲突才可以称之为长期的师生文化冲突。

长期的师生文化冲突，如果其外在表现形态是显性的，同时冲突程度又是激烈的，那么其发生、发展的过程，就可以分为不同的阶段。有研究者分析了持续的、激烈的师生文化冲突的三个阶段：一是冲突的酝酿阶段。在教师当众批评学生时，学生受到心理刺激，脸色微变，或瞪眼不语，或显出轻视教师的表情。二是冲突的触发阶段。当学生不服从教师管教时，教师即采取命令学生站立、走出队列、离开教室或没收学生物品等措施,学生因行为意志受阻,自尊心受到伤害而脸色变红,或者低声嘀咕,不理睬教师的命令,或对教师怒眼相视,气氛较为紧张。三是冲突的激化阶段。教师用语言讽刺挖苦学生甚至动手拉学生、推学生或强行没收学生的物品时,遭到学生反抗,这时学生眼红气急,恶语抗争。①

当然,长期的师生文化冲突也有可能是隐性的,或者是冲突程度是一般的。从另外的角度来说,长期的师生文化冲突由于其持续的时间长,具体的表现比较复杂,完全有可能是糅合了上述不同类型特征的一种复合型师生文化冲突。

【实例1.13】

没有及时配眼镜挨老师骂

有一次做数学作业,我不小心把眼镜摔碎了,由于在学校住宿没来得及配眼镜。上数学课时,老师在黑板上写练习题,让大家做。我看不清楚,就光坐着,没做题。老师看见了,就走到我那儿说,"你真是块木头,笨猪!"当时我很生气,我瞪了他一眼,没好气向他解释原因,心里恨死他了。后来,老师又单独把我叫了出去,对我说眼镜摔了就赶快配一副,不然会影响学习的。但后来心里还是不舒服。见到他就绕道,总躲着他。自从这件事之后,我的数学成绩越来越差了。

〔资料来源:王馄,刘普. 对初中师生冲突应对的调查与思考[J]. 教师教育,2006 (11).〕

上面实例中的教师没有了解学生没做题的真实原因,就破口用带有侮辱性的语言骂了学生。在事后,这位教师在知道原因后,又没有采取得力的补救措施。这样,致使学生对教师的做法及其行为背后的理念,长久地持反对、抵制的态度。而且,这位学生还在行为上进行消极抵抗,即"见到他就绕道,总躲着他"。

2. 短期的师生文化冲突

短期的师生文化冲突是指持续时间较短、过程较简单的师生文化冲突。短期冲突的持续时间不长,一般在几个小时或几天之内。短期的师生文化冲突,通常没有复杂的过程,大多是由于教师应对得当或学生很快自我调整,使冲突很快消解或朝着好的一面发展,这样冲突就可以在较短的时间内结束。

【实例1.14】

辛苦换来的是学生的抱怨

在初三某节信息技术课上,我在讲解了相关的知识点后,要求全班同学

---

① 邓石莲. 对师生冲突的一些思考[J]. 中教研究,2007 (11—12).

在计算机上完成操作。巡视的过程中，我发现姚同学打开网页在玩游戏，第一次我轻轻地敲了下他的桌子，姚同学抬头扫了我一眼，很不情愿地把网页关闭了；没过多久，我发现他又重新打开了网页，这次我有些生气了，警告他说：如果在玩游戏，就在教室后面站着，不许操作了。没想到这次他根本就没理我，索性网页也不关了，一副奈我如何的样子。我心知：如果我这时候和他去争论，肯定这堂课是不用上了，我就采取了冷处理的方法。课堂快结束的时候，照例我对班级全班的作业进行点评，没想到刚进行点评，就听到一声很响的抱怨："评什么评！"

听到这句话，我真想几步走过去把他一把揪起来，当众把他痛批一顿。我突然觉得自己很激动，也很冲动！差一点我就要把所有的怨气一并出在这位学生身上，乃至迁怒到全班学生身上。而这时，我的潜意识告诉我，必须冷静，必须制怒，必须好好想一想怎么去处理这件事。再者，学生犯错后往往存在抵触情绪、逆反心理，甚至会出现索性"将错误进行到底"的极端思想。这时的学生也一定极度的烦躁不安。如果立刻对其进行说服教育或批评惩罚，那他一定会极不配合，根本达不到教育效果。我回到讲台边坐下来，呆呆地看着学生们。

放学后，我及时找到那位同学，与他交流了自己的想法，还帮助他找出课堂违纪行为存在的问题。经过沟通，学生认识到自己行为中的错误，并且诚恳地向我道歉。

〔资料来源：网络小虾. 师生冲突案例分析［EB/OL］. http://czxxy1980.blog.163.com/blog/static/12876556220091125323873/〕

实例中教师在文化冲突发生时，虽然非常生气、伤心、激动，但还是以莫大的毅力克制了自己的负面情绪。放学后，教师主动与学生沟通，帮助学生意识到自己思想中的错误，认识到原先价值理念存在的问题。通过教师的克制和努力，课堂上的师生文化冲突并没有扩大，而且冲突存在的隐患，在课后也得到了成功地化解。如此，师生文化冲突在很短的时间内就结束了。

3. 长期冲突与短期冲突的关系

长期的师生文化冲突，很可能是由某次师生文化冲突处理不当而演化而成。短期的师生文化冲突，常常是某次师生文化应对得当的结果。也就是说，师生对一次发生的文化冲突应对是否得当，将在很大程度上决定着这次冲突，最后发展成为长期冲突抑或是短期冲突。通常而言，长期的师生文化冲突带有较多的消极意义，它一般是以消极意义为主的冲突；短期的师生文化冲突由于应对及时、处理得当，能够发挥文化冲突的积极作用，所以它一般是积极的师生文化冲突。

以上几种分类只是师生文化冲突中比较常见、较有影响的若干类型。当然，师生文化冲突的类型远不止于此。根据其他的分类标准，师生文化冲突还可以分为不同的种类。例如，根据冲突波及的范围，可以将师生文化冲突划分为个体冲突与群体冲突。根据冲突的主要发起者，可以将师生文化冲突划分为教师引发的冲突和学生引发的冲突。根据冲突的应对方式，可以将师生文化冲突划分积极应对的冲突和被动应付的冲突。另外，根据冲突的表现形式，师生文化冲突也可以分为价值冲突、言语冲突、行为冲突等。

第二章　现实影响的双面性：师生文化冲突的作用分析

在传统的、封闭的社会中，很多人倾向于认为文化冲突的影响主要是消极的、负面的。而在现代社会中，文化冲突的存在是社会进步与发展的一个标志。就师生文化冲突来说，尽管也会带来一些负面影响，但是它在协调师生关系、促进师生进步、推动学校变革与发展等方面，具有不可忽视的积极意义。当然，将师生文化冲突的影响分为积极和消极两方面，乃是行文分析的权宜之计。前文已经提到过，在真实的学校文化场景中，师生文化冲突的影响常常是多方面的，既有积极成分，也有消极成分，还有可能影响不明显或基本无影响；而且，在一定条件下，积极影响与消极影响有可能相互转化。

一、师生文化冲突的积极意义

在一定意义上，文化冲突是社会进步的推进器，发生在校园中的师生文化冲突也具有类似的积极作用。师生之间发生文化冲突，意味着师生双方的观念和价值将会集中地表达，这样教师与学生不仅获得了一定的发泄不满情绪的空间，也获得了理解对方意图和想法的机会，从而为师生文化的对话和融合创造条件。师生文化冲突会促使学生加深对学校、班级、教师制度、理念的理解和体验，并且有助于改变学校、班级中一些过时的、不合理的规则，并在师生文化的互动过程中建立新的制度，确立新的价值观念，从而不断丰富和发展学校文化，推动学校教育的改革和教育质量的提高。

（一）调节师生双方的情绪

师生文化冲突的产生，与师生双方内心的不满情绪累积有关。不管是学校中的教与学，还是学校之外的在日常生活，教师与学生都要处理一些令人烦恼却不得不面对的事情，都要经常面对很多可能带来困惑的事物。这一点在社会转型和价值多元的特定历史时期更是如此。

就教师的真实工作情况来说，不少教师几近不堪重负。很多中小学教师不仅教学任务比较沉重，而且，还不得不挤出时间来参加培训、参与科研，每学期都要填写数量可观的考评表格，撰写种类繁多的材料，经受不定期的学校领导和教育行政部门的抽查与考核。[①] 这些任务已经让一些教师感到有点喘不过气来，而那些在知名度较高学校工作的教师，还要应付随时可能出现的领导视察、兄弟学校的访问。而在讲求效益的市场经济社会，相当多数教师的待遇偏低，教师的经济地位常常与其社会声望、贡献不相对称。至于那些少数有追求、有个性的教师，却可能生活在一个不容易被人理解的空间。如此，中小学教师的工作、学习、生活等情况，并不那么轻松如意，而且相当一部分教师是在"超负载运行"。在这种情况下，教师们的难免会一些不满情绪，难免会产生一些价值失衡。

就学生来说，虽然几经减负，但当今的学业负担仍然很重。有一首儿童传唱的另类歌谣是这样的："上学最早的，是我；回家最晚的，是我；玩得最少的，作业最多的，睡觉最迟的，最累最困的，是我是我还是我。"关于学生学业负担，这首儿童歌谣也许能反映出一些共同的问题。更为重要的是，学生自身所拥有的价值得不到学校和教师的认可。这种情况也可以从学生传唱的另类童谣看出一些端倪。例如，"日照锅炉生香烟，鸡鸭鱼肉在眼前。口水流下三千尺，可惜我还要减肥"；"我在马路边，捡到一盒烟，把它交到警察叔叔手里边，叔叔拿着烟，对我把头点，我高兴地说了声，叔叔，给钱！"[②] 诸如此类的另类童谣，虽然为学生所喜爱，但是在学校中一般是没有合法地位的，并且很可能会得到教师不分情由地严厉禁止。如此，一些学生则会对教师有一定的抵触情绪，甚至有文化层面的矛盾和敌对心理。

师生文化冲突的存在，为教师和学生提供了一条释放心中压抑、不满的想法的途径。在冲突过程中，教师和学生通常可以把内心积压已久的思想说出来，表达出来，这样可以缓解思想上的焦虑和内心的压力，调节不良的情绪，从而对师生的身心健康产生有益的影响。因此，冲突本身可能会起到"出气筒"的作用。借助文化冲突这种形式，师生双方的负面情绪释放了，心情调节好了，内心的压力也消除了，而冲突也可能结束了。这样，经过师生文化冲突的洗礼，师生双方的心理得到了积极的保健，教师能以良好的身心状态投入到繁杂的工作中去，学生则能以健康的身心状态投入到紧张的学习生活之中。

而假如师生受压抑的价值与行为，长期得不到释放，则会影响心情，伤害身体健康，而且，随着时间的推移，这种负面价值则会不断累积，直到超过了承受的极限而爆发出来，这样的爆发很可能会导致意想不到的破坏性结果。对此的具体分析将在下

---

① 据了解，海南省某农场子弟学校的每个教师，每学期差不多都要上交《个人成长计划》、《工作计划》、《教学设计》、《说课稿》、《教学反思》、《听课表》、《学习记录》、《课改总结》、《工作总结》、《校本培训作业》、《基地培训作业》等材料。其中，最多的一个教师交了各种材料共45份，平均每位教师交了30份。这么多的材料，对每位教师来说都不是一件容易的事，更何况许多教师没有那么多的想法可写，也不会写、不愿意写，那么相当部分教师只好带着意见复制一些内容来应付了事。一个农村的一般中学尚且如此，大中城市的那些知名学校教师的负担就更不用说了。

② 孙宏艳. 新校园童谣31则 [J]. 少年儿童研究，2001（1—2）.

文展开。

(二) 增进师生关系的和谐

在一定的条件下，师生之间的文化冲突，为师生关系的重新定位创造了条件，为良好师生关系的创建确立了新的起点。在师生交往的过程中，教师会利用其话语权不断地表明、强调自己代表的文化立场，向学生灌输有关的价值观念和试图塑造学生的行为方式，有的时候还会借机发泄他们的一些负面情绪。学生在与教师互动、交往的过程中，必然会发生一些矛盾，产生不少不愉快的心情。但是，由于害怕受到教师的批评，或考虑到其他的因素，学生一般不敢向教师表达自己的看法，或者根本没有表达的机会。这样，他们就可能在情感上讨厌一些老师，在行为上故意以不合作的方式来应付某些老师提出的要求。

师生文化冲突的发生，使学生在文化机制上找到了宣泄的途径。在文化冲突中，学生不再像平时那样不敢直言，而是会把自己内心的真情实感倾吐出来。可以说，在文化冲突发生的时候，学生在教师面前，相当程度上表现了真实的自我，或者说自我的另一方面。学生真实心声的倾吐，直接、强烈地提出师生交往中的问题，会对教师的心灵产生震撼，从而促使教师更多地关注学生。教师有机会接触学生内在的一面，就有助于真正、全面地理解学生。由此，教师可能会明白教育问题产生的文化症结所在，从而反省原先自以为是的想法和做法，并采取更为恰当的处理方法，更好地与学生交流彼此的想法。而从学生的角度来讲，冷静地看待师生文化冲突，也是明白教师真实的意图和愿望的一种重要方式。

因而，师生文化冲突的存在，促使教师和学生正视共同的矛盾，通过多种形式的沟通与交流，以合适的方式解决冲突带来的问题。实际上，文化冲突中意见和分歧的搁置，以及双方达成共识的过程，就是师生关系走向融洽、和谐的过程。社会学家L.科塞在分析社会冲突功能时指出："如果没有发泄互相之间的敌意和发表不同意见的渠道，群体成员就会感到不堪重负，也许会用逃避的手段做出反应。通过释放被封闭的敌对情绪，冲突可以起维护关系的作用。"[①] 就维护群体关系而言，师生文化冲突也具有类似社会冲突的功能。例如，有学生言道，"通过这次冲突，我更加了解老师了，我更喜欢他了，关系也比以前更加融洽了……"也有学生说，"现在我和老师的关系特好，我有什么事都跟他说，让他帮我想办法。"[②] 可见，师生文化冲突的成功化解和有效解决，能够促使师生之间加深理解，促使师生之间以健康、积极的心态进行交往。随着师生交往和沟通的增加，师生关系也就变得更加和谐。

---

① L. 科塞. 社会冲突的功能 [M]. 孙立平, 等译. 北京: 华夏出版社. 1989: 33.
② 王馄, 刘普. 对初中师生冲突应对的调查与思考 [J]. 教师教育, 2006 (11).

(三) 促进师生的共同发展

文化冲突对于教师和学生来说，都能够促进他们对自己在冲突中表现出的行为，以及行为背后的价值观念进行深刻地反思。借助于反思，教师可以对自己的教育理念、教育方法进行批判，从而更新教育理念，提高教育、教学质量，提升专业水平；学生也可以通过群体的智慧和教师的帮助，对自己的价值观念和行为习惯进行重新认识和评估，从而丰富自己的个性，使自己在文化上和心理上变得更加成熟。

1. 促进教师的发展

生活在学校围墙之内的教师忙于繁忙的日常教学工作，缺乏与社会的足够的共振，在入职后没有努力地满足持续专业化发展的要求。一旦从学生身上发现了与自己原有的价值观和思维方式不符的观念、情绪和行为时，教师往往运用自己的权威进行同化和规范。① 而每一次师生之间的文化冲突，对教师而言都是难得的发展机会。每次师生文化冲突的产生，无论是知识层面，还是价值观和规范层面的碰撞，以及方法层面的摩擦，都是对教师个人的一次考验和锻炼。② 这是因为，师生文化冲突无论发生在教师传递社会主流价值时，或传授官方的文化知识时，或采用不恰当的管理方式时，还是发生在使用不合理的评价方法时，都将可能促使教师重新审视所信奉的文化，整合某些新的价值观念，调整自己的教育、教学方法，提高面对冲突所带来压力的信心和应对冲突的策略。

（1）促进教师的自我反思

在师生文化冲突发生时，教师会意识到师生之间的文化差异，而要有效地应对冲突，教师就需要进行不断的反思，需要从不同方面进行反思。通过反思，教师将会对学生、自己和冲突有深刻的了解。①加深对学生了解。例如，某教师经过冲突后认识到："那件事不怪他们，是我忽略了他们生理、心理发展规律。我应该尊重他们，更应该相信他们。"②加深对自己的认识。例如，某教师经过冲突后认识到："我觉得作为一个教师应该尽可能去帮助、了解和爱护每一个学生，不应该在不了解情况下去冒然批评一个学生的过失或错误。"③加深对冲突的理解。例如，某教师经过冲突后认识到："通过这次冲突，使我们彼此都对对方有了了解，那位同学一遇到什么不开心的事就找我谈心，我从此也多了个朋友。有冲突就要及时解决，否则将会越积越多。"也有教师认识到："师生之间难免会发生点小摩擦。摩擦才会产生火花，才会使你进一步了解学生。"③

---

① 符太胜，焦中明. 从建构主义透视课堂文化冲突[J]. 内蒙古师范大学学报（教育科学版），2010（2）.
② 杨双全. 中小学师生冲突有何价值[N]. 中国教育报，2006-05-20.
③ 王锟，刘普. 对初中师生冲突应对的调查与思考[J]. 教师教育，2006（11）.

教师在师生文化冲突中的反思，能够加快教师专业化成长的步伐。而以积极的心态去应对师生文化冲突的教师，将更有可能自觉地反思师生文化冲突，进而会把冲突作为破解师生之间问题的缺口。教师借助于反思师生文化冲突，深入透视学校、班级工作中存在某些问题，能够有效地推动自己更新教育理念，变革教育、管理、评价方式，不断地提高专业发展水平。

(2) 促进教师文化的更新

当今我们所处的社会转型时期，还伴随着经济的快速发展、文化的极度繁荣。"知识激增"和"网络社会"的出现，使得学生有可能了解许多教师不知道的知识。在这种社会背景下，传统的师生之间知识授受关系在悄然发生着变化，教师向学生学习不仅是有可能的，而且还是有必要的。师生文化冲突的发生，则为教师更新自己的文化，提供了一种文化选择。这是因为"新的文化、新的生活方式，总是在与旧的文化冲突中显示出自己的价值，从而为人们提供一种文化选择"。①

针对学生亚文化对教师文化更新的作用，有研究者提出，"如果教师在与学生的文化冲突过程中，能够客观地辨析学生态度的合理成分，并以宽阔的胸襟接纳之，就能实现其文化反哺的价值"。在师生文化冲突中，"教师需要虚心吸纳学生亚文化合理的知识、价值观念及行为规范，向学生学习，接受这种反向社会化的积极影响"。② 也就是说，师生文化冲突的解决过程，不仅为教师接纳学生文化、更新自己的文化提供了契机，也在实际上促进了教师文化的自我更新。

2. 促进学生的成长

每一次师生之间的文化冲突，对学生而言也具有重要的发展意义。现代社会的发展更加需要有创造的人、有个性的人。在师生文化冲突中，学生会自由地表达不同的观点，大胆地展现与教师对立的价值观念，这在一定程度上体现了学生的主体性和独立性，从而促进学生独特个性的形成和发展。从现实的一面来看，师生文化冲突的经常发生，刺激了教育专家反思教育问题，推动了教育行政部门改革学校教育，这将会逐渐地松动专制、独裁型师生关系，重建民主、平等、对话型的师生关系，从而不断地恢复学生一度失去的独立性、自主性，使学生重新焕发创新的精神和创造的活力。

更为重要的是，经历学校和班级生活中的文化冲突，能够帮助学生获得对人生、对社会的更深刻认识。学校中的生活，是学生认识各种社会规范、理解多元文化的重要途径，是学生人生体验的重要组成部分。师生文化冲突的发生，是将学生群体的价值规范，与学校主导的价值规范之间的矛盾暴露出来，使学生更加深刻地体验不同规范的差异，体认不同价值的区别，从而在文化冲突的过程中使自己顿悟，在整合不同

---

① 黎德化. 文化冲突与社会矛盾 [M]. 北京：北京出版社，2006：40.
② 刘福才. 中小学师生冲突及其教育价值 [J]. 教育导刊，2006 (5).

价值规范的过程中使自己变得成熟①,最终获得成长的推动力。因而,恰当的师生文化冲突,对于学生健康的文化价值观和健全的社会能力的形成与发展,并不是一件坏事。

相关链接 2.1

师生文化冲突促进学生成长

某学生:"通过这件事我明白了很多。它让我明白了应该和老师注意保持沟通。那以后也使我更加尊重和爱戴我的老师。"

某教师:"这件事后,那个同学再没有出去上网,并且学习更加努力了,见了我也懂礼貌了。有时还会和我一起谈心,学习上的生活上的都谈,我觉得很好。"

某学生:"当时生气时因为不服老师,可后来一想,老师也挺难的,我应该体谅老师、虽然我的个头不高,但视力很好。""因为这件事,老师注意到了我,鼓励我好好学习从我才树立了信心,提高了学习成绩。我很感谢老师。"

〔资料来源:王馄,刘普. 对初中师生冲突应对的调查与思考 [J]. 教师教育,2006 (11).〕

(四) 催生新型的学校文化

冲突有助于现在的规范获得新生,或者推动新规范的产生。在这种意义上说,冲突是一个调整规范适合新环境的机制。② 而文化冲突的结果,"或相互吸收、融化,或一种文化取代另一种文化,文化冲突是文化变迁的一种过程,它常常产生新的文化模式或文化类型"。③ 至于发生在学校中的师生文化冲突,则有助于学校文化的发展与更新。它会促进学校制度文化,特别是有关学生的规章制度的改组,也会促进现代价值观念在学校文化中生根发芽。

1. 催生新的学校规章制度

师生之间的文化冲突,在很多时候是教师所强调的学校、班级规章制度与学生价值与行为的冲突。作为代表学校主流文化的教师,经常以学校制度的维护者和执行者

---

① 师生文化文化冲突是学生成熟的"助推器"。有研究者认为,"在学校和班级的生活中,学生正是通过与教师的交往,通过在学校和班级生活中各种矛盾冲突的经历,通过种种人和事的关照,获得对社会、对人生的更多经验与认识。从这个意义上讲,青少年学生正是通过这些由违规行为带来的挫折和教训,才不断成熟起来。"〔杨双全. 中小学师生冲突有何价值 [N]. 中国教育报,2006-05-20.〕

② L. 科塞. 社会冲突的功能 [M]. 孙立平,等译. 北京:华夏出版社.1989:137.

③ 程继隆主编. 社会学大辞典 [Z]. 北京:中国人事出版社,1995:359.

的身份自居，以班级规章制度的制订者和推行者的角色出现。在学生与教师发生文化冲突时，有时学生的反抗，实际上针对的是那些有条文可循的各种各样制度。实际上，站在现在与将来的立场，规章制度总是过去制订的，是依据过去的社会文化要求和学生状况制订的。在一定程度上，它的某些部分是过时的、失效的，是与现在的学生真实状况不完全一致的。而现时的学生关心的是当下的事情，承载的是现在的思想。在追求自由的他们看来，用过去的、不合理的制度来束缚他们是难以接受的。于是，师生价值之间的对立和严重的碰撞，很容易引发矛盾，发生文化冲突。

出于反思师生文化冲突的需要，教师和学校会重新审视班级和学校的规章制度，重新思考这些制度条文的合理性。通过师生双方（有时还有学校领导、家长的介入）的沟通、商谈，抑或是双方或某一方不同程度的让步或妥协，以改变那些旧有的、不合时宜的规则，建立新的规章制度。新制度可能产生于"班会"、"家长会"等正式场合，也可能仅仅是部分教师与学生私下里的一种默契、一份心照不宣。不管如何，新制度的建立，能够加强师生对伴有冲突的学校生活的适应能力，丰富和发展学校的制度文化。在这个过程中，文化冲突在某种意义上是"催化剂"[①]，它改组了学校中不合时宜的规章制度，同时催生了新的班级规范和学校制度。

2. 形成新的学校精神文化

师生之间的文化冲突，也有助于民主、自由、平等、对话、参与等现代价值在学校精神文化中占有一席之地，或者至少是巩固现代价值在学校文化中的地位。在师生文化冲突的过程中，学生既有可能是被动地对抗教师文化，也有可能是自觉地依据《宪法》、《未成年人保护法》等法律条文来维护自己的权益。这也意味着学生必须敢于发表自己的见解，敢于批评教师的不合理观念和不妥当做法，敢于挑战落后、僵化的教育观念、教育方法。青少年学生的这些表现，是对传统教育观念的挑战，是对僵化管理模式的叛逆。这一切正是伴随着广大青少年学生民主意识的增强、民主能力的提高而出现的。[②] 学生在文化层面的对抗，必然会促使教师和学校管理者，正视班级和学校那些僵化的管理模式和落后的管理理念，从而在一定程度上接纳、落实民主、平等的管理文化。因而，师生文化冲突将会对学校精神文化的建设产生积极的影响。

换一个角度来看，师生文化冲突之所以会经常地发生，并能够发挥积极的作用，是与宽容、民主、对话的学校文化氛围分不开的。正是强调这样的文化精神，学校才有可能容纳不同的甚至是反对的意见，才能将产生的文化矛盾与冲突导向更高层次的和谐。而师生之间的文化冲突，又反过来加强了这种具有宽容、民主、对话特征的学校文化。

---

① 如同 L. 科塞所言："作为规范改进和形成的激发器，冲突使已经变化了的社会条件相对应的社会关系的调整成为可能。"〔L. 科塞. 社会冲突的功能［M］. 孙立平，等译. 北京：华夏出版社．1989：114.〕

② 田国秀. 接纳冲突：当代教师面对师生冲突［J］. 教育理论与实践，2004（2）.

二、师生文化冲突的消极作用

文化冲突在具有建设性的同时,也具有一定的破坏性。[①] 在实际的学校教育情境中,由于不少教师对文化冲突缺乏正确、深刻的认识,处理文化冲突时又往往有欠冷静,因而比较容易使师生文化冲突更多地发挥负面的功能。

(一)影响课堂教学的进行

课堂内的师生文化冲突,常常会影响正常的课堂教学。文化冲突的发生,不仅会使作为当事人的教师和学生不能正常地参与课堂教学活动,直接卷入引起冲突的事件之中,而且更为严重的是,发生在课堂中的文化冲突,势必会吸引其他学生的注意力,对正常的课堂教学产生一定程度的干扰。更何况,教师作为冲突的当事人,就不得不花费一定的时间与精力去及时地处理冲突。而在处理冲突的这段时间内,常常是很难做到既圆满地解决冲突所带来的问题,又不浪费宝贵的课堂教学时间和影响原先的课堂教学氛围的。

假如课堂中的师生文化冲突能够很快地平息下来,那么即便对课堂教学有一定影响,就损失来说,也不见得难以承受,而且应该比较容易挽回。而一旦教师处理文化冲突时情绪失控,学生的对抗显得过于激烈,那么冲突对教学的破坏作用就比较严重,很可能因此使课堂教学陷入较长时间的混乱,甚至走向"崩溃"——即教学被中途硬生生地打断,课堂中的混乱无法控制,教学也难以为继。即使不是严重到教学无法进行的程度,也会影响教师和学生双方的情绪,从而无法对教学互动投入激情,使课堂教学的质量大打折扣。

【实例 2.1】

一头牛和一匹马能相加吗?

一位在农村学校任教的数学老师在强调不同名数不可相加这一概念时,用反问的形式向全班同学说:"一头牛和一匹马能相加吗?"一名学生脱口而出:"等于两头牲畜。"教师勃然大怒,他喝令这名学生站起来,厉声训斥道:"你妈和你爸相加能等于两头动物吗?"学生愤然坐下,全班同学一片哗然。

〔资料来源:张晓军,孙立萍. 师生冲突与教师行为[J]. 生活教育,2007(9).〕

[①] 就社会生活中的文化冲突而言,常常会给我们的日常生活带来严重的后果。"一个小小的争论,可以使多年的朋友分离;不同的生活态度,可能使一个家庭解体;一个微不足道的文化冲突可以让一个企业倒闭。"〔黎德化. 文化冲突与社会矛盾[M]. 北京:北京出版社,2006:42.〕师生文化冲突的破坏作用或许不能与社会生活中的文化冲突同日而语,但其消极作用也是不能忽视的。

实例 2.1 中，教师和学生的争端表面上看起来是由于学生对教师的故意冒犯，而造成教师恼羞成怒，出言污辱了学生的家长。而事实上却表现出教师与学生文化观念的巨大差异，师生文化碰撞后，教师以不合适的处理方式来应对冲突。就其后果来说，实例有关的文字描述是非常少的，仅仅能够确定教师和那名学生的愤怒，以及所有学生对教师处理方式及其内在价值观念的不满。或许惧于教师的权威，学生不敢过于明显地作出反抗，课堂教学还是会"艰难地"进行下去，但可以肯定的是，学生们内心的不满情绪和对教师的负面看法短时间是难以消除的。这种情绪和态度，对学生的认真听讲和积极主动地参与课堂教学，显然是非常不利的。而且，说不定那位教师也不大会意识到个人行为的失当，更不会怀疑意识深处的价值观念是否合理，如此也就很可能把问题、错误全都推到学生身上，这样自己的心情也会受到影响，从而有意无意地影响到课堂教学的开展。

在课堂教学中，如果发生师生文化冲突，那么不仅会干扰正常的课堂秩序，降低课堂教学的质量，而且也有可能直接导致课堂教学的中断。

【实例 2.2】

都是《吃面条儿》惹的祸

有一天，在化学课上，申老师讲得正起劲，忽然，离教室不远的菜市场的高音喇叭里播放起了陈佩斯和朱时茂的小品《吃面条儿》。当小品播放到高潮时，有几个同学忍不住笑了起来，之后，全班同学都哈哈大笑起来。这下可气坏了申老师，她拿起黑板擦往讲桌上狠狠地一敲，气急败坏地说："你们是来上课的还是来听小品的!？要笑回家笑去！"全班顿时鸦雀无声。"谁先笑的？"申老师问，但却没有一个人承认是自己。申老师怒气冲冲地离开了教室，临走时扔了一句："我管不了你们是吧？让你们班主任来管管你们！"

〔资料来源：马瑞. 师生冲突化解的艺术——我的学生经历与思考 [J]. 新课程研究，2010（3下）.〕

实例 2.2 中，课堂教学意外地被窗外高音喇叭播放的小品打断，教师有失冷静、缺乏机智的应对，不仅没有化解意外声响对教学造成的干扰，而且还引发了师生之间的文化冲突。教师责问学生"你们是来上课的还是来听小品的!？要笑回家笑去！"学生可能认为我们发笑也是事出有因，不能算多大的过错，而且他们对教师的发怒和要求发笑的学生承认错误，也有不同的看法。最后，师生文化冲突导致教师离开了教室，课堂教学也被迫中断。

（二）影响学生的健康发展

师生文化冲突不仅意味着冲突双方在某些价值观念上无法调和，而且很有可能对双方的身体和心理造成一定的伤害。师生文化冲突是卷入其中的教师与学生由对立价值观引发矛盾的集中爆发，其中不仅有双方可以观察到的、行为方面的对抗，也有相伴而生的敌对情绪的滋长。假如文化冲突没有引起教师的高度重视，对文化冲突采用轻描淡写却不得要领的方式来应对，或者使用错误的方法来处理，那么必然会加剧冲突双方的紧张关系。师生关系的持续紧张，则会引起学生长期的、过载的焦虑情绪，并进而对身体的健康产生一定的伤害。

1. 损害学生的身心健康

当师生文化冲突超过受学生可以接受的限度，就可能导致学生不信任自己，也不信任别人，进而对教师传递的内容置之不理或斥为无稽之谈，从而损害学生的身心发展。① 而在师生之间激烈的、带有肢体对抗的文化冲突中，学生很可能在冲突之中直接遭受皮肉之苦。虽说身体的伤害一般会随着时间流逝而淡化，但师生文化冲突带来的心理阴影，却有可能会深藏心底，久久地挥之不去。

【实例 2.3】

那本撕烂的书啊！

我把改好的作业本都发下去了，教室里鸦雀无声，订正作业的，自己练字的，看书读报的，井然有序。我扫视全班，满意地笑了。

突然，我发现了他，他正鬼鬼祟祟地看着一本课外书！该死的，他今天的作业可是错了一大堆呀！不好好订正，竟然无所谓地看起了闲书！

我一个箭步冲过去，一把从他手里夺过书，一扬手，"刺啦"一声，书化为两半。他扬着脸，惊惧的目光里很快渗出了泪水。我三下两下将那本书撕碎，扔到了垃圾箱里。全班的同学都呆呆地看着我。我质问他："你订正的作业呢？"他从桌子角拿起本子给我，我一看，天哪，订正得工工整整。我抬眼，他的目光里有了委屈。我生硬地问："为什么不给我看！""老师，刚才大家都挤在那儿，我想等人不多了再送过去，就先看课外书的。"他的语气里添了怨恨。我无言以对。

尽管我向他道了歉，并许诺买一本新书赔给他，可我知道，那本撕烂的书，已经在他心里砸开了一个大口子，一时半会儿绝对恢复不了，甚至是终身的伤痛。

〔资料来源：郭姜燕，等. 不该发生的惩罚［J］. 思想理论教育，2005（2）.〕

实例中，教师以为学生"不好好订正，竟然无所谓地看起了闲书！"于是，他当着

---

① 郑金洲. 教育文化学［M］. 北京：人民教育出版社，2000：144.

学生的面,撕烂抢夺过来的那本书。而实际上,学生已经工工整整地订正好了作业,只是想等教师空下来以后再把本子送过去。在师生文化冲突的过程中,教师的粗暴行为、生硬的质问,引起了学生的"怨恨",教师也认识到"那本撕烂的书,已经在他心里砸开了一个大口子,一时半会儿绝对恢复不了,甚至是终身的伤痛"。

师生文化冲突的发生,会影响教师的情绪。教师在激动、生气、愤怒的情况下,对学生状态和需求的判断也会出现偏差。而这样的偏差一旦出现,并且发挥作用,那么受到伤害的不仅是直接与教师发生冲突的学生,而且也可能会波及到一些无辜的学生。

【实例2.4】

一个小失误带来的困惑

那是在星期二的一节英语课上,我正在分析一张试卷,由于学生做得很差,平时我在课堂上反复强调的语法点,学生一而再,再而三的犯错,惹得我直冒火,我在一一询问每位学生做错的理由。突然,有一位男同学举起了小手,说要上厕所。这!这!这课才上了5分钟都不到啊,"下课干什么去了?""老师,她下课一直在玩。"许多学生纷纷来告状,原本头顶冒火的我,顿时火冒三丈,但孩子毕竟是孩子,这样的错误还是原谅他了吧!"下次休息的时候不去,留着上课去,可不给你开后门了!"我无奈只好答应他了。

可没想到我的宽容,竟成了孩子们自认为有机可乘的空子,接二连三地有小手举起来,"老师,我也要上!"上厕所也要跟风吗?还是都认为我是个可以随便答应学生,在不合理的时间段提出这样要求的老师。我顿时脸一板,"上课的时间利用这样的谎言,出去溜一圈也觉得很痛快吗?""嘭"的一声,我重重地将试卷放在了讲台上,全班顿时鸦雀无声,在举手的几个学生中有唯一个女同学小陈,当时由于太生气,也没太在意她,只是心里十分好奇:怎么她下课也在玩吗?不解!就这样,我又继续开始上课了,恢复了往日的平静。

第二天一早,这个班的班主任老师告诉我说有一个家长有事要找我,要我的联系方式,由于当天课很多,我想把这一天的课和学生的作业全都上完,批阅完,再去回复这件事,心里总想家长无非就是想探讨一下孩子的学习问题,或跟老师打听打听近期的学习情况,更何况这个孩子是一个很乖巧的女孩,她就是小陈。一忙忙到下午晚托班,直到我打开家校互动,准备上传当天的回家作业,这时我看到一条小陈妈妈发来的消息:严老师,很不好意思,第一次跟您交流的却不是关于孩子的学习问题……哎!真是急人,关键的时候网络总是那么差,一条留言只能看到这样一个标题式的句子,后面打开就无法浏览了。到底什么事，家长要找我这样一个任课老师来交流，而不去找班主任，跟我交流的不就是英语的学习情况吗？其他方面跟孩子也不太接触啊，更何况我也不是副班主任！我便开始猜测缘由，但怎么也想不出。网络依旧是那么慢，无法打开，一直等到晚托班放学，也没见起色，我只能带着疑惑下班了。

　　回到家里，我迫不及待地打开电脑，连上网络，终于小陈妈妈的长篇大论呈现在我面前了，我仔细阅读着她的留言，这才恍然大悟，一股酸酸的味儿涌上心头，心中无比愧疚。原来小陈妈妈在昨天为小陈洗澡的时候，发现小陈的短裤上有一点大便的痕迹，当时的她很生气，以为是小陈自己不小心弄脏了，问清缘故之后，才得知就是在昨天的英语课上，小陈当时有点肚子不太舒服，跟一群调皮的孩子一起举了手，想要报告说上厕所，但被我连同一起回绝了，结果一节课下来，来不及上厕所，就弄脏了点内裤。原来她是真的有需要啊，那为什么不单独来跟我讲清楚呢？严老师要是知道你当时肚子有点不舒服，怎么会拒绝你呢？真是对不起啊，孩子！

〔资料来源：该实例由上海市宝山区同泰路小学严芳撰写〕

　　实例中，教师和学生就上课是否可以上厕所发生了冲突。在教师看来，学生应该在课间上好厕所，上课提出上厕所的要求是不合理的，而且学生跟风上厕所涉及到了学生说谎这一问题。而有的学生对此有不同的看法，即课间休息时要尽情地玩，上课期间也是可以上厕所的；对于个别学生能够在上课期间上厕所，有些学生认为自己也可以借口上厕所，出去溜一圈。对于学生不合理的要求，教师非常地生气和愤怒，并以其权威拒绝了学生的要求。而在被拒绝的学生当中，确实有一个是因为肚子不舒服而急需要上厕所的学生小陈。不能及时上厕所的小陈，不小心弄脏了内裤。教师因为师生文化冲突发生时失去了冷静，影响了细心的观察和正确的判断，最终导致学生小陈发生了尴尬的事情。对学生小陈来说，显然是遭受了"无妄之灾"——不仅延长了身体不舒服的时间，加重了身体不舒服的程度，而且教师拒绝其合理请求，也可能使其产生挫折感，回家之后被妈妈责问，也会让其感到委屈和不快。

2. 影响学生健康价值观的形成

　　在社会转型时期，改革开放和社会主义市场经济持续深入，触动了传统社会某些"扼杀人生命"的认知方式，年青一代逐渐不再迷信权威，不再形而上学地从一成不变的角度观察和认识事物，对问题和事物的看法变得灵活和实际。得社会改革新风气之先的青少年学生，更容易受到独立自主、民主平等等人本精神的熏陶，在其生活与学习的行为中表现出这些价值。教师虽然也受现代社会精神的影响，但毕竟较多地接触传统价值，因而在对待学生表现出种种"离经叛道"的新价值时，比较容易采取消极抵制的方式来应对。相当多师生文化冲突的发生，实际上与这种情况有着密切关系。

虽说教师通过压制学生思想，打压文化冲突中学生的新价值，不能从根本上让学生放弃新价值，但不管怎么说，教师毕竟是师生文化冲突中强势的一方，凭借着其制度权威多多少少能对学生产生一定的压力。在师生文化冲突中，有教师貌似"成功"化解了冲突，而学生却只是表面的屈服，内心却往往不以为然，对教师充满敌对情绪。而且，教师注重知识传授，较少关注与学生的情感交流和沟通。因而，学生在文化冲突中积累的负面情感，可能很难得到有效的释放和成功的化解，长期以往必然影响学生的心理健康，也影响学生正确人生价值观的形成。

更为严重的是，学生将被迫生活在双重文化标准之中，并且难以作出合适的抉择。生活在双重文化标准中的学生，一方面可能享受双重文化的某些优点，得到生活在一元文化中所得不到的满足；另一方面他们又可能在两种价值相对应的文化中无所适从，感受到价值游离、价值迷失所带来痛苦。于是，伴随着社会转型期的文化多元和价值的快速转变，学生在双重文化标准下，将会感到现实与理想的差距会越拉越大。在这种情况下，学生形成的价值趋向可能是：传统文化对他们有利就接受传统的价值，现代文化对他们有利就采用现代的标准；而对他们认为不重要的部分，则以冷漠的方式来对待。这也意味着他们对文化价值的态度，采用的是一种功利主义的方式，而长期使用这种方式对对待文化价值，可能会使他们成为社会与文化转型时期的价值失落者或迷失者。

3. 减弱学生的社会适应能力

不少师生文化冲突的爆发，实际上是学生为了争取某些权利，发展一些现代社会所需能力而进行的抗争。当然，教师往往不会这样认为。面对师生文化冲突时，教师通常从自己的感受和经验出发，来制止文化冲突中学生表现出的一些行为，而不先去分析自己价值上的问题，以及学生行为出现的原因及其合理性。作为成年人的教师，在对待未成年的学生及其文化时，通常根深蒂固地认为：学生是未成年人，他们的文化价值是幼稚的，需要向作为成年人的教师学习。因为教师承载的文化价值，对学生来说是完善的。学生所要做的是，不是创新，不是创造新的文化，而只要复制现有的文化，在知识、观念、行为等方面，向代表成人文化的教师学习，如教师所期望的那样去努力。

应当说明的是，部分教师所持的这种文化观念，并不是在适应现代社会的过程中自然形成的，而是脱胎于建立在社会变化很少、文化相对稳定的传统社会。在传统社会，这种价值观念有其相当的合理性。在那样的社会中，由于社会发展缓慢，成年人的知识以及相应的文化价值，既是长期生活的经验积累，又能很好地适应未来的社会生活。年轻人只要服从师长的安排，学习他们较为丰富的知识技能和生活经验，就能适应未来社会生活的基本要求。而且，传统的社会是人情化的社会①，年轻人在很大程度上可以依赖师长，依靠他们来安排自己未来的社会生活。

但是，在社会与文化转型时期，社会的发展日益加速，传统文化的社会基础已经发生了重要改变。在现代社会，有些新的知识比旧的知识更有价值，某些新的经验比旧的经验更能使人受益。这时知识传授的目的，不是让学生简单地记忆现成的东西，而是通过现有知识的启蒙，一方面使学生从原有的自然状态提升到理性的存在状态，形成合理的知识结构和"自学习"的能力与习惯；另一方面则是形成一种自觉的创造力或创新能力。② 在这样的社会时期，年长者的积累的经验与价值在指导年轻人适应社会，特别是未来社会时，显得有点力不从心。当面对层出不穷的社会文化现象，成年人自身都需要不断地适应，更不用说为年轻人提供满意的解释和合理的应对措施了。可以说，在快速变化的社会，学生保持教师的过时经验越多，可能对现代社会越缺乏适应能力。

更何况，现代社会由于行业的分歧和兴趣的诱导，大部分的孩子一旦踏入社会，都要靠独自的奋斗，去面对社会的剧烈竞争，这时候他们要靠较强的"成就需欲"的支持，才能有本钱和别人去竞争，而"成就需欲"和"顺从"、"依赖"的文化心态是相互冲突的。③ 也即各行业在招聘求业者时，越来越强调个人的综合素质，强调平等公平的竞争，依靠人情关系，就能获取理想的工作，在很多地方变得越来越困难。

相当多的师生文化冲突，是学生独立意识和教师过度向学生灌输经验的冲突，冲突的发生在某种程度上是学生追求独立自主，发展创新能力的过程，是学生发展开拓精神和能力所需要的。因而，教师在处理师生文化冲突时过度的强调井然的秩序，对学生实施强行的控制、过度的压抑，不仅容易使学生失去独特的个性，损害了他们的创新精神，换一种角度看也不利于培养学生适应现代社会的各种能力。

（三）影响教师的专业发展

在现实的师生文化冲突场景中，如果教师处理不慎，那么就有可能直接导致严重的后果，对冲突中的双方造成不可忽视的身体与心理的伤害。对教师而言，如师生文化冲突得不到合理解决的话，则可能怀疑个人的教育理念，并会背上一定思想包袱。

---

① 中国传统文化的一个重要特征是人情化和情感化，处处突出的不是个体的个性，不是平等和民主的人际关系，而是以家庭本位、生存本能、血缘关系、天然情感、伦理纲常等构造的庞大的人情网。在人情面前，人们常常可以牺牲原则、正义、平等、公正等一切理性的文化特质。拉关系、讲人情、注重礼尚往来、盛行裙带关系，在中国日常生活中成为一种完全正常的现象。不断地送人情、拖欠人情、还人情等，成为中国社会普遍的日常交往中一条独特的风景线。〔衣俊卿. 文化哲学十五讲[M]. 北京：北京大学出版社，2004：245—246.〕

② 衣俊卿. 文化哲学十五讲[M]. 北京：北京大学出版社，2004：328.

③ 韦政通. 中国文化与现代生活[M]. 北京：中国人民大学出版社，2005：102.

师生文化冲突会使教师经常处于焦虑之中。学生的敌视、挑衅、欺骗、吵闹、捣乱等会使教师感到孤独、威胁、无能与无助,很容易孳生心理问题乃至心理疾病。另外,发生师生文化冲突后,教师会感到得不到学生的尊敬和爱戴,这样也就难以体会到教育成功的喜悦,从而容易产生职业倦怠。[①]

师生文化冲突可能导致教师的心情不愉快,也可能导致教师的身体受到损伤;可能使教师受到物质上的处罚,也可能使教师受到精神上的伤害。总之,师生文化冲突的发生,可能会给教师的专业发展带来不小的隐患。在现实的学校生活中,这样的例子也是数不胜数的。

【实例2.5】

教师怀怒打伤了学生

星期一上午第一节语文课。B老师同往日一样,捧着教科书,夹着一大堆作业本,匆匆走进J班教室上课。教室的门半开半掩成三角状。B老师推门而入,突如其来的事发生了,一只竹萝筐从天而降,将她贴身套住,全身上下沾染了各色垃圾。慌忙中,B老师无意识向前却步,却绊在坏得只剩三只脚的椅子上。"澎"的一声响,B老师摔倒在硬邦邦的水泥地上。此时,轰笑声和拍手跺脚声四起,B老师躺在地上,没有一个学生上前搀扶她。

还好,没有伤筋动骨。她艰难地从地上慢慢爬起,脑子里第一反应是谁做的恶作剧?我要给他点颜色看看。

"是谁干的好事?"B老师边抖落身上的脏物边厉声责问。同学们的目光齐刷刷地看着第四组最后单独坐的Q同学身上。B老师明白了几分。

"是你干的?"B老师三步两步逼近Q学生,连连敲打着课桌大声吼道。

"是我干的又怎么样,怕你吃了不成。雌老虎!"Q学生罜头倔脑,毫不退让,两眼怒视B老师,双脚还抖动着。

B老师心中的怒火直往上窜,牙齿咬得咯咯响,她扬起手,狠狠刮了Q学生两个耳光,感觉还不解恨,行为失控的她,一把抓起Q学生头发,往后墙撞去。

Q学生鼻腔出血,脸色红肿,头部一侧渗血。此时的B老师脸色苍白,神情恍惚,肢体颤抖,早已瘫坐在地。在闻讯赶来的一帮教师的搀扶下,一步三倒地回到了办公室。Q学生被急送医院治疗,经诊断:Q学生脸颊受伤和轻度脑震荡,需住院观察。

对于B老师体罚学生的案件,该校领导在调查核实、请示上级的基础

[①] 梁桂. 师生冲突的负面影响及其对策[J]. 职业教育研究,2007(7).

上，作出了三点处理决定：(1) 当面向 Q 学生及其父母赔礼道歉；(2) 赔偿 Q 学生一切医疗费、营养费；(3) 写出书面检查，作行政记过处分；扣除全年奖金，罚款 2000 元，即日起调离教师岗位。

〔资料来源：王根明.体罚学生：我一忍再忍忍不住 [J] . 思想·理论·教育，2004（4）.〕

实例中反映的事件是一件恶性的师生文化冲突，其中还可以看出教师维护权威心理与学生内心企求民主平等价值方面的对立。实例中的文化冲突伴随着暴力行为，表现得非常激烈，教师和学生都在冲突中受到较为严重的伤害。对教师来讲，被罚了钱，被调离了工作岗位。经济方面的损失自不必去说，对教师心理更是沉重的打击。B 老师可能会心想：多年的辛勤工作，却得到这样的结局；明明是学生发起的挑衅，自己出于维护个人权益和管教学生的目的去管理，却受到更为严重的处罚。这样，B 老师的心情肯定不会好，而且会"胸中一直闷得慌"，看上去"憔悴、情绪低沉"。①

（四）削弱学校教育的实效

师生文化冲突发生，可能会给学生带来价值认识上的混乱。特别是当学生发觉教师传递的价值，与自己在社会生活中获得的价值不一致时，更容易造成思想的混乱。假如学生按照学校中教师宣扬的价值，去调节自己在社会生活中的行为，就会发现有些人实际上并不这样做，而假如自己坚持这么做的话，则很可能使自己吃亏；而学生如果以社会生活中得到的价值来主导个人生活时，又会发现与学校中教师提倡的价值有矛盾，并且在学校出表现出来时，很有可能得到教师的"特别照顾"。这种不甚外显化的师生文化冲突，如果得不到及时的疏导与恰当地调解的话，那么学生就会怀疑、抵制教师文化，进而会影响到学校的教育效果。

比如说，实例 2.1 中那位脱口而出回答教师问题的学生，一般来说，其回答的行为不是故意捣乱，而不过是无意识状态下的回答。在多数学生看来，这样回答即使得不到教师的表扬，至少也不应该受到批评，而那位教师却把原本不复杂的事情复杂化，认为这是对教师权威的冒犯和对课堂秩序的破坏，并且以侮辱性的话语伤害了学生的求知欲。这样做，不仅严重打击了回答问题学生的自尊、自信，在其心理上留下阴影，也会让其他学生不敢主动、创造性地回答问题。可以说，类似于此的文化冲突，对学生的学习态度、学习精神以及学习结果都会产生相当的负面影响，而且也容易使学生对教师产生强烈的不满，有意无意间产生"疏其师，疑其道"的消极影响。

---

① 王根明.体罚学生：我一忍再忍忍不住 [J] . 思想·理论·教育，2004（4）.

相关链接 2.2

师生冲突影响师生关系

师生冲突如果没有得到合理的策略来应对，师生冲突不了了之，会导致师生关系恶化、疏远、冷淡，学生的学习成绩下降，师生相互之间产生负面情感。

某学生："我对这位老师简直是恨透了，看他哪儿都不顺眼，他讲的课我也不闻不问，成绩也是一落千丈。""我们已经不是师生了，而是形同路人。"

某学生："从那以后，我就不喜欢那个老师，不喜欢她说话，不喜欢她讲课，只要是有关她的一切都不喜欢。""那老师上课的时候，我就消极对抗，不听课，不回答问题，不响应她。"

〔资料来源：王馄，刘普．对初中师生冲突应对的调查与思考［J］．教师教育，2006（11）．〕

实际上，如果师生文化冲突持续时间较短、强度较小，那么对教育目的的破坏也不会严重，而假如长期以往，则可能发展成学生不再相信学校与教师所讲的一套，出现"你说你的，我做我的"这样一种怪现象。对于多数学生，特别是年龄较小的学生来说，个人的理性判断能力尚弱，对很多事情的态度和行为很大程度上受到群体情绪的影响。师生文化冲突的发生，表现出来的是教师与个别或某些学生的矛盾，如此有可能会破坏教师在学生心目中的形象。即便教师自认为比较合适的处理方式，学生也有可能不会领情，体悟不到教师的良苦用心。这样，势必会削弱学校教育对学生的积极影响，学生也会加重对课堂教学与学校生活的否定情绪，进而对教师所讲的文化知识和学校倡导的思想价值不屑一顾。

三、压制师生文化冲突的危害

从整体上来讲，不能简单地认为师生文化冲突只是消极的，但是假如身处文化冲突中的教师认识不到自身的不足，不及时处理冲突，不妥善解决冲突，并且一味地压制冲突，那么势必会加剧师生文化冲突的强度、烈度，使冲突产生更多的破坏作用，其最终造成的结果几乎都是不容乐观的①。因而，我们除了要认识文化冲突本身的负面影响，更重要的是要探讨用不正确的方法对待，特别是简单压制文化冲突所带来的危害。

---

① 强调宽容、具有弹性的学校文化，可以籍着师生文化冲突，改进或创新学校的文化规范，以适应新的环境。而在一个僵化的、强调教师控制的学校当中，这种重新调整文化规范的机制几乎是不存在的。"后者由于压制冲突，从而也消除了一个有用的警报，因此把灾难性崩溃的危险增大到极限。"〔L.科塞．社会冲突的功能［M］．孙立平，等译．北京：华夏出版社．1989：137.〕

教师对师生文化冲突的打击与压制，有的时候的确能够在表面上平息一些低、中强度的冲突，但却不能轻易地改变学生的亚文化，而且会将表面的冲突转移为暗中的对抗，为下一次更为剧烈的师生文化冲突积累能量。压制师生文化冲突更为常见的结果是，会直接将低、中强度的冲突推向为高强度的文化冲突，使短期的冲突转变为长期的文化冲突。显然，越是对抗强度高、持续时间长的师生文化冲突，其破坏作用越是强烈、持久。具体来说，压制师生文化冲突在以下方面加强了冲突的破坏作用。

（一）延长师生文化冲突破坏作用的持续时间

师生文化冲突的发生及其产生的影响，将会持续一段时间。低强度的师生文化冲突，如果不对其进行压制的话，常常是来得快也去得快，其破坏作用微乎其微；即便是中、高程度的师生文化冲突，如果处理得当，其消极作用一般可以得到控制，并且持续的时间也比较有限。而一旦对文化冲突进行一味的压制，则会使可以较快结束的冲突继续存在一段时间。这样，文化冲突对师生双方身心和对学校教育、教学的影响，都会持续较长的时间。不难作出判断，师生文化冲突的持续时间越久，产生的破坏性也会越大。

压制师生文化冲突的"成功"，在一定程度上也是多数教师代表、传承的某些传统文化的胜利。诚然，传统文化中有不少的可取之处，我国新时期文化的重建也不能完全脱离传统文化，但不可否认的是，传统文化中也有不少的糟粕，有许多不符合现代社会精神的价值观念。对于这些与时代发展不相吻合的传统价值，是需要改造或抛弃的，否则便会给价值认同带来困难，给生活造成困扰。师生的文化冲突，在不少时候是传统文化与现代文化的冲突。在文化冲突中，对学生文化进行排斥、压制，要求学生接受教师所代表的某些消极的传统文化，无疑是为那些不合时宜的传统文化的传递提供了空间。

例如，二元对立的思维方式。在不少教师的思想深处，似乎存在一种"二元价值论"的倾向，即非此即彼的简单思维、线性思维。比如说，在反对一样东西时，恨不得把它批得体无完肤、一钱不值；在推崇一样东西时，又恨不得把它捧上天。在对待师生文化冲突时，一些教师可能有这种思维定势，即认为教师所传承、坚持的价值都是正确无比的，学生表现出不同的、相反的文化是需要打击的。久而久之，一些学生也可能接受教师处理师生文化冲突时的思维方式，形成非此即彼、盲目自信的文化性格。

再如，权威至上的倾向。很少有人会反对"不唯上、不唯书、不唯师"的正确性。然而，在我们的日常生活和学校教育活动中，却随处可见所谓现成的、正确、权威的知识。压制师生文化冲突，在很多时候是教师维护自身权威的心态作祟。殊不知，这样做不仅是缺乏理性精神的表现，而且会被一些似是而非的观念迷惑和愚弄。教师这样做，在强迫学生服从权威的同时，还会使学生形成追求权威和认同权威人物的价值倾向。其中，认同于权威人物和服从权威还有所不同，所带来问题可能更为严重。服从权威主要强调的是服从与被服从的关系，而且两者的关系绝不可僭越；认同于权威人物，除了对权威人物怀有欣慕之情外，还有强烈的使自己也能变成权威人物的欲望。

【实例2.6】

都是沙包惹的"祸"

上午放学了。两个男孩因互相争抢、投掷沙包，其中一个不小心用沙包扔到了另一个的眼睛。幸好这种"小玩意"体轻身小，不会造成什么大碍。

别的孩子及时向我报告后，我把他俩"请"到办公室，详细了解了事情的来龙去脉。在批评了投掷者、安抚了被掷者后，我从他俩口中知道了班里还有其他的孩子也在玩沙包。于是，我交给他俩一个任务：下午上课前，帮我没收所有的沙包，包括用纸揉成的沙包。面对这种"廉价"的玩具，我采取了强硬的措施，必须把这种容易造成意外伤害的事情扼杀在萌芽中。

下午，我来到教室。在我的不怒而威下，在其他同学的"检举揭发"下，那两个孩子收上来了五、六个沙包。我明显看到有两个男孩一脸的不高兴，其中一个小声地说："没收就没收，我明天再买。"我把没收的目的大概讲了一下，就拿着沙包下楼了。因为科任老师已经等着要上课了。本以为可以息事宁人了，真没想到这帮孩子，一下了课就有人带头用废纸揉成纸团当沙包，在教室里你扔过来，我扔过去，还扔到了另一个女孩。最后甚至把纸团扔到了楼下！

〔资料来源：该实例由海南省海口市英才小学符碧玲撰写〕

学生玩沙包是一种群体性的活动，玩沙包的学生群体拥有共同的关于玩沙包的价值和行为。也就是说，对于怎么玩，玩得好的能得到什么，学生们自有其共同的规范。在玩沙包的游戏中，学生能够得到心理与文化层面的满足。而教师可能认为纵容这些学生的行为，会产生相当的负面的用，于是采取强硬措施来制止学生玩沙包。可见，关于玩沙包的意义和行为，学生和教师具有相当大的分歧，并在教师强力扼制方式的直接推动下爆发了文化冲突。教师自以为用"息事宁人"的方式来压制文化冲突，就能够圆满地解决问题，而实际上当学生脱离教师视野之后，就把教师的话当作耳边风，依旧我行我素地玩起了沙包游戏，好像还玩得更厉害。这可以说明，用压制方式来对待师生文化冲突，不仅不能控制学生玩沙包本身会伤害同学、影响卫生和班级形象等问题，而且还会触发学生的逆反心理，不管不顾教师的批评和没收沙包，不去主动反省自己文化价值上的缺陷，并表现出较强的对抗、不合作行为。

（二）扩大师生文化冲突破坏作用的影响范围

一般来说，师生文化冲突发生在课堂内、学校内，其破坏作用的影响范围也基本限于校园内，影响的对象主要是教师和学生。但是，如果当文化冲突将要发生的时候，教师企图以"严堵"的方式来扼杀冲突，当文化冲突已经发生的时候，教师又企图以"严打"的态度来压制冲突，那么从长期来看，师生文化冲突还是很有可能会爆发，而且其负面影响会扩展到多个方面，会延伸到家庭和社会，成为更为严重的问题。

【实例2.7】

打了学生耳光之后

一个刚从师专毕业的初中英语新教师，在上一节课时，注意到有两个学生在窃笑，他悄悄地走过去，结果看到他们俩在看的书上写着一句话：我X某老师的妈……他一看，不禁火冒三丈，立即给了一个学生一个耳光，并把他的头往墙上撞去，这个学生坐在靠柱子的地方，这一撞刚好碰在柱子的棱上，血从学生头上流了出来。这时，教师和学生都慌了，赶忙去医务室。幸好，只是一点皮外伤，但这一来，这节课就被这件事耽搁了。后来，学生家长来学校找校长、找班主任理论，经其他教师从中调和，才将事情平息下来。这一事件后，这个教师在全班学生心目中的地位越来越低，师生之间关系越来越糟，这个教师上课也越来越没有激情，讲课也越来越差。一学期后，学生要求学校更换教师。而这个教师后来也无心教育，辞职从商了。

〔资料来源：龚新云.巧妙地化解师生冲突［J］.教书育人，2009（7）.〕

学生由于对教师不认同，在书上写了极具侮辱性的语言，结果被教师当场发现。于是，刚从师专毕业、年青气盛的英语新教师，动手打了学生一个耳光，并把学生的头撞出了血。师生之间的文化冲突可能由来已久，当教师发现学生窃笑的原因后，原先隐性状态的冲突激变成强烈的肢体冲突。在实例中，我们看不到这起冲突具体是如何调解、处理的。但根据最终的结果往前推，我们可以想像这位教师并没有非常积极、主动、有策略地应对已经发生的师生文化冲突，而是极有可能去压制这起并没有完全结束的冲突。如此一来，这起师生文化冲突破坏作用的影响范围，从个别学生扩展到全班学生，从影响教师的一次上课发展到影响多次讲课，并最终导致教师"无心教育，辞职从商"。

（三）积聚师生文化冲突破坏作用的负面力量

应当承认，对师生间的文化冲突采取压制的方式，不少时候确实能使表面的对抗性行为消失,但是冲突双方的敌对情感却不会因此而销声匿迹,而是会不断地积累下来。敌对情感的强度与文化冲突的强度有着关系密切,往往冲突双方或某一方敌对情感越强,发生的文化冲突也会越激烈。L. 科塞指出,假如冲突爆发在一个经常压抑敌意情感表达的团体里,它就显得特别强烈。如此的冲突一旦爆发,就可能危及他们相互关系的基础。① 类似地,对于关系密切的教师与学生之间发生的文化冲突,若是常常被压制,那么冲突者的敌对情感就会得到强化,在此基础上发生文化冲突就会更强烈,其破坏性的力量也就越强大。

【实例2.8】

不能容忍的学生"纸卡文化"

刚刚从"酷毙、帅呆"等学生语言文化的困扰中走出的王老师,又开始头疼了。近来,孩子们又一阵风似的四处搜集"水浒"、"三国"英雄人物的纸卡了。他们不但课后聚在一起争论不休,更发展到课上传阅、高价交易……绝不能容忍"纸卡文化"继续影响孩子们的成长!王老师开始实施他的堵截方案了:严厉训斥、集体反省、逐个突破、全面收缴!结果呢?战利品失踪、冲突激化、情绪对立。面对现状,王老师深深叹息道:现在的学生真是越来越难以控制和把握了!

〔资料来源:夏江萍. 关注学生文化 [J]. 中小学管理. 2001 (10).〕

传阅、交易自己收集的"水浒"、"三国"英雄人物的纸卡,是学生喜爱做的。在这个过程中,一些学生表现了自己,赢得了群体的尊重,从而满足个体的心理需要。同样地,"酷毙、帅呆"等词汇,也反映出学生有自己群体共享的亚文化,学生说这些语词,则表明他(她)认同自己的群体,也被群体所认同。这些现象的存在,充分说明学生文化的多样,而且学生群体拥有的多元文化,并不见得与教师代言的主流文化趋同,两者的文化存在着冲突的可能。而在教师不恰当堵截方案的催发下,教师与学生的文化冲突也就表面化了,并且有变得严重的趋势。尽管教师采用声势浩大的处理方式——"严厉训斥、集体反省、逐个突破、全面收缴",但是并没有收到理想的效果,反而造成了"战利品失踪、冲突激化、情绪对立"的尴尬局面。这样一来,无疑使师生文化冲突的持续时间延长了,而且在冲突中学生产生和强化的对立情绪,也为下一次的师生文化冲突积累了能量。

(四)加深师生文化冲突破坏作用的伤害程度

对师生文化冲突进行压制,特别是一味、持续地试图控制作为冲突一方的学生,

---

① L. 科塞. 社会冲突的功能 [M]. 孙立平,等译. 北京:华夏出版社. 1989:136.

往往会导致冲突的不断地升级，使师生承受更大的压力，对其身心造成巨大的伤害，从而最终造成冲突难以妥善应对，师生正常的关系难以为继，教育、教学也难以进行。如此，已经将文化冲突产生的伤害，由表面的转化成内在的，由暂时的转变为持久的或永久的。到了这一步，要想控制师生文化冲突的危害，消解文化冲突产生的破坏性结果，即使找到了正确的方法，也是非常困难的。

【实例2.9】

学生当面顶撞了老师

小学五年级一学生名叫肖霞，学习成绩中上，有多种爱好，聪明伶俐。某日晚自习，肖霞等好几个同学迟到。被老师发现她们几个不在教室，就在教室门口等着，当肖霞回到自己的坐位时，老师就讲："肖霞，你一个女仔家到处乱跑，带同学不遵守纪律，成何体统，知不知羞耻？"当时，肖霞的脸就唰地红了，感到受了极大的委屈，她当面回答："你成体统，为什么这样骂我？我父母也从来没有这样骂过我。"

教师就说："你违反了纪律，老师批评你，还当着同学的面顶撞老师，那还了得！"肖霞也不示弱："我没有带其他同学违反纪律，我个人违反了纪律，是我错了，但老师你不能当着全班同学的面那样骂我，我今后怎样做人啦？"

就这样，师生之间僵持着，在矛盾冲突中不了了之，教师也没有及时解决这一冲突，化解这一矛盾。

尽管教师运用指责、训斥的手段暂时压服了学生，尽管冲突当时没有激化的外在表现，但师生之间已经出现的矛盾仍然没有得到解决，最起码是事后师生关系不和谐、学生疏远教师，并且出现敌对情绪。

在课堂上，那位教师看肖霞同学没有听课，而在做其他学科的作业，便在课堂上问："你知道我今天讲的是什么吗？肖霞回答："不知道"。教师接着说："那你来学校读什么书，我看不用读了，不听我的课，说明你已经比我强了。如果这样下去，我再也不管你了，我就当没有你这个学生了。"肖霞没有回答，只静静听着。

那位教师总是用冷眼相待肖霞，她报复老师的办法是"不听他的课"。教师的应对方法是"干脆不管她"。从那时起，学校段考、期考，肖霞凡是考那位教师的学科时，总是交白卷⋯⋯。老师问肖霞："为什么交白卷？"她回答："我想用这种方式报复你。"

〔资料来源：乔岐静. 关于师生冲突中教师行为的案例分析［EB/OL］. http://train.teacherclub.com.cn/dts/publichomework/publichomework! public_homework_show.action?id=3103029〕

实例中，一位女学生因为迟到，教师有点口不择言地骂了她。没想到，女学生与教师争吵起来，还质疑教师的批评方式。虽然学生承认自己个人违反纪律是不对的，但强烈地不认同教师当着全班同学的面骂她。于是，师生文化冲突以公开的形式爆发了。教师对师生文化冲突的处理是"运用指责、训斥的手段暂时压服了学生"。但是，对冲突的压制不仅没有收到理想的效果，反而使师生之间的文化冲突持续下去。冲突对师生双方造成的伤害不断地加深，"事后师生关系不和谐、学生疏远教师，并且出现敌对情绪"。不仅如此，教师要么冷眼相待学生，要么"干脆不管她"，而学生则用"交白卷"的方式报复教师。师生文化冲突发展到这一步，肯定会影响学生的心理健康和学习成绩，甚至会影响今后她很长一段时间的学习与生活；同时，教师的心情也因此不佳，也可能会感到深深的内疚和自责，教师的这种状态进而会影响课堂教学的质量。

总之，一味地压抑师生文化冲突，企图在师生关系中实现毫无文化冲突的局面是不可能的。压制至多能造成一时的、虚假的稳定现象，但不能最终杜绝文化冲突的发生，而且，在这种情况下，被强行压制住的师生文化冲突一旦公开爆发，或者曾经发生过的师生冲突重新爆发，都将会产生极大的破坏力。

第三章 问题根源的多重性：师生文化冲突的动因溯源

考察师生文化冲突的形成原因无疑是一件非常复杂的工作，转型期社会的特殊性也给这项工作增加了相当的难度。或许追溯师生文化冲突的原因，可以从考察其根源入手，进而分析在其中发挥重要影响的主要因素。除了根源和影响因素，师生文化冲突的直接动因又是什么呢？师生文化差异与文化冲突的关系到底怎么样？不可否认，文化价值的多元、师生价值观念的差异与师生之间的冲突有着密切的关系。但是，能否说师生文化差异即是其文化冲突的主要原因？

一、师生文化冲突的社会文化根源

师生文化冲突的社会与文化根源，可以从以下两方面进行分析。

（一）人的自然性和社会性的冲突

师生文化冲突与人的自然性和社会性的冲突有关。从未成年人的角度来说，他们所接触的生活世界，并不是他们天性中想要的生活世界，而是一个被成年人用社会规范框定的活动场所。生活在成人统治的世界，未成年人难以具备创立新秩序、创建新文化的力量，可他们的天性又不会心甘情愿地服从旧有的成人文化。孩子们与生俱来喜欢自由的天性，与社会规范之间的文化矛盾，实际上是人的自然性与社会性之间矛盾的一种演化。

1. 自然性和社会性的冲突演变为师生文化冲突

成人世界所盛行的文化，对长大了的成人来说能够做到应付自如，这是因为成人从十多年种种不自由中挣得了自由。对成年人来说，社会的桎梏并不是取消了，只是他们熟习了。在养成这套习惯时，一路有碰壁的机会，被呵责，被鞭策，被在黑房间里，被停止给养的威胁，种种不痛快，不自由的经历是免不了的。在这过程中，社会要通过权力控制未成年人，把他们改变成符合社会标准的样子。当然，这样的权力是来源于社会，但社会不能直接约束人，社会权力的落实需要借助于家长和教师。被派定来教育孩子的家长和教师就得接受社会给他的使命，来执行这件令人不痛快的事务。家长和教师则代表社会来征服孩子不合于社会的本性，而社会习惯的养成时常要改变孩子本性的行为,这是会容易引起不愉快的感情,甚至是仇恨的敌意。① 因此,生物和社会的冲突在相当程度上被转化为施教者和被教者之间的文化冲突。而且,师生文化冲突与亲子文化冲突具有相似的功能。

考察师生文化冲突之根源,我们可以发现教师文化与学生文化冲突,在一定程度上是人的社会性与自然性在冲突。教师来自成人社会,往往具有一整套的世界观和价值体系,在生理、心理、知识、文化等方面相对成熟;相比较而言,处于成长中的学生,则处于社会化的初期阶段,他们保持着较多的自然性,在各个方面尚未定型,正在不断地发展变化。② 在传统的教育理念中,教师是成人文化的代言人,是国家、社会、学校等主流社会价值观念的传播者、规范者、评判者,先天被社会赋予至上的地位与权力,而学生的社会角色被预先带上蒙昧、无知、散漫的社会标签,是先天被教育的对象,被规范、被教导、被启蒙是他们要完成的社会任务。③ 我们还可以换个角度进行分析:教师在其中代表了成人文化,是社会规范的执行者;学生身上较多表现出来的、与生俱来的自然性,及其在此基础上形成的学生文化,则成了蒙昧、无知的代名词。教师用社会规范同化学生文化,是社会赋予的职责;学生要遵循自己的亚文化,是基于天性的需要,学生并不会轻易地屈从教师文化。这样,师生文化的发生也就难以避免了。

2. 社会转型加剧了自然性和社会性的冲突

如果社会生活长时期稳定不变,每一代人的生活和文化价值都是相同的,那么代表社会价值的教师与不安份的学生之间的文化冲突,就会限制在很小的范围内。但是,生活环境是变化的,社会的价值也在悄然地发生更迭。在社会与文化变迁激烈的转型时期,这种变化更为常见,更为迅速。这时,从社会那里得到权力的教师,还代表着旧有社会价值,并努力把学生改造成合乎旧价值的人物。而学生假如更多地受到新的社会文化影响,接受了一套新的价值标准,新旧价值又格格不入时,那么学生与教师就更容易发生文化冲突了。

在很多的师生文化互动过程中,教师是特定文化的代言人,其社会职责要求其要按照成人文化的规范对学生实行控制,而不一定是基于学生的需求来开展教育教学活动。无论学生对教师文化抱有何种态度,教师都会自觉不自觉地诱导或牵制学生接受自己的文化,也会以自己的规范文化为参照系去评价学生,充当学生的行为典范和价值法官。④ 然而,在社会转型时期,主流价值的影响力减弱,多元文化并存,个性得到张扬。在这种的社会文化背景下,学生的主体意识、独立意识日益觉醒,当他们的

---

① 费孝通.生育制度[M].北京:商务印书馆.1999:141—142.
② 杨宏丽.课堂文化冲突的多视角审视[J].东北师大学报(哲学社会科学版),2006(5).
③ 辜志强,赵敏.师生冲突的文化原因及其积极意义[J].九江学院学报,2008(5).
④ 耿宏丽.刍议课堂教学文化场域中的师生冲突[J].教育科学论坛,2010(2).

需求（包括基于自然性的一些需求）与教师文化相矛盾时，他们更容易倾向于与教师抗争，争夺文化的合法性和生存空间。这成了社会转型期师生文化冲突加剧的一个重要原因。

（二）文化自身就包含的矛盾和冲突

师生文化冲突与文化自身就包含的矛盾和冲突有关。文化不是按理性设计的，而是长期的、复杂的历史产物，所以每一种文化都含有矛盾和无效。① 文化自身存在的矛盾，或许主要是超越性和自在性的内在张力或矛盾。而这种矛盾又表现为个体和群体、个体与文化模式的矛盾。在特定条件下，特定文化的超越性和创造性精神会为人提供自由和创造性活动的空间和条件；而在另外一种条件下，特定的文化模式的自在性和强制性又会成为个体发挥创造性的桎梏。于是，个体的创造性和超越性的活动与文化模式的自在性、异化性就会发生冲突，而新的文化要素、文化特质、文化精神就会通过人的实践活动的革命的批判的本性逐渐生成，并开始反抗传统文化模式的统治。② 从某种意义上说，某些师生文化冲突是文化这一特性在师生交往中的具体体现。

在社会转型时期，随着通讯和运输技术的迅速发展，铺天盖地的书籍、报刊、电台、电影、电视、网络等交流媒介，加快了我国文化与西方文化的交流，使人们接触到多元的文化。然而，与物质技术的快速发展相比，价值观念的改变是相当困难的。而且，没有一种文化为其成员提供一幅完美、完整的蓝图，即告诉我们在任何情境下该如何行动。因为假如文化实现了这种功能，那么就会永远不会变化，而我们知道变化却内在于人的生活和组织之中。③ 因而，生活社会转型期的人们，更有可能感受到文化剧烈变迁过程的矛盾，经历更多的价值迷茫和文化冲突。如有的研究者所言：尽管我们的生活形貌与社会结构发生了巨大的变化，可是心理结构却未能做相应的调整，不但没有做相应的调整，且有僵固的倾向。这使得我们的价值与生活现状之间的失调的现象越来越严重。④ 失调现象反映在学校生活中，则表现为师生文化冲突愈演愈烈。

相关链接 3.1

文本文化与现实文化的冲突

课堂中的文本文化主要是指教科书承载的文化，它倡导的是一种正义的

---

① Geore, F. Kneder, Educational Anthropology: An Introduction. 1965. pp. 8—9.
② 衣俊卿．文化哲学十五讲 [M]．北京：北京大学出版社，2004：97.
③ Spindler, G. D. (ed.), Education and Cultural Process, New York: Holt, Rinehart and Winston. Inc. 1974, p. 423.
④ 韦政通．中国文化与现代生活 [M]．北京：中国人民大学出版社，2005：53.

价值取向。以小学的《品德与社会》和初中的《思想政治》为例,我们发现,在《品德与社会》中主要涉及诚信、助人、大公无私、正义等方面的内容。

在《思想政治》中主要包括确立正确的世界观、人生观、价值观;舍小家顾大家;为人民服务;做社会主义的建设者和接班人等内容。主要透射的是社会积极的一面,用它们引导学生思想向健康和高尚的方向发展。作为学生的教材这种价值导向无可厚非。然而,现实的文化环境却与此价值观相背离。就小学生来说,老师天天给他们讲的是诚实守信、助人为乐,但在学校外面呈现给他们的却处处是尔虞我诈、以强凌弱;更令他们感到迷茫的是他们的老师也"造假"。许多教师在上"公开课"或"示范课"之前,都要将准备"表演"的课反复在自己的班上演练几次,还要千叮咛万嘱咐地告诉学生,当听课的老师问道是否上过此课时,一定要快速而坚决地回答老师"这是新课"。每当遇到全区或更大范围抽考时,有些老师在送学生到外校参加考试时还会强调一点,"考场上都放机灵点"。

〔资料来源:安富海. 论课堂中的文化冲突与调适[J]. 教育导刊,2010(15).〕

链接的材料反映了文本文化与现实文化的冲突,这是我们想要的文化和现实社会中的亚文化的冲突。教师在课堂上宣扬文本文化,而学生在现实中感受到了另一种与之相悖的文化;教师在课堂教学中要求学生做到"诚实守信、助人为乐",而在自己的教学生活中,有的时候却公然"造假"。文化本身存在着的矛盾,教师文化内在地存在不一致,导致了学生在文化选择时出现迷惘、无助和冲突。在这样的情况下,师生之间或许在不经意间埋下了文化冲突的隐患。

二、师生文化冲突的家庭生活根源

从呱呱坠地开始,每个孩子都要在家庭环境中生活相当长的时间。孩子除了在父母那里获取自身生理、心理需要外,还在倾听家长言语、观察家长行为的过程中认识外部世界,从父母对社会、对他人、对自己的态度中形成有关人类社会的最初印象。正如国外有的学者所言,青少年群体的自我想象、价值观和行为,他们与其父母所属的阶级文化常常保持着密切联系。[1]

也可以这么认为,家庭日常生活细节对孩子的影响力,在某些方面远比学校教育来得"润物细无声"。但是,学生在家庭中形成的价值观念和行为方式,未必都与学校中教师倡导的文化价值相同,当学生将这些价值和行为在学校中、教室里表现出来的时候,很可能与居于学校正统文化地位的教师文化发生文化冲突。

---

[1] 迈克尔·布雷克. 越轨青年文化比较[M]. 岳西宽,等译. 北京:北京理工大学出版社,1989:10.

在社会平缓发展时期，家庭文化与学校文化相悖的现象就已经存在。而在社会与社会剧烈变迁和转型的特殊时期，家庭文化与学校文化不再是单一方面的、较小范围内的矛盾，而是演变为多方面的、较大范围内的碰撞和冲突。这给学校中师生的文化冲突带来显著的影响。自20世纪80年代以来，中华大地无时无刻不在感受着一场深刻而又显著的社会变革，这场以"改革开放"为显著标志的社会转型给中国社会带来了翻天覆地的变化。

在当前的社会转型时期，传统文化与现代文化之间的冲突几乎是全方位的，它们两者的共存也将是长期的。当前的家庭文化与学校文化，各自在不同程度上体现、代表着传统文化或现代文化，它们之间也必然存在着的碰撞、矛盾和较量。仍然是孩童的学生既受家庭文化的影响，又生活在学校文化之中，并且在两者的相互冲突与整合中完成个人生命的历程。具体到某个或某些学生而言，如果他或他们生活其中的家庭文化，在性质上与学校文化不相一致，并且在文化接触的过程中发生的矛盾没有得到调和，那么这个或这些学生就比较容易在学校中，与教师发生文化冲突。

（一）家长和学校教育理念脱节催发的师生文化冲突

不论是家庭文化，还是学校文化，都以各种方式影响他们的下一代形成这样的技巧和需求，即作为一个有用的人而生存下去，无论是对个人还是对社会都必须保持它自身的发展。教育是一种社会化的形式，然而作为教育机构的学校和家庭，却常常产生共同目标的丧失和教育影响的失配问题。①

家庭与学校在教育时空上不能"无缝焊接"，在培养目标上也不能统一步调，这无形中增加了学生感染的家庭文化与教师代言的学校文化之间发生文化冲突的可能性和机会。国外有关研究也认为，家庭的训练标准或方法与学校存在的不同方面，会造成教师文化与家庭施加给孩子的价值之间发生冲突。这种冲突的根源在于家里所代表的亚文化和学校所代表的亚文化之间的差别。②

可以预见，许多文化层次不高，接触新事物、新知识、新理论较少，但受传统文化浸润的家长，会难以理解甚至抵制现代学校推行的种种改革措施、教育教学理念。在社会与文化剧烈转型时期，面对大量涌现的与教育相关的新现象、新理念，不少家长由于缺乏一定的开放性，不愿去学习、理解，而是习惯于按长久以来形成的、有些

---

① 缪建东. 家庭教育社会学 [M]. 南京：南京师范大学出版社, 1999: 167—168.

② 例如，在下层阶级家庭的亚文化中可以接受的社会行为方式同中产阶段学校中可以接受的社会行为方式可能是不一致的。而且，这种冲突的根源也可能在于家庭和学校所传授的宗教信仰不一样。或者像随着种族团体从一个社会迁往另一个社会的现象的增加而越来越多地发生的情况那样，这种冲突的根源可能在于某一地区占主导地位的当地人和最近从别的国家或种族地区迁入该地区的新移民之间的差别.〔中央教育科学研究所比较教育研究室编译. 简明国际教育百科全书·人的发展 [Z]. 北京：教育科学出版社. 1989: 385.〕

过时的理念和方法对孩子进行管教，并且也要求孩子认同他们的价值。

比如说，有些家长对分数的崇拜，几近到了失去理性的程度，并在一定范围内形成了对分数追求的"共识"（但不是"真识"）。看重分数现象的背后有着深深的传统、文化、现实、心理、性格等方面的原因。这种源自于传统农业文明的文化心理不转型，就算是学校的教育评价不再打分了，还会出现通过其他方式，表现出对权力、权威、地位、利益等的追求，还会以不同的方式强加给孩子一些外在的标准。很多人都知道，迷信分数危害不浅。问题是，现今社会流动的途径最主要的还是升学，升学得看分数；现今社会评判成功的标准虽然有多元的倾向，然而"学而优则仕"仍是大家普遍接受的光耀门楣之主要方式，要做到"学而优"，分数自然不能差。家长望子成龙的心情可以理解，可不分孩子情况过于看重分数，则可能会"物极必反"。

【实例 3.1】

父亲打我，我就去打别人

我们班有一个姓谢的学生，脾气特别不好。有一天，该学生和同学之间发生了矛盾。我非常生气，利用中午时间把他的父亲请来，在办公室进行了交流。下午，我已经上了将近5分钟课的时候，谢同学进来了，没有喊报告，而且嘴巴里还骂骂咧咧。于是我就说"你怎么搞的，来迟了不喊报告，而且还发出不该发出的声音。"只见该学生歇斯底里地发作了："怎么了，我就是要迟到！我就是要打人！都怪你把我那该死的爸爸找来，他打我，我就去打别人！"我又教育他几句之后，只见该学生一激动拔腿就跑出了教室。我在事后经过一段时间的了解才知道，原来该学生的父母在他小的时候就离异了，但是平时父亲、母亲也还都管着他的学习。他的父亲脾气比较暴躁，而且他的母亲也经常在他面前说他父亲的不是。他对父亲的教育比较反感，对父亲也比较痛恨。

〔资料来源：飞剑涛涛. 课堂中师生"冲突"案例分析二［EB/OL］. http：//61.153.227.230：81/u/155/archives/2009/96773.html〕

实例中，学生对父亲粗暴的管教方式比较反感。教师在处理这位学生与同学矛盾时，要求他把父亲请来进行交流，结果父亲回去后打了他。学生对父亲的痛恨、对教师把父亲找来的不满，反映到言行上就是："来迟了不喊报告，而且还发出不该发出的声音"；不仅如此，他还无视教师的教育，并以争吵、跑出教室等方式抵制教师的说教。可见，家长教育理念的落后、教育方式的粗暴，影响了学生的价值观念，并在师生文化冲突中起到不可忽视的作用。

总之，家长对待现代教育理念和教育措施的消极态度，会影响到他们的孩子对学校、教师所坚持的、具体的教育观念与措施的看法。年轻的孩子如果在家庭中认同、接受了长辈传承的传统文化中与学校文化、教师文化相背离的成分，那么，就有可能与学校里那些奉行现代教育理念和方法的教师发生文化冲突。

当然，现实也有可能存在这样一种情况：即在实际的教育实践中，有些学校虽然试图努力理解教育、教学改革的新理念，但学校、教师现实的一些做法却还比较传统，可能会跟已经接受了先进教育理念的家长脱节，这样学校中处于正统地位的教师，就可能和受家长教育观念影响的学生，产生另一层次的碰撞、矛盾，乃至文化层面的冲突。在我们这一开放的社会转型时期，家长接触新鲜事物、学习新进文化的机会是过去不可比拟的。特别对于大多的高学历家长来说，他们更加具有开放的心态，具有更强的学习能力，他们也就更有可能接受先进的教育理念，践行先进的教育方式。在家庭中，他们会尽量做到尊重孩子，把孩子真正当成家庭的一员，进行民主、平等的交流。习惯于这种教育理念和方式的孩子，假如在学校中碰到比较专制的教师，就容易发生师生文化冲突。

（二）家长对待学校的消极态度带来的师生文化冲突

在教育孩子这一活动上，家庭与学校是合作的关系。大部分家长都是比较配合学校的教育活动，但在多元文化并存的今天，也有一些家长对学校、对教师提出批评意见，与学校、教师貌合神离。比如说，有的家长会当着孩子的面指责学校的做法，议论教师在教学或学生管理方面的不负责任。在一定程度上，这些家庭成了学校与教师的"对手"。家长对学校的消极态度势必会影响孩子，从而使师生之间增加了一些不和谐的因素，也增加师生之间文化冲突的概率。

【实例3.2】

学生和父母都对学校不满

我爸爸是学校的家长会长，他捐了很多钱给学校，还盖了一个风雨棚，为学校做了很多事。有一次，我班上的导师出手打我的嘴巴，我很生气，一气之下，也回打了他，现在想起来，还是认为是老师的错，如果在重来一次，我还是会出手打他。我爸爸也为这件事很气学校，要学校让我转到前段班，但是学校老师不肯，我妈妈说学校老师都是为了爱面子，本来还想告到教育局去呢！我爸爸、妈妈对学校很不满，我也很恨这个学校，毕业之后，真想把我爸爸捐赠的东西全部要回来。

〔资料来源：吴琼洳．国中学生反学校文化之研究［EB/OL］．http：//140.109.196.10/pages/seminar/sp/socialq/wu_qiong_ru.htm.〕

实例中家长对学校的态度显然对学生产生一定的影响。学生认为，父亲为学校做了很多事，他（她）在学校中应该受到一定的优待；班上导师出手打他（她）是"老师的错"，而其回手打老师则并不错。家长对这件事的看法，都认为是学校的过错，对学校不让其孩子转班表示"很不满"。家长对学校的消极态度，影响了学生的价值观念，学生也"很恨这个学校"，真想毕业之后把其爸爸捐赠的东西全部要回来"。家长对学校的消极态度，不仅使师生文化冲突没有消解，而且还强化了学生对学校、对教师的抵制和对立。

（三）家庭与学校生活方式相异引发的师生文化冲突

家庭的教育标准或方法，假如与学校教育相互对立，则有可能促成教师文化与家庭施加给孩子的价值之间发生冲突。这种文化冲突发端于家庭亚文化和学校文化之间的差别。也就是说，学生在家庭中形成的、不同于学校的生活方式，很可能与教师交往时发生文化冲突。

1. 以自我为中心的学生与强调纪律约束的教师发生的文化冲突

在学校和班级的生活中，强调个人意志的那些学生，必然会感受到要求与同学、教师和谐相处这种学校文化带来的压力。当前，大多数家庭的孩子都是独生子女，相当多的家庭形成了"四·二·一"的"扩大家庭"型式，即四位祖父辈和两位父辈家长共同照顾唯一的孩子。这种家庭中的孩子往往存在被娇惯的倾向：长辈对孩子的行为往往是过于迁就的，对他们的要求则是娇纵的；长辈对孩子缺少基本的管教和规训。这样的家庭生活，可能无形中让孩子形成较强的权力与支配意识，只重视自己的意见而不尊重别人的想法。然而，这些在家中"高高在上"、懒散惯了的孩子，到了学校中却不得不面临纪律、规矩的约束和考验。而对孩子娇纵、放任、过度满足的家庭文化，与强调规训的学校文化之间的接触与交锋，在不少方面将转化为，以个人为中心的学生文化，与维护集体生活的教师文化之间的碰撞与矛盾。这种状况的存在，在一定程度上增加师生之间发生文化冲突的可能性。

【实例 3.3】

以自我为中心的学生

前年，我担任六年级的班主任兼英语老师。军训第一天，学生小丁就随意讲话，站没站相，坐没坐相。结束后我将他留下，想要进行个别教育。不料我才开始问话，"今天怎么了，不开心？"他便对我的问话不理不睬，侧身对我，头望向别处，手中攥紧的拳头还在抖动，另一手挥伞柄。我想，"他要揍我啊？"我随即联系了他的母亲。他母亲到后一个劲地解释，请我谅解，"你看到他发火，其实他是在生自己的气，不是别人的。"突然，我不生气了，觉得这个孩子有些可怜,更有些怪怪的。

后来了解到,小丁父母的受教育程度并不低,同时父母的文明习惯与社会形象也不差。但因为小丁是独生子女,加上又是隔代抚养,家长对孩子一味的宠爱,一味的满足他,重物质而轻精神。所以,孩子习惯了索取,习惯了顺境,希望大家围着他转,一切依照他的心意,而不愿主动地适应环境。进入学校生活后,小丁表现得不合群;遇到挫折,经不起半点的批评,更不要说让他感受到委屈了;对待他人,不懂得什么是尊重。

〔资料来源:该实例由上海市华师大附属杨行中学归柳英撰写〕

实例中,学生小丁的家庭对他宠爱有加,但忽视了对小丁合理价值观和行为习惯方面的培养。这样的家庭生活,导致了小丁在性格、心理和文化上存在一定的缺陷。进入学校后,小丁对强调规矩和秩序的学校生活难以适应,仍旧时时处处以自我为中心,不懂得尊重,受不得批评,很自然地与管教他的教师发生了文化上的冲突。

2. 具有强依赖性的学生与倡导独立自主的教师发生的文化冲突

就我国目前的家庭现状而言,相当多的家庭生活方式带有很浓的传统痕迹,而传统家庭的行为模式则强调长辈的支配和孩子的顺从。生长在这种家庭中的孩子,有一部分会缺乏主见,少有个性,表现出不思进取、随遇而安的文化心态。那些缺乏竞争意识和自我表现欲望的学生,则有可能与强调突出个性、要求自主创新的学校文化发生矛盾。

在许多传统文化中,一个人忠实地维护过去的习俗,比谋求创新更受尊重。同样,尊重老人的意见,比鼓励年轻人根据客观评价标准,判断一个看法的是非更受推崇。而在那些受西方人本主义思想影响的许多现代学校里,鼓励学生突出自己,其方式就是让学生在学习成绩方面,以及在有组织的体育活动和辩论等社会行为方面进行竞赛。[①] 不难想象,这种现象的存在,会造成师生关系的危机,也在一定程度上促成了师生之间的文化冲突。

另外,现代独生子女家庭中,由于长辈的过度宠爱,一部分孩子过着衣来伸手、饭来张口的生活,在进入学校之前,他们没有形成基本的生活自理和人际关系处理的能力。进入学校之后,这些学生在思想理念和行为方式上还保持着很强的依赖性,在学校生活中就可能与强调独立自主的教师文化发生冲突。下面一则笔者在调研中记录下的实例,可能在一定程度上能说明这个问题。

---

① 中央教育科学研究所比较教育研究室编译. 简明国际教育百科全书·人的发展[Z],北京:教育科学出版社.1989:385.

【实例 3.4】

被同学欺负的男生

学生们准备去教室上美术课，路过走廊的班主任张老师，看到男生小 A 背了 8 个上美术课用的袋子。张老师感到有点疑惑，她已经好几次看到小 A 背了好多个袋子上美术课了，同时她观察到大多学生都拿着一个袋子，也有几个学生什么都没拿。课后，张老师找到小 A，故意跟他说，"美术老师很坏，怎么让你背这么多包！"小 A 说不是美术老师让他背的。张老师就问，"那是谁让你背的？"小 A 看着张老师，不说话。张老师又问了几次，小 A 则死活不说。张老师有点生气，心想你又没有犯什么错误，我又没有批评你，我问你情况也是为了帮你，你为什么死活不说呢。

又有一次，张老师让小 A 帮忙送样东西，给自己办公室对面那幢楼 4 楼的一位老师。过了一会儿，他就回来了。张老师一看，东西没有送掉，又拿回来了。问他是为什么把东西拿回来，他说 4 楼没有这个老师。张老师想，要找的老师不在，你不会让别的老师代收啊！怎么事情稍微有点变化，脑子就转不过弯来了。

张老师分析，小 A 在学校的表现，与其家庭生活有很大的关系。小 A 的父亲是船长，长年不在家，母亲也不怎么管他。小 A 由爷爷奶奶带大，在家里不需要动脑筋，也从不做什么事情，因而，刚到学校的时候，小 A 自理能力很差，很多事情不会做，连扫地、排桌椅也不会。而且，小 A 的童年可能缺少玩伴，进校后长期不能处理好人际关系。在受到同学的故意伤害时，他只是默默承受，既不会反抗，也不会向师长反映。小 A 的这种状况，进校后持续了很长时间，直到五年级，才稍微好一点。

实例中，学生小 A 生活在一个方方面面都受到很好照顾的家庭，长期以来，不需要做事，不需要动脑筋，也不知道如何与人相处。进入学校之后，小 A 的生活环境发生了变化，但他在家庭生活中形成的文化却很难调整过来，结果不仅不知道如何生活自理，在受到同学伤害后也顽固地保持沉默。张老师显然想改变小 A 的想法和习惯。而在小 A 心中，可能对此无所适从，也可能对此无所谓，觉得老师是"多此一举"。对于这一点，班主任老师是有不同想法的，在屡次遇到小 A "三棍子也打不出个响屁来"的情况下，可能在内心已经抵制小 A 的文化理念了。当然，张老师与小 A 的文化矛盾和价值对立，不见得是比较典型的师生文化冲突，甚至只能算作是潜在的师生文化冲突，连正式的师生文化冲突都称不上。但是，在类似的教育情景中，若是教师不够冷静，若是师生的文化矛盾受到外因的催发，这种看起来比较特殊的师生文化冲突也是有可能发生的。

（四）家庭生活带来的心理失调引起的师生文化冲突

家庭生活对每个家庭成员的价值观念和行为方式有着重要的影响。对未成年的青少年学生来说，家庭生活的不和谐会影响其价值观念，影响其在学校中的言语和外在行为。

1. 缺乏关爱的家庭生活带来的心理失调

生活在缺少关爱家庭的孩子，可能会与父母发生摩擦，可能会对父母产生怨恨，进而强烈地不认同大人们的不负责任。如果这种对家中大人的怨恨转嫁到学校中的教师，那么也会增加师生文化冲突的可能性。另外，父母在家庭中经常吵闹、打架，也容易使孩子的心理失调，拥有叛逆性格。当孩子把畸形的价值观念和不良的行为方式带入学校时，就容易与强调规矩、秩序和代言主流文化的教师发生文化冲突。

【实例 3.5】

惹事生非的学生小俊

男生小俊自进入中学以来，就显得和其他孩子与众不同、格格不入。他很聪明但上课从不专心听讲，只顾和别的同学说话，要是别人不理他，他就扰乱课堂纪律，为此没少挨过老师的批评。发展到最严重的地步，老师请他离开教室，他却赖在教室里不走，最后出动了校长才请他出了教室。下课他也总是惹是生非，没有一个同学愿意和他交朋友。老师对他苦口婆心的教育，他一转身就忘得一干二净。在和他母亲沟通无数次后，小俊依然没有丝毫转变的迹象，母亲绝望了，从此对他不闻不问。

老师无可奈何下，与他父亲取得了联系。父亲表示他会经常关心孩子，但是在和小俊的谈话中，老师发现他父亲经常很晚回家，即使回家了也很少与孩子沟通，孩子晚上经常一个人在家。老师就此事向他父亲询问，他居然振振有词："我也很忙、很累的，我也有自己的生活。"

记得有次班主任向小俊家长反映：他因被同学嘲笑而恼羞成怒，下课后恐吓那位同学。小俊父亲居然非常轻巧地回答道：童言无忌，小孩子之间的争执、吵闹都是小事情，不值得小题大做。真不知道我们这位家长是否读过《三字经》中的"养不教，父之过；教不严，师之惰"。

小俊现在回家没人管，进教室就"殃及池鱼"，只好天天待在办公室，俨然成了一名"小助教"。

〔资料来源：该实例由上海市泗塘中学韩艳萍撰写〕

实例中，学生小俊生活在一个缺少关爱的家庭环境之中。父亲没有尽到自己的责任，很少关心小俊；母亲对改变小俊的不良习惯无能为力，时间一久也就不闻不问了。家庭生活的不和谐，给学生小俊带来了心理上的失调，造成了他不合作、爱惹是生非的不良行为习惯。当小俊把那些不良的行为习惯带进学校和班级的时候，就容易与同学、教师发生价值理念和行为方式上的冲突，也即容易与教师发生师生文化冲突。

2. 家庭生活的偶发变故引起的心理失调

家庭生活中的变故，也会引起孩子的心理失调。而心理的失调，则会导致学生自我控制力的下降，原先心中积累的对学校、对教师的不满会滋长，也会更加看不惯学校生活中与自己意愿不符合的地方。如此状态的学生，显然容易对抗学校与教师，也容易对教师的管教提出不同的意见。

【实例 3.6】

一个学生的反常行为

2008 年 1 月 17 日第七节课，高二（13）班教室，政治老师马秀萍正在面对全校开设期末复习示范课，课堂气氛活泼，学生发言踊跃，听课老师也面带微笑，享受课堂。突然，一声大喊从第三排传出来，因为当时同学们正在看着投影上的一道哲学题目认真地思考，因此那喊声显得特别大："还吃什么啊，不吃了。"为了不打断课堂，马老师没有停下课，只是暗示了一下发出声音的那个地方，但 1 分钟不到，那个声音再次传了出来，这时，大家都已经很清楚地听见了是谁发出了那个声音。马老师警告了一句："小张，不要打扰课堂。"小张大声说："我没有讲话，我在讨论政治问题。""大家都在安静地思考，你一个人怎么讨论呢？"为了不耽误同学们听课，马老师坚持把这节课上完了。

下课后，马老师非常生气，为避免和同学在教室发生更进一步的冲突，马老师找到身为班主任的我，要求和家长立刻见面，陈述事件真相，并要求我上报德育处，严肃处理这起严重扰乱课堂的事件，给其他同学一个完整的交待。马老师的主要理由有：一是严重扰乱其他同学正常听课；二是老师发出禁止的暗示，但学生不予理睬；三是有事实，但不承认；四是蔑视其他听课老师。

小张同学平时脾气就有点倔，不能很好地遵守学校纪律和规矩，但他本质上是不错的，家教修养和学习耐性都是很好的。为什么今天会和老师发生那么强烈的冲突呢？我利用课间休息时间，找来小张和他进行沟通，小张开始什么也不说，就是那么站着，任你怎么问，就是不开口。我继续和他进行沟通："出了问题我们不怕，我们要集中精力来解决问题，扰乱了课堂，让同学们都听不好课，这总是不太符合你的性格吧。"小张点点头，给我道出了原委，前几天小张请假，是他奶奶去世了，因为从小就和奶奶生活在一起，亲人的离去让小张一下子接受不了，而17日那天是他的生日，上课时有同学给他写了一张纸条，要在放学后请他吃饭，祝贺生日，想到奶奶刚刚去世，同学还要请他去吃饭，他就忍不住喊了出来，在那么多老师和同学面前，没有很好地控制自己的情绪。

〔资料来源：蒋士海．一次师生冲突化解的成功案例［N］．淮海晚报，2008－03－25．〕

实例中，学生小张的心理状态和行为表现，受到了亲人去世的强烈影响。亲人尽管远离小张而去了，但小张同学的心理却没有很快调整过来。心理失调的小张，在价值观念和行为方式上出现了暂时的偏差，不仅对好心请他吃饭、祝贺生日的同学大吼大叫，而且还无视课堂纪律、公然与教师争吵。这一发生在师生之间的冲突，看起来是一起简单不过的师生文化冲突。而实际上并非如此，在冲突之中和冲突的背后，家庭生活变故给学生带来的心理失调，在其中发挥着重要的作用。

需要注意的是，在社会与文化转型时期，家庭文化与学校文化的相悖还有一些特殊的原因。比如说，在这一历史时期，学校在常常是新的文化形态扩大其影响范围的重要阵地。而当学校推行外来的或以未来为导向的文化时，学校就有可能倾向于不再维持既存的社会秩序，不仅如此，学校还有可能去破坏原先的社会秩序。[①] 在学校中接受教育的部分学生，就会有意识地吸收新文化的某些成份，而也有些学生，却感到价值上的困扰。因为这部分学生在家庭生活中深受传统文化的影响，尽管他们也可能意识到社会与文化的转型，但他们的改变与适应却较为缓慢。当这部分学生带着从家庭生活得来的传统价值观，与代表学校推行新价值的教师交往的时候，就有可能因为师生双方都过于强调自己的价值而发生文化冲突。

三、师生文化冲突的直接动因溯源

师生文化冲突的直接动因是什么？是师生之间的文化差异吗？如果是，文化差异是如何导致师生文化冲突的？如果不是，那师生文化冲突的直接动因又是什么？

（一）文化差异并不一定导致师生文化冲突

如何来确定师生文化差异与文化冲突之间的关系？有的研究者认为，"教师与学生社会评价标准及价值观念的差异性，是导致师生冲突的最主要原因。"[②] 这种观点能在逻辑上站得住脚吗？与真实的情况相吻合吗？

[①] Spindler, G.D. (ed.), Education and Cultural Process, New York: Holt, Rinehart and Winston. Inc. 1974, p.309.

[②] 沈莹．师生冲突——师生关系的另一个视角［J］．上海教育科研，2004（11）．

1. 文化差异与师生文化冲突的关系

尽管文化差异与文化冲突有着密不可分、千丝万缕的联系,但二者之间并非是简单的、直接的因果关系,它们之间尚有一段不可化约的距离。从师生文化差异发展到师生文化冲突,需要经历一个"文化差异——文化接触——文化矛盾——文化冲突"过程。而师生之间不同的文化在接触的过程中,又至少存在以下三种情况。

第一,与教师持有不同价值观念的学生,遵从、认同并内化教师所传授的主导价值观念,两者之间没有形成矛盾。而这种情况还存在两种可能:一种是学生从一开始就潜在地认同教师所确立和传授的价值观念,自觉或不自觉地消除与之不同的价值观念,因而无论是从过程看,还是从结果看,师生之间都不会形成矛盾和冲突。另一种是学生与教师曾因价值观念的差异而发生不认同,但最终学生认同教师的价值观念,将潜在的矛盾和冲突消解。当然,上面的分析是从学生的角度出发的,从教师的角度出发也存在类似的情况。

第二,相互之间不矛盾,仍旧保留各自的形态。在这种情况下,教师允许多元价值观念的存在,提供给学生有充分自由空间的多元化选择,并不要求学生必须遵循教师所确立和坚持的价值观念,从而产生师生之间各种差异的多元共存,如此也不会形成矛盾和冲突。

第三,学生坚持并追求自己的特有价值观念取向,而不遵从、认同并内化教师的主导价值目标,教师也保留自己的价值观念不作妥协,在这种情况下,则在一定程度上形成难以调和的师生矛盾,并最终导致师生文化冲突的爆发。

根据以上分析可以确定,假如存在差异的教师文化不经充分的接触,或者师生文化接触过程中能够产生并行不悖的状态,或者采用恰当的措施将潜在的文化冲突因素基本消解,那么师生文化间的差异就很难导致文化冲突的发生。所以说,师生之间价值观念的差异并不一定导致师生文化冲突。

2. 师生文化差异的若干表现

师生文化差异并不一定导致师生文化冲突,但它毕竟是师生文化冲突的前提条件。文化差异的存在,使师生文化冲突有了可能。了解师生的文化差异,对于还原师生文化冲突是还有帮助的。

在真实的学校生活中,师生之间的差异是随处可见的。比如,学生会把上课不回答问题看做是"酷",会把逃课去网吧打游戏当作是"壮举"等。[①] 而教师对学生如此的观点常常是持反对意见的。在课堂教学中,教师希望引导学生得出预设的"标准答案",而学生有时对问题的答案有不同的想法。教师不管课讲得好与否,都要求学生认真听讲;有的学生觉得教师的课如果没有吸引力,则可以不听,做自己的事,甚至讲讲话、做做小动作也是可以的。针对学生的问题与错误,有些教师觉得为了学生好,

---

① 陈贵虎. 社会学视角中的师生冲突 [J]. 中国成人教育,2008 (5).

再严厉的批评都不过分;学生觉得即使犯了错,教师也要在尊重自己的前提下,进行恰当的教育与引导。

【实例3.7】

师生对同一问题的看法不同

高二时,我任教的班级换了班主任。新官上任三把火,没想到他烧的第一把火就引起了全班学生的不满:迟到一次罚5元,旷课一次罚10元,乱扔垃圾罚款5元,吃零食罚款5元,晚自修上课讲话罚款10元……所收罚款作为班费。于情于理,大家都觉得无法接受:纪律必须靠罚款维持吗?好学生是这样培养出来的吗?这样做不违法吗?在全班学生的反对下,这个荒唐的班规取消了。此后,学生们学习都很努力,迟到、违纪的现象也很少,这一方面是因为学生要对自己的学习和将来负责,另一方面也是想证明给老师看:没有那些罚款规定,我们同样可以做好。

〔资料来源:庄琴.师生冲突及其解决办法[J].考试周刊,2009(31).〕

实例中,班主任认为学生的行为要靠经济惩罚来约束,于是制订了荒唐的班规——"迟到一次罚5元,旷课一次罚10元,乱扔垃圾罚款5元,吃零食罚款5元,晚自修上课讲话罚款10元……"学生对班主任的观点不赞同,对其制订的班规则全班反对。而且,学生以行为证明了没有罚款规定照样可以管好自己。其中,师生的文化差异可见一斑。

对师生文化差异的表现,也可以从不同的角度进行描述。例如,有研究者认为,师生文化的差异体现以下方面:首先,从自然人际关系的角度讲,教师与学生的文化背景不同。教师代表成人世界的经验,其文化特征趋于成熟和稳定,容易固守原有的行为模式。学生文化是青少年文化,是需求性文化,具有很强的兼容性和吐故纳新的活力,呈现出动态开放性、时代性和超前性等特征。其次,从工作关系的角度讲,教师文化与学生文化自身的价值取向不同。课堂教学中教师文化是规范文化,是按照预定的教育目的筛选出来的理想文化。学生文化是非规范文化,它与社会期待存在客观偏差,可能是反社会的。再次,从社会关系的角度讲,教师文化与学生文化的相对社会地位不同。教师文化是主动文化、权威性文化,处于主导和支配地位,对学生的身心成长起着巨大的示范和促进作用;学生文化是受抑文化,往往处于被支配地位,在一定程度上受到教师规范文化的压制,不能自由地进行文化表达。[①]

当然,师生文化差异的表现远远不只是上面所描述的。实际上,在本书的很多地

---

① 耿宏丽.刍议课堂教学文化场域中的师生冲突[J].教育科学论坛,2010(2).

方,也有意无意地从不同方面解读了师生之间的文化差异。对师生文化差异的分析,可以说是贯穿于本书之中的。

(二) 文化矛盾是师生文化冲突的直接诱因

师生文化冲突是由师生之间的文化矛盾引起的。师生群体由于社会角色的规定,他们各自形成了一套不同的文化价值系统,而当他们的文化价值在教育教学互动过程中发生摩擦与矛盾时,都会自觉地对自己的文化价值加以坚守。特别是处于剧烈的社会与文化转型时期,文化冲突的波及面非常广泛。独特文化背景下的师生冲突,既具有社会转型期一般文化冲突的特点,又具有师生特殊社会角色群体特征形成的文化冲突内容与方式。① 因而,师生的文化差异在相互接触的过程中,只有在教师试图将自己的价值观念强加给学生,而学生坚持追求自己的价值目标不妥协的情况下,才会演变成文化矛盾,从而导致师生文化冲突的产生。

退一步讲,即便是师生双方有差异的文化在接触过程中产生了难以调和的矛盾,最终导致了师生冲突,我们还是不能说师生文化差异直接导致了冲突,并且是发生文化冲突的主要原因。这是因为从师生文化差异到文化冲突,中间毕竟隔着文化接触和文化矛盾这两个发展阶段。我们要认识到,"文化的差异本身并不是文化冲突,因为差异还不是矛盾,它还只是产生矛盾的基础,这正像黑格尔所看到的那样,文化由差异走向矛盾冲突取决于事物矛盾运动的过程,只有当具有各种差异性的文化因为某种原因发生直接的联系时,这种差异才会导致冲突。"②

那么,师生文化差异、文化接触、文化矛盾、文化冲突这四者之间到底是什么样的关系?从文化差异到文化接触,到文化矛盾,再到文化冲突是否只是一个简单的过程?正如有的学者所言:"多种文化型式间发展的不平衡是文化冲突的前提,有不同,有差别,才会有矛盾;不同文化间的相互接触是是文化冲突条件,只是有文化上的差异,如果相互之间不接触,也不会构成对立、冲突;不同文化接触过程中所产生的种种矛盾是文化冲突的动力,文化间由接触所产生的矛盾,是将各冲突因素由潜在转化为现实的根本动力,它使得文化间的冲突活生生地表现出来,成为现实形态。"③ 实际上,师生文化差异、文化接触是文化冲突的前提条件,师生文化矛盾则是文化冲突的直接诱因。师生文化差异、文化接触导致了师生文化矛盾,而师生文化矛盾则直接引起师生文化冲突。

根据以上的分析,师生文化差异、文化接触、文化矛盾、文化冲突四者的关系,可大致地用下图加以描绘,如图 3-1 所示。

---

① 辜志强,赵敏. 师生冲突的文化原因及其积极意义 [J]. 九江学院学报,2008 (5).
② 黎德化. 文化冲突与社会矛盾 [M]. 北京:北京出版社,2006:248.
③ 郑金洲. 教育文化学 [M]. 北京:人民教育出版社,2000:141.

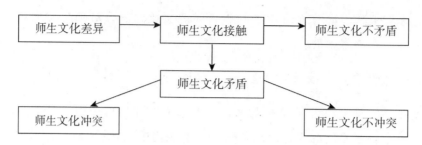

图 3-1 从师生文化差异到文化冲突示意图

从图 3-1 可以看出，差异的教师文化和学生文化相接触，不见得就会发生矛盾；而师生文化的矛盾，也不全都会发展成师生文化冲突。

（三）教师权威运用不当催发师生文化冲突

教师与学生之间的文化差异不会自动地产生冲突，有差异的师生文化在接触过程产生的矛盾，才是引发师生文化冲突的关键所在。而师生之间具体的文化矛盾是如何发生的呢？教师权威在其中扮演着什么样的角色？

1. 教师权威与师生文化冲突的关系

从理论上讲，师生间有可能产生矛盾的文化差异，能够在同一时空下共同存在，只有当教师试图将自己的价值观念强加给学生，而学生坚持追求自己的价值目标不妥协的情况下，才会演变成矛盾，矛盾的升级最终导致冲突的发生。从教师角度分析，师生文化冲突的产生，可能与教师维护自身权威的心态有着非常重要的关系。教师常常以权威者的姿态出现在学生面前，权威者往往通过对弱者施压，强迫弱者认同自己文化的方式来维护其地位。

比如说，教师在传递在知识与价值时，一般认为自己在学生面前是知识的权威，并把学生当作一种材料加以塑造，并认为学生应该积极的认同他们的价值观念体系。由于教师凭借其专业知识，拥有学校所赋予的一些合法的行政权力，当学生对教师的价值观念体系产生怀疑并且不认同时，教师便采用各种方法，实施高压控制，强迫学生放弃自身的价值观念体系，认同教师的价值观念。与教师一厢情愿的想法不同的是，由于学生在生理和心理方面尚未定型，他们常常关心是自己"眼下"自我价值观的实现，其行为导向的内在价值也必然与教师的不同，学生有时为实现自己眼前的"美好时光"，而与打压学生文化的教师发生文化矛盾。再加上在知识迅猛更新的今天，教师的知识权威受到了严峻的挑战，在某些问题上学生的知识可能超过教师，教师被问得哑口无言的现象也时有发生。在这种情形下，如果教师还死要面子，不肯放下"权威"的架子，那就会遭到学生的嘲笑和反感，原有的权威就会荡然无存，师生距离就会陡然拉大，师生关系也就难免不会出现裂痕。① 此时，具有独立意识的学生，便很有可能对教师的这种压制进行反抗，从而导致了矛盾的不可调和，进而演化成师生文化冲突。

毫无疑问，教师一般不会故意挑起与学生之间的文化冲突。教师之所以引发与学生的文化冲突，应该有其自认为正确的道理。比如说，教师一般认为，无论在知识学习还是在价值观上，学生都必须对教师绝对服从，教师关心与否学生的想法、心情并无必要；教师还可能觉得，即便强调自身权威会引起学生的不满，但无论如何学生们拿他没有什么办法，毕竟他是代表知识、权威的教师……而学生会认同这么一种想法吗？

学生们自有其共同的或部分学生共同的价值观念和行为标准，即自有其亚文化。自"新文化运动"开社会之新风气以降，特别是当今处于社会与文化转型的特殊历史时期，青少年学生大都追求民主、自由、平等、宽容等价值，社会和国家在一定程度上也鼓励学生要有独立的个性，要有主体精神和创新意识。面对某些教师权威的专制管理、无情，甚至是压迫，学生们在忍无可忍的情况下，很有可能会"揭竿而起闹革命"。有对学生的调查显示，当问及"你认为和老师发生冲突的原因是什么"时，38％的学生认为是"老师不负责任的工作态度、处事主观武断、言行霸道等"。② 可见，教师权威的不当使用，是诱发显性师生文化冲突的因素。即使学生在教师权威面前隐忍不发，但也会积累敌对情绪，造成消极的抵抗，乃至发生隐性的师生文化冲突。

然而，教师外在的制度权威从何而来？教师有的时候为什么要冒着与学生发生冲突的风险，"费力不讨好"地维护其权威？显然，教师的外在权威不是自身产生的。作为一种社会角色，社会制度赋予了教师特定的地位，使其代表成人社会来改造未成年人的价值，正是由于这种特殊地位，使其拥有了外在的、法定的权威，这种权威性是其角色所固有的职业权威。当然，权威给教师带来权力的同时，也限制了教师只能以社会代言人和国家代表的身份行使这种权威。在进行教育、教学活动时，教师要维护和传授社会所认可的普遍规范和国家的意志。

2. 教师权威运用不当的具体表现

教师权威运用的不当，主要表现为依靠制度赋予的外在权威，自认为比学生高明，在与学生交往时也表现出一副居高临下的姿态。

（1）在知识授受上以权威自居

不可否认，正规教育是青少年获得系统知识的主要途径。在知识增长缓慢，学习方式单一的传统社会，以知识占有者、传递者自居的教师，常常是知识的代名词。这样的社会形态在中国五千多年的文明史中占了大部分时间，教师作为知识化身这一观

---

① 姜勰. 从社会学角度审视师生冲突［J］. 引进与咨询，2003（1）.
② 陈文心. 社会转型期中学师生冲突的社会学探析——以海口调查为例［J］. 河北师范大学学报（教育科学版），2007（6）.

念，扎根于很多人的思想深层，并以类似于基因复制的方式在社会和个人的价值中传递和扩散。当然，这样的思想也深深影响了教师群体。直至今日，相当多的教师在内心深处还是把自己当作知识权威来看待，认为自己在知识面前比学生高明得多，把师生之间的知识传递看作是"一桶水与一杯水"的关系。

而在当今社会，各种文化机构为学生自主学习而量身定做的印刷品、电子音像制品铺天盖地，这使学生获取学习资料变得更为方便。只要学生愿意，个人的学习方法得当，不仅可以自学教师在学校所传授的大部分知识，还可以学到教师所不了解或者是不提倡的学科知识与日常生活知识。而且，经济和科技高速发展所带来的知识激增，不仅对学生来说是新鲜的，对教师而言也是相当陌生的。面对日新月异的新知，教师与学生站在了同一起跑线上，即都需要不断地学习才能更好地适应社会。在新知识的获取上，教师由于时间、年龄、精力以及某些观念的阻碍，不但不见得一定比学生拥有优势，相反在某些方面还处于不利地位。于是，社会日益呈现美国人类学家 M. 米德所说的"前象征文化"[①] 时代。更重要的是，在价值多元的转型期社会，教师与学生对知识本身的理解就存在相当的分歧。因此，那些把自己等同知识化身、并在教学中不断坚持知识权威的教师，很有可能与那些知识渠道多样，可以不依赖教师而自我学习的学生发生一些磨擦，乃至激发矛盾，引起文化冲突。

【实例 3.8】

我哪儿说错了

一次课上，我正侃侃而谈，不觉中犯了一个知识性错误，话一出口便意识到了，但见学生没反应就接着往下讲。这时候，一个平时给我的印象不大好的学生站出来反驳了，"老师，你说错了，还好意思说下去！"我一下子面红耳赤，狠狠地瞪了他一眼："你懂什么？我哪儿说错了？"学生坚持反驳。我恼羞成怒，将那学生赶出了教室。

〔资料来源：丁静. 关于师生冲突中教师行为的案例研究 [J]. 教育研究，2004（5）.〕

实例 3.2 中，教师在授课过程中出现了一个知识性错误，在自己意识到的情况下，出于维护个人面子，没有当着学生的面承认错误，而是纵容自己，意图蒙混过关。而当一个学生主动指出教师的错误后，那位教师不但不予以承认，反而企图通过言语的喝斥来压制学生的反对意见。在这里，维护权威而不惜纵容自己犯错误的教师，与为了坚持正确知识不惜冒犯教师权威的学生发生了文化冲突。显然，教师对自己的纵容直接导致了师生文化冲突的发生。

---

① 亦译为"前喻文化"。

(2) 在学生管理上以高人一等的姿态出现

在学生管理方面，不少教师要求学生无条件服从，并且以强制性手段建立自己的威信。有些教师喜欢支配学生的思想与行为，不给学生平等的地位，不尊重学生的兴趣爱好，不理睬学生提出的意见和批评。有调查表明，小学生对"你的意见常被老师不加考虑地反对"持肯定回答的占 23.1%，这一数据反映，在小学很多时候，老师还把学生当作不懂事的孩子，而较少采纳学生的意见，教师是学生的权威，学生应该接受和服从。①

而且，教师还通过种种比较严厉的方式来惩罚那些违反纪律的学生。有调查表明：学生在回答"你身边的老师有体罚或变相体罚学生的现象吗"这一问题时，回答"有，严重"的占 18.7%，回答"有，但不重"的占 47.1%，两项合计比率高达 65.8%。这表明体罚或变相体罚学生的现象相当严重。与家长、学生的座谈中，被调查者也反映了不少教师"体罚"或"心罚"学生的事例。②而学生一般有很强的自尊心，对别人是否尊重自己十分敏感。所以，教师若不尊重学生，就特别容易造成师生关系紧张，引发师生文化冲突。

不少师生文化冲突主要是学生的违纪、违规问题，这表面看这是学生的问题，实际上与教师把自己置于高高在上的地位有关。例如，教师在管理学生时出现的一些言语：教师大骂、训斥学生；教师用语言恐吓学生；教师用语言激将学生，讽刺、挖苦学生。又如，教师的一些不适当行为：按严重性程度可分为三类：教师拉扯学生，与学生的身体发生推撞；教师推（赶）学生出教室；教师出手打或出脚踢学生。③

【实例 3.9】

我对班级的管理失控了

大学毕业后，我做了数学老师。我认为老师的任务在于督促学生学习。我给学生布置很多作业，自己批改作业也很辛苦。我对学生一脸严肃，对没有做作业的学生批评得很严厉，学生很怕我，多数同学的作业都很认真，当然我批改得也很认真。班上纪律、学习成绩都很好。可有一次，我的权威被打破了。一名刺头学生 H 没有做作业，我问他："为什么不做？""太多了，反正完不成。"他回答。"你不做怎么知道完不成？请你离开教室，到外面做完再进教室上课。"我面无表情地瞪着他。"我已进来了，就不想出去。"学生反驳说。教室的空气顿时紧张起来。我一边吼道："滚出去。"

---

① 崔玉中. 小学阶段独生子女师生关系调查报告[J]. 当代教育科学，2004（21）.
② 徐学俊，李正洪，王文. 关于中小学师生关系的调查与思考[J]. 教育科学研究，2005（5）.
③ 丁静. 关于师生冲突中教师行为的案例研究[J]. 教育研究，2004（5）.

一边试图把他揪出教室，可这家伙力气特别大，他却把我掀翻在地，全班同学哗然。

后来，我要求学校开除他，可学校只是通报批评。这样一来，H更嚣张。上几何课时，我讲"两点之间线段最短。"我说："这个定理看起来简单，但你们没有真正搞懂。""狗也搞得懂！"H声音虽不是很大，但班上同学都能听得到。我愤怒地质问他："你骂谁是狗？"H说："老师你虽然懂这个定理，可狗也懂。不信，你手里拿一个肉包子让狗闻一闻，往远处一抛，狗是直着跑过去还是绕弯跑过去。"课堂内哄堂大笑，我简直无法容忍H的挑衅。我气愤地把书摔到讲桌上："狗东西，你究竟想干什么？"H丝毫不示弱，回骂道："你狗急了咬人。"我只好叫班长把政教处的老师喊来，把H叫走。学校对H的处理后来又不了了之。

不久，我对班上管理失控了，许多同学开始公然和我对抗。为了避免和学生的冲突，我基本上对他们采取放任的态度。学生的作业想交就交，不做我也不追问。上课时，学生说话，我装没听见。课堂上，有时乱哄哄，像一盘散沙，一小撮学生在说话，一些爬在桌上睡觉，还有一些心不在焉看着窗外。课下一些学生说："老师，班上太吵了，坐在后排听不清；个别学生太不像样，一点纪律都不讲。"我不知道怎么回答，只好含糊道，"我知道了。害群之马！你们也可以制止他们。"

现在，我一进教室，就有一种灰心的感觉。心理很烦，很乱，也很失落，失落得令我害怕走进这个教室。我常常想哭，觉得自己很委屈。课堂上面对学生时，我又不得不竭力做出不屑的样子，目光里射出冷漠与鄙夷。我只想这学期快点结束，换个班级，最好换个学校，不然心中太多的压抑和忧郁会使我垮掉的。

〔资料来源：杜志强. 师生冲突事件之思：基于教师权力策略的质性研究［J］. 教学与管理，2009（3）.〕

督促学生好好学习，自然是教师的职责。但是，过于严厉的管教，依靠制度维持的权威，并不能确保班级纪律、学生成绩一直好下去。实际上，对于教师如此的做法，有的学生可能早就在观念上不认同，并且在情绪上进行抵制了。实例中，师生文化冲突的显性化，与教师不恰当地运用教师权威不无关系。教师权威的运用不当，促成了教师与没完成作业的学生H之间的争吵和肢体摩擦。师生文化冲突到了这一步，教师并没有认真反省自己的文化，而只是要求学生开除学生H。但学校只是通报批评，而被伤害过的学生H继续在课堂上挑衅教师，使师生间的文化冲突产生了较大的破坏作用。实例中，教师不当地运用权威，对学生进行说教式的训斥，非但没有收到预想的效果，反而造成矛盾的激化，导致师生文化冲突的失控。可见，教师建立在高人一等基础上的管理方式，是对学生的不尊重、不宽容，不仅有悖于师生之间民主、平等的人际关系，还容易导致师生文化冲突的发生，而且在冲突发生时，教师的这种姿态也不利于冲突的成功解决。

第四章 影响因素的复杂性：师生文化冲突的成因考察

师生文化冲突的发生除了有直接的动因触动和深层的社会与文化根源外，还有多种因素在冲突发生、发展的过程中发挥重要的作用。一般来说，影响师生文化冲突的因素主要有学校、教师、学生和家庭。由于上一章已经探讨了家庭生活与师生文化冲突的关系，本章主要讨论师生文化冲突的学校因素、教师因素和学生因素。

一、师生文化冲突的学校因素

学校作为影响师生文化冲突的一个重要因素，主要是现代学校制度出现以后的事情。在学校产生之前，也就无所谓发生在学校当中的师生文化冲突。即便是在古代学校产生以后，学校在师生文化冲突中发挥的影响力也是非常有限的。

（一）古代学校制度与师生文化冲突

在教育活动未成为一种相对独立的社会活动时，教育镶嵌于生活之中，与日常生活紧密地结为一体，与生产活动、原始的宗教活动紧密地结合地一起。《学会生存》为我们描绘了一幅原始社会的教育写生图："在原始社会里，教育是复杂的和连续的。这时教育的目的在于形成一个人的性格、才能、技巧和道德品质，一个人是通过共同生活的过程来教育自己的，而不是被别人所教育的。家庭生活或氏族生活、工作或游戏、仪式或典礼等都是每天遇到的学习机会；从家里母亲的照管到狩猎父亲的教导，从观察一年四季的变化到照管家畜，或聆听长者讲故事和氏族巫士唱赞美诗，到处都是学习的机会。"[①] 可见，原始社会的教育是一种自我教育，与严格意义上的教育相比，它只能算是一种学习，而"有目的、有计划、有组织"的教育活动还没有出现。在那个时候，连专门的教师都没有出现，学校也不可能存在。因而，学校制度与师生文化冲突的关系也无从谈起。

进入奴隶社会之后，随着知识的积累和文字的出现，教育活动逐渐地从日常生活中分离出来。以教师作为职业的阶层的出现，为学校的形成奠定了坚实的基础。而学

---

① 联合国教科文组织国际教育发展委员会. 学会生存——教育世界的今天和明天 [M]. 华东师范大学比较教育研究所译. 北京：教育科学出版社，1996：26—27.

校的出现似乎与文字的发明、知识的增多有着直接的关系。"在教育中采用学校结构，看来基本上是和书面文字运用的系统化与逐渐增加相联系的。要学会怎样去阅读，自然就需要有一个老师，许多青年人围在他的周围，在一个'课堂'里，在一个学校里学习。"① 学校的出现，还是社会需要催生的结果。例如，"埃及人的生活和社会的复杂性，已不再可能只是模仿长者，来获得保持社会所需要的经验并使个人为生活角色做准备了。需要简单的无组织的或组织得松弛的教育前进一步。所以，日复一日，才出现了正式学校，出现了了专门的教师。青年们上学，以便获得在发达而复杂的文化及产业文明中，处理专门事务所需的知识。"②

师生文化冲突在教育活动存在时就应该存在了，并且其师生文化冲突，应该先于学校的出现。最初的学校出现之后，由于其组织形式相对宽松，教学内容相对单一，对师生文化冲突的影响可能也非常有限。只不过由于师生共同活动的时间、场地主要在学校里，这使师生文化冲突发生的范围主要限于学校之内。

(二) 近现代学校制度与师生文化冲突

近代教育兴起以后，特别是在公共教育制度（或由国家资助学校的制度）形成以后，随着学校大量增加，需要确定一定的规范作为衡量学校工作的尺度。于是，学制、课程设置、外部考试制度等措置应运而生，从而使大量处于游离状态的学校，逐渐聚合成为学校系统。③ 近代学校系统和班级上课制的诞生，使得学校教育与日常生活的距离越来越远了。教师显然是保守、封闭的学校文化的宣传者与推广者，学生却有着与生俱来的独立精神，容易对这样的学校文化产生反感。这时候，学校制度在师生文化冲突开始扮演比较重要的角色了。

进入现代，科学知识在学校课程中占据了越来越重要的地位，"科学世界"严重"入侵"了"教育世界"④，再加上制度化教育的进一步完善，学校在某种程度上被"殖民化"了。于是，学生的日常生活经验几乎都被排除在课程之外。最为严重的是，学校教育世界中的人文精神也一度失落了。如此，现代学校教育制度在激发恶性师生文化冲突方面，起到了推波助澜的作用，学校也成了师生文化冲突高发的场所。学制的僵化在一定程度上意味着学校的异化，这在客观上助长了恶性师生文化冲突的增

---

① 联合国教科文组织国际教育发展委员会. 学会生存——教育世界的今天和明天 [M]. 华东师范大学比较教育研究所译. 北京：教育科学出版社，1996：28.

② 马骥雄. 外国教育史略 [M]. 北京：人民教育出版社，1991：6.

③ 陈桂生. 教育原理 [M]. 上海：华东师范大学出版社，1993：66.

④ 近代以来，在与人文世界、生活世界的较量中，科学世界逐渐得势，这一状况加强了教育世界"科学化"的倾向，也使得学校教育世界与生活世界之间的鸿沟加深了。而学校教育世界的"科学化"倾向，反过来又巩固了科学世界的地位。[林存华. 教育世界与生活世界：从隔离到融通 [J]. 教育理论与实践，2004（10）.]

加。这一问题在我国当前的基础教育领域表现得较为突出。在一定程度上,我国当今的"学校教育世界",远离了儿童的生活,远离多元丰富的社会实践,变得冷冰冰、令人乏味和无趣。

相关链接 4.1

学校制度引起的学生反抗

学校是一个正式组织,为了能达到预期的教育目标,学校设定了许多的制度,希望透过正式教育以及潜在教育,促使学生学习。

◎我所念的这个学校很烂,管得太多了。比如在一些制度上,像发禁就很不合理,我这次就是因为削了头发,训导处检查就不合格了。我觉得应该让每个人都有自由,有些人觉得整理头发比较方便,喜欢短头发,但有些人却喜欢留长发,学校何必限制人家自由呢?又比如衣服的规定,何必一定要扎进去?扎进去整个人变得很肿、好难看,而且学校又要求卡级制服一定要穿外面,为甚么不能外加一件毛衣呢?全体看起来整齐一致有甚么好的,太不合理了。又如袜子,一定要白袜而且有两条红杠,我也觉得那样很难看。

◎真不知道,是哪些人在制订这些校规的!我很想删除掉,如果我是校长,我要设置一个学生信箱,让学生可以将意见反应出来。

◎我对这个学校很不满意,如头发的规定,一定要理得像"金光头"难看死了,而且鞋子也有规定,我希望可以穿杂色的鞋子。我会故意和学校唱反调、作对。

这些学生认为学校中充满了相当多的强制性及约束力,因此他们起而反抗,以抵制这些约束。虽然学生明了到他们的反抗势必会付出一些代价,如被惩罚、记过、记警告等等,然而他们在违规之前,已经对学校的校规有所洞悉。例如,他们知道可以用销过的方法来去除污点等等,这让他们宁愿冒险违规、犯错。

〔资料来源:吴琼洳.国中学生反学校文化之研究〔EB/OL〕. http://140.109.196.10/pages/seminar/sp/socialq/wu_qiong_ru.htm.〕

在现代学校制度的规范下,我国现实中的中小学是怎么一种状况呢?具体而言,我国现实中的学校并不完全是儿童世界,反而在一定程度上是成人的世界、书本的世界、单一、枯燥的世界和缺乏生命活力、缺少人文关怀的世界。

第一,是一个成人的世界。学校本应该是儿童(学生)和成人(教师)所共有的世界,而且是充满儿童生活气息的一个空间。而现实的学校却是成人"占据"的地方,成人的文化、成人的思考方式、成人的社会规范等被强加在儿童身上。在这个世界中,教师凭借着权威来压制学生的个性和灵性。

第二，是一个书本的世界。近代以来对知识，尤其是对科学知识的推崇，使学校日益成了一个书本世界。尽管书本世界拥有取之不尽的知识财富，是"人类进步的阶梯"，但是，书本世界展现在人们面前的是一堆堆没有生气的语言符号，它远离现实的、真切的日常生活世界。

第三，是单一、枯燥的世界。与直观、多元、丰富多彩的日常生活世界相比，展现在学生面前的学校教育世界是单色调的，是枯燥乏味的。"教室——食堂——宿舍（操场）"三点一线的生活，日复一日地重演着；"背书——抄写——考试"等机械的学习与评价方式，占据了学生大量的时间，扼杀了学生多姿多彩的生命可能性。

第四，是缺乏生命活力、缺少人文关怀的世界。现实的教育世界受到教师的主宰，教师以"传道、授业、解惑"为己任，而不管教育是否对学生的心灵产生震撼，是否激起了学生学习的热望，是否激发了学生了解未知世界的兴趣。[①]

如此的学校教育现状，比较容易导致师生文化冲突的发生，并容易使师生文化冲突表现出更多的负面功能。

（三）学校文化传播上的矛盾性与师生文化冲突

学校在师生文化冲突中发挥相当的影响，是与学校在文化上固有的矛盾性分不开的。学校的性质基本上是保守的——向新一代人传播当代和过去几代的社会统治者所喜欢的那种文化，所以学校是文化价值的照料者、仓库和传播者。同时，今天的学校也鼓励现代化的特征，从这个意义上讲，它是促使传统社会的文化发生变化的一种力量。[②] 也就是说，学校集保守与开放于一体，是一个矛盾的文化场所。学校在文化传播上的矛盾境地，容易造成学生生活在矛盾的双重文化情境中，容易产生各种各样的文化冲突，当然也包括与教师之间的文化冲突。

中国近现代特殊的发展史，使学校在文化方面的矛盾性表现得淋漓尽致。新文化运动以来，平权观念已经逐渐渗入青少年群体之中，影响到年轻人对长辈们的态度。可是在教育方面，维持传统家庭制度的"长幼有序"的尊卑观念，仍被特别强调，往往使青年人在生活上无所适从。在学校里，学制本袭自西方，知识的内容，思考的方式，甚至对事物评价的标准，大部分也是来自西方，而训育制度则是传统的权威式的。学生们所学所思是一套，生活上所要求的又是另一套，无法把课本里辛苦学到的东西，应用到实际生活中去，结果在知识方面是纸上谈兵，在生活方面则阳奉阴违，生活的

---

① 林存华. 教育世界与生活世界：从隔离到融通 [J]. 教育理论与实践, 2004 (10).
② 中央教育科学研究所比较教育研究室编译. 简明国际教育百科全书·人的发展 [Z]. 北京：教育科学出版社, 1989：386.

意志在双重世界的拉锯战中萎缩下来。①

作为社会文化传承重要机构的学校,在文化上具有稳定性亦即保守性。文化系统作为再生系统保障一个社会的复杂性的自我延续。这种永久的自我产生,尤其决定了文化系统在每个个人身上的再生,虽然这种再生是以或多或少局部的方式发生的。文化作为再生系统,构成了准文化编码,亦即一种生物的遗传编码的社会学对待物。"文化编码"维持着社会系统的完整性和同一性,保障着它的自我延续或不变的再生,保护它抗拒不确定性、随机事件、混乱、无序。②与西方国家学校相比,中国学校在文化上的保守性尤为严重。这是因为中国传统文化植根于传统农业文明,具有特别的稳定性。首先,中国传统农业文明具有特别的成熟性。其次,中国的农业文明迄今为止在人口构成和社会构成上一直占中国社会的主体,至今没有从根本上改观。再次,过去半个多世纪我国的现代化方案和许多重要的政策,都不断地强化乡村与城市的二元结构,在某种意义上说,计划经济体制上、本质上或许多根本点上是传统农业文明的延续。③与学校传承旧文化相比,学校在促进文化变迁这一点上发挥的作用,可能要弱小一些。但在社会转型时期,社会变革的成功最终还是取决于文化转型。因而,在这一特定历史时期,学校也承载较多的传播新文化价值的职责。这种状况的存在,加剧了学校处于矛盾的文化立场,同时也为师生文化冲突增加了更多的可能性。

(四)学校教育的异化与师生文化冲突

学校教育目的,应该是培养全面发展的、有基本文明程度的公民,也就是要进行素质教育。而目前社会对学校的评价标准主要是以同类学校的横向考试成绩的优劣来衡量,这样的价值导向几乎在一定范围内成为社会、家长、学校的共识,从而导致中小学教育的异化。在转型期社会,学校在多元价值的选择中,还是倾向于实现成人社会、学生家长推崇的功利主义文化。

例如,许多学校片面追求升学率,忽视学生的学习兴趣、爱好和心理适应能力,使德、智、美、体全面发展成为一句空话。学业成绩的高低成为检验孩子们优秀与否的唯一标准,这在表面上没有升学压力的小学中也是基本如此。有关研究表明,尽管小学升初中取消了考试,但学校之间的评比仍然以考试成绩为尺度,而且存在城市或区域统考。④ 在这种情况下,学业失败的学生很可能会感到学无动力,甚至前途渺茫,进而从厌恶学习转变为逃避学习,并出现逃学、离家出走的现象。因此,愈演愈烈的升学竞争,在某种程度上危害了师生心理健康,扭曲了正常的师生关系,成为师生文

---

① 韦政通. 中国文化与现代生活 [M]. 北京:中国人民大学出版社,2005:18—19.
② 埃德加·莫兰. 迷失的范式:人性研究 [M],陈一壮译. 北京:北京大学出版社,1999:148—149.
③ 衣俊卿. 文化哲学十五讲 [M]. 北京:北京大学出版社,2004:256—260.
④ 崔玉中. 小学阶段独生子女师生关系调查报告 [J]. 当代教育科学,2004 (21).

化冲突的一个重要诱因。

追求升学的价值取向，还进一步导致了学校教育的异化。这种异化至少表现在：

第一，重点学校、班级的划分。划分重点学校和班级，使大批的问题生集中在一起。这样他们的陋习更多地得到交流，也容易产生屈辱感和对学校、教师的仇视心理。

第二，教育方式的片面化。很多学校特别是重点中学重视尖子生的培养，但忽视对大多数学生实际能力的培养。那些经常逃学，给教师惹麻烦的青少年学生，并非一开始不喜欢学校，而是被僵化片面的教育方式赶出了学校。

第三，情感交流的匮乏。学校中教师与学生情感交流的不完善，是学校制度中的一个弊病。学校生活应该兼具知识传递和情感交流的双重功能。但制度化教育中师生之间交流的仅是知识和技能，较少有情感的交流和沟通；制度化教育中的师生之间缺乏真诚，教师总是视自己为权威和知识的掌握者，认为比学生优越，而视学生为乞求知识的受动者，并对学生进行"高压控制"。

这样，原本在学校生活中相当亲密的师生关系，现在多半只限于知识上的交往，离开教室就极少有往来，走在大街上则可以完全像陌生人一样。[①] 在这种情形下，学生与教师要进行情感上的交流，要想在情绪低落时获得教师情感上的关注和回应，成了一件十分困难的事情。

总之，学校教育的异化，必然让学生觉得学校和教师是可憎的，内心深处充满对教师敌意，同时也会加重学生对学校生活的否定情绪，使学生很少感到学校生活的乐趣，也就使学校这块令人神往的乐土在学生心目中失去了应有的魅力。而假如学生"几乎把学校完全看作是我们给他们强加的一天天的、一小时一小时的任务……他们呆在学校是因为他们不得不待在那儿……在他们看来，学校是'那些人'让你做事的地方，是如果你不做或不做好，'那些人'就会让你不愉快的地方"[②]，那么学生对学校文化怀着更多的反感，与代表学校正统的教师发生更多的文化冲突也就不难理解了。

二、师生文化冲突的教师因素

师生交往当中，教师一般是强势的一方，对学生具有一定的支配权。同样地，师生文化冲突中教师比学生更加拥有主动权，常常是文化冲突的主要发起者。

（一）价值观念的守旧

教师代表着旧有的、成人的社会价值，并在教育活动中大力宣扬这种价值观。但面对社会转型时期的多元文化，教师却比学生较难适应、接受和转变为自己的价值观念。

[①] 韦政通．中国文化与现代生活[M]．北京：中国人民大学出版社，2005：38.
[②] 迈克尔·布雷克．越轨青年文化比较[M]．岳西宽，等译．北京：北京理工大学出版社，1989：82—83.

1. 教师文化的强势

教师往往以弘扬主旋律为己任，他们是社会生活恒常价值的体现者，宣扬的是一种普遍的社会理想，是占统治地位的意识形态；他们一般有着强烈的忧患意识，与世俗生活保持一定的距离，注重对社会生活的导引；注重对以学生为主体的亚文化的规范和引导。① 当代表成人社会的教师评价青少年的学生文化时，通常会认为他们自己的传统行为和态度是正确的，而那些不符合自己这些生活模式的人则是有"问题的"、需要教育的。由于传统的"师道尊严"观念在许多教师心中依然存在，教师其实很少能够以公允的态度，来看待青少年学生亚文化群体中所发生的一切。

且不论教师能否正确认识学生文化中的先进和不足之处。即便能比较清楚地意识到学生文化中的问题，教师在内心也常常以高高在上的姿态，持一种批评责问的态度来对待学生文化。而且，有的专业研究者在给学校和教师给出建议的时候，也是持类似的态度。例如，学校和教师应该有意识地通过媒介和信息来教育和引导学生；创造条件帮助学生发挥主动性和创造性，使之不断创造出新的文化特质和模式；注意加强理性分析，把青少年团体亚文化中的批判性、独立性、追求流行性引导到正确的方向上来。② 这种以教导者的身份审视青少年亚文化的做法，虽然充满了强烈的责任感，但对于解决现实问题缺乏针对性，有时甚至只有隔靴搔痒的意味。将不同文化之间对立起来，或将一种文化凌驾于另一种文化之上，只能使师生关系恶化，产生后果比较严重的文化冲突。③

2. 教师文化的保守

教师在年龄上比学生要大一些，比较多地受到旧有文化价值的熏陶，而且本身就是旧有价值的代言人。因而，在新价值面前，教师的适应与接受程度往往是比不过学生的。当然，教师不可能意识不到社会转型期涌现的多元文化，完全拒绝新的价值。在与新价值接触的过程中，教师可能出现坚决抵制新价值、部分接受新价值、基本接受新价值这三种情况。从现实来看，前两种情况发生的概率很高，第三种情况则出现较少。

第一，教师坚持抵制新价值，认识到了自己坚持的文化价值，与学生表现出的一些新价值是相抵触的。但是，教师在内心深处仍然坚决地认同旧有价值，希望凭借自己"知识权威"的身份，在教育、教学活动中向学生灌输旧的文化价值。这样，教师一旦觉察到学生坚持不同于传统的新价值，就会主动地去约束学生，如此则容易引发师生文化冲突。

需要说明一下的是，教师在文化价值表现出的保守性，与他们长期受到我国保守

---

① 叶为，韦耀阳. 重新审视师生冲突[J]. 湖北师范学院学报（哲学社会科学版），2005（4）.
② 傅维利. 学校教育与亚文化[J]. 教育评论. 1997（6）.
③ 侯定凯. 从亚文化到多元文化：学校教育改革的一个视角[J]. 思想理论教育，2003（3）.

的传统文化滋养有着不可分割的联系。有学者提出，支配传统中国民众生活的基本的文化图式是重复性的思维和重复性的实践模式，这是一个经验世界，一个常识世界，一个习俗世界。其突出的特点是尚未培养起一种反思的维度，在常识思维或经验思维中，从来没有"为什么"的问题，一切都是天经地义、古来如此的。因此，在中国人身上很少看到那种勇于冒险、进取、超越、否定和僭越现存的规范和惯例、标新立异的特征，看到的是中庸、温和、不争、无为、安于现状、满足已有的保守特征。①

第二，教师认识到新价值的积极方面，部分接受了新价值，但只在对自己有利的情况下坚持，而在管理学生的时候还是觉得原有的价值更为习惯，更加得心应手。也就是说，教师对自己和对学生执行双重的价值评判标准。教师对人对己的两重标准，容易引起学生的反感，导致师生文化冲突的发生。当然，也存在这样的情况，教师只是在浅层上了解和接受现代价值，而骨子里的文化模式仍以带有不少消极成分的传统文化为主。于是教师可能将某些传统的经验式、人情化的文化价值加以文饰，使之披着科学理性、民主自由等进步价值的外衣，再与学生文化接触时发生矛盾和冲突。

第三，教师认同新价值的意义，并且基本内化了某些新价值，并努力按照新价值的标准来处理师生关系。表面上看起来，教师如果能做到这一点，那么就能非常理解学生的文化，并且也会努力按照学生可以接受的方式，来化解师生交往中出现的问题，因此师生文化冲突也就不大会发生了。其实即使如此，也不能阻止师生文化冲突的发生，或者在整体上减少师生的文化冲突。这是因为价值是多元的，教师和学生的价值不可能完全一致，师生的文化差异及文化接触中的矛盾依然存在。而在强调民主、平等、自由的文化氛围中，学生则会更加愿意表达自己的价值，主动地通过文化冲突来修改规则，以获取、保障自己的文化利益。当然，此时的师生文化冲突可能更加具有积极意义，而学生主动发起的破坏性冲突则会相应减少。

（二）行为方式的偏失

在师生交往中，教师行为方式的偏失是师生文化冲突发生、升级的主要诱导性因素。在现实的师生文化冲突中，教师教育行为方式的不当和个人行为自律的问题表现是多样的。这里主要分析教师行为偏失的若干个方面。

1. 对学生一知半解

教师全面深入地理解学生，是开展好教育、教学活动的一个重要条件。而在现实中，教师要真正做到理解学生并不容易。尽管大多教师宣称自己是理解学生的，但实际上教师对许多学生却是一知半解，甚至还有着一些误解。对学生的不理解和误解，教师在评价学生就会有失公正和公平，在管理学生时教师也很难做到有的放矢。而学生受到不公平的对待，就容易产生消极情绪，引起师生关系的紧张，从而与教师发生

---

① 衣俊卿.文化哲学十五讲[M].北京：北京大学出版社，2004：244.

矛盾,甚至发生师生文化冲突。

(1) 主观上的懈怠

教师对学生存在不容忽视的不理解与误解,主要是由于教师主观上的懈怠和错误的判断。教师往往单方面地认为自己是了解、理解学生的,认为自己可以基本掌控学生的想法,认为自己是学生遇到问题时愿意倾诉的朋友。而实际上,学生的想法与做法并非如教师认为的那么简单,学生也与教师存在比较明显的距离。有关小学阶段的一个调查发现:教师中有38.9%的人认为学生经常找自己倾诉内心隐私,偶尔来找的为61.1%,几乎没有的为0,教师自评师生关系良好的占79.3%,很多教师都认为自己了解学生,学生也信赖自己;而学生问卷反映他们普遍感到与教师相处的困扰,特别是感到与教师有明显的情感距离。学生中回答"找不到一位能倾诉内心隐私的老师"的占37.7%,回答"老师很少与你倾心相谈"的占31.6%,回答"某位老师讨厌你或你讨厌某位老师"的占29.6%。① 这样的情况应该与事实基本相符。

(2) 客观上的差距

教师难以理解学生,并且易于误解学生,也有着客观方面的原因。师生在年龄上存在着差距,他们在阅历、个性、思维和价值等方面有着较多的不同之处,这种差别会制约师生间的相互了解,成为双方交流和沟通的障碍。而且,教师要做到理解学生,除了要劳心费神,还要具备一定的技巧。再加上,在学校生活中教师与学生的交往常常是"一"对"多"的交往,教师不容易全面、准确地了解每一个学生。这种状况的存在,给教师观察、理解学生增加了相当的难度。

即使有的教师与学生年龄差距不大,个人素养也非常优秀,并且非常努力、用心地去了解学生,但不管怎么说,还是有不少教师难以做到完全读懂学生内在价值的。这是因为每个人至少有一些特殊的个人经验。严格说因为同一时间,两个人不能站在同一地位,每个人所看到、听到、接触到的决不会完全一样,所以没有两个人是有完全相同的经验的,就个人的经验而说,每一个人有他自己的一套。因此,没有一个人真正地能充分地尝到另外一个人的甘苦,感到另外一个人的休戚,想到另外一个人的思想,完全懂得另外一个人的语言。② 当然,这并不意味着教师可以因为不能完全理解学生,而放弃对学生进行全面、深入的了解。

【实例 4.1】

老师说我吹口哨

有一次上语文课,有人吹口哨,她就以为是我吹的,要我站着听课。但

---

① 崔玉中.小学阶段独生子女师生关系调查报告[J].当代教育科学,2004(21).
② 费孝通.生育制度[M].北京:商务印书馆,1999:82.

那根本不是我,我就没站起来。她说我要再不站起来,这节课就不上了。可是我觉得自己没做错,为什么要被罚站,就没站起来。所以她就不上课走了。后来班干部去请她回来上课,她说下节课再上。直到现在,我们也不说话。

〔资料来源:王馄,刘普.对初中师生冲突应对的调查与思考[J].教师教育,2006(11).〕

实例4.1中,师生文化冲突是围绕学生有没有吹口哨而演进的。教师以为学生吹口哨,并坚持让学生罚站;学生觉得不是自己吹口哨,根本没有必要站起来。师生文化冲突的发生,在教师没有主动地调查事实、对学生形成刻板印象等主观因素有关。但其中,也反映了师生之间在经验、文化上的客观差距。

2. 对学生厚此薄彼

教师对"问题学生"的偏见,容易导致教师与这些学生发生文化冲突。有关研究表明,教师对"问题学生"的偏见,是师生文化冲突的重要诱因,在所有师生文化冲突的案例中占了近五成的比例。[①]

在教育活动中,通常是一群教师与一群学生结成教与学的关系。在特定的学生群体中,有些学生学习成绩比较好,有些学生比较配合教师;也有些学生学习成绩差,喜欢做教师认为是添麻烦的事情。一般来说,教师都会偏爱那些学习用功、听话的学生;那些不听话、学习成绩差的学生,几乎是教师放弃的教育对象,他们不仅很少得到教师的关爱,而且还容易受到教师的疏远、辱骂和惩罚。

相关链接4.2

大爱与偏爱的冲突

一般情况下,教师喜欢品学兼优的学生,班主任信任自己培养的班干部,老师往往会对他们提出的建议言听计从,太信任他们。其实,小小的班干部有时也会"官官相护",为了达到自己的目的,他们不惜牺牲自己班集体荣誉欺骗老师,不知情的老师把他们当作宠儿,结果是班集体越管越乱,学习环境越来越差。这时好强的、有正义感的学生会"个人上书",或与其他同学"联名上书",要求班主任采取新的管理方法治理班级。这就产生了师生文化冲突。

〔资料来源:包桂祥.让师生冲突在相互尊重和理解中化解[J].教学与管理,2009(5).〕

而在师生发生文化矛盾时,教师也常常会对喜欢的学生网开一面,而拿那些"问题学生"重点惩罚。许多教师认为管束"问题学生"的惟一办法就是要"狠",必须压服他们,务必把他们的锐气"磨平"。由此,教师在师生文化矛盾发生时,往往不能对

---

① 丁静. 关于师生冲突中教师行为的案例研究[J]. 教育研究,2004(5).

学生一视同仁,甚至拿某个"问题学生"开刀,以便"杀一儆百"。① 这样一来,"问题学生"自然在思想上反感教师,在行为上倾向于与教师对着干;他们的文化得不到教师尊重,也不大认同教师主张的价值,并且也比较容易与教师发生文化冲突。

3. 对自己放松纵容

在师生交往中,教师对学生严格要求,而对自己的情绪、言行放松要求,甚至纵容自己的过失,会招致学生强烈的不满,容易导致师生文化冲突的发生。尽管社会和家长对教师的职业素养提出了几近完美无缺的要求,但教师毕竟是平凡的人,面对社会生活、家庭生活和学校生活中的不如意之事,难免有些烦躁、不愉快的体验和情感。特别是在课堂中,遇到学生不守纪律,或者是学生对教师权威的挑战,教师很可能无意间放松对自己的要求,将不好的情绪表现出来,甚至把学生作为发泄个人情绪"出气筒"。显然,这种状况会触发师生文化冲突。

与情绪上对自己放松要求相似,教师在行为上的纵容、不克制也可能成为师生文化冲突的导火线。有调查表明:在以身作则、为人师表方面,尽管有67.3%的教师要求学生做到的事,自己首先做到,能起表率作用,但仍有23.1%的教师有时做不到,还有6.6%的教师自己总是做不到。② 例如,教师在课堂上讲课出错,学生当面指正,教师碍于面子不改正反而斥责学生,从而引发师生文化冲突。

那么,要求做到"为人师表"的教师为何也会出现"待生严,律己松"的情况?固然与有的教师素养不高有关,但更重要的原因,恐怕是教师没有意识到自己的思维倾向。尽管多数教师知道要为人师表,最好能"俯首甘为孺子牛",但是教师也很难摆脱人性固有的弱点,即"我们总是唱着呼唤道德良知的高调,但却从不愿身体力行",或者说"每个人都愿意让自己脚下的路好走一点,顺畅一点,但又不愿意出力筑路"③。不仅如此,当师生之间出现文化矛盾时,不少教师会觉得自己已经了解别人的想法,认为问题主要出在学生身上。对此,国外有学者指出:当一个人想做某件事时,他倾向于主观认定自己已经听取了别人的意见。如果有问题,那么一定是出在别人身上。对于每个人来说,不能反求于诸己是很自然的。但也正是因为这一点,当自身的观念出现矛盾时,人们总不愿承认和面对。④ 实际上,学生在分析师生文化矛盾与文化冲突时,也常常会出现类似的想法。

需要注意的是,教师对自己的姑息纵容,不仅有可能激起学生的反抗,引发师生文化冲突,而且,假如教师在文化冲突发生时失去对自己的克制,还容易使文化冲突升级。有研究表明:对抗性冲突集中表现为对抗性行为的发生。一般性冲突一旦发生,

---

① 袁伟英. 化解师生冲突,共建和谐师生关系. 宿州教育学院学报,2008(5).
② 徐学俊,李正洪,王文. 关于中小学师生关系的调查与思考[J]. 教育科学研究,2005(5).
③ 麦特·里德雷. 美德的起源:人类本能与协作的进化[M]. 刘珩译. 北京:中央编译出版社,2004:239.
④ 戴维·伯姆. 论对话[M]. 李·尼科编,王松涛译. 北京:教育科学出版社,2004:4.

教师忍不住火气，化解不了僵局，不能平息冲突，失去了对自己的语言和行为的控制力，致使言行出格，对抗性冲突就会发生。①

【实例 4.2】

失败的一吼

　　一个非常简单的图表，我随意地叫了一名男同学到黑板上填一填，刚填到第二个空，同学们哄然大笑起来。原来这位同学错将"轻松"写成了"车松"，正好是班级一位女同学的名字。我当时也没有批评的意思，只是及时地用话提醒他，哪知班上同学笑得更厉害了。当我正要制止时，那位男同学竟一气之下转过身子，把粉笔往讲台上一扔，气哼哼地回坐位了。我的火一下子上来了，心想：这还了得，现在的孩子简直是太没规矩了，你以为这是在自己家里呢？"出去！"一声怒吼脱口而出。同学们顿时安静下来，都直愣愣地看着我。随后我就感觉到，这是失败的一吼。

〔资料来源：汪爽. 从气质入手，化解师生冲突［J］. 黑龙江教育（中学版），2004（3）.〕

实例 4.2 中，学生出现了黑板填空的错误，教师自认为不是批评的提醒，却无意间伤害了学生的自尊。为此，教师顾不得自己言行是否有利于教育，纵容自己的情绪，并让一声"出去"怒吼而出。教师这样做，不仅再次伤害了那位多少有点无辜的学生，也多少破坏了自己学生心目中为人师表的形象。这显然将师生文化冲突的消极后果强化了。

当然，教师行为方式偏失的表现不限于以上所列的几种。文中其它地方论述到的，诸如教师权威使用的不当、教师对不学生的尊重等，也可以理解为教师行为方式的偏失。

三、师生文化冲突的学生因素

师生文化冲突的发生与学生文化的独特性有着莫大的关系。在学校生活中，学生的行为在相当程度上受到同辈群体的影响，这种影响有的时候甚至超过了教师对学生的教育影响。作为新生一代的青少年学生，他们从开放的社会价值体系里吸收了不少西方的价值观念，对于同样的问题，往往表现出不同于代表成人文化的教师的态度。

（一）学生文化的独特性与师生文化冲突

中小学生是一个非常特殊的社会群体。他们身心尚处于发展过程中，在行为上具

---

① 丁静. 关于师生冲突中教师行为的案例研究［J］. 教育研究，2004（5）.

有较多的非理性因素。他们的价值规范具有特殊性,一方面受到成人的生活方式和规范的影响,具有与代表成人价值的教师相同或相似的文化特征;另一方面又没有完全社会化,成为严格意义上的维护成人价值标准的社会人。基于共同或相似的生活方式,各个学生群体形成了比较独特文化现象。

1. 学生文化的独立倾向

有学者认为,学生文化是指学生某一或某些群体共有的价值观念和行为方式。它是未成年人迈向成年人生活的一种过渡文化形态:在部分认同成人价值的同时,也表现出与成人相异的价值和行为,反映其自主、独立的需求。① 与代表社会主流价值的教师文化不同,学生文化在相当程度上是对社会流行文化的复制,更多地关注同辈群体的价值认同。他们在价值观念和行为方式上,具有强烈的独立性和批判性,倾向于认为自己是独特的、正确的,有时会在观念和行为方面,出现"自说自划、自搞一套"的情况,并容易对成人社会有所不满,对学校和教师产生厌恶的情绪。

青少年学生在生理上逐步走向成熟的同时,在文化价值上要求独立、渴望尊重的信念来越来越强烈,并会将这样的想法、观念反映在行为方式上。而在学校生活中,教师大多把学生看成"什么都不懂"的孩子,习惯于事事替学生做主,或至少是代学生出主意,并要求他们执行。尽管学校教育提倡为"以学生为本",而事实上学校生活还是延续着教师的霸权地位,很少让学生作为平等的一员参与到学校、班级的生活中,作为主体来发挥其作用。而且,代表成人社会的学校与教师,对学生文化往往存在一定的误解,看不到或不承认学生文化具有不同的内容和独立存在的价值。所以,学生文化在学校文化中不是正统文化,而是一种处于自生自灭状态的边缘文化和亚文化,只有那些"成人文化"影响和派生的学生文化,才被社会所认识、所重视。② 在这方面,学生文化会表现出相当的反抗意识,可能成为师生文化冲突的重要原因。

【实例 4.3】

死要面子的学生

现在的中学生有自己的思想,有一定的判断、评价能力,而这种能力还不成熟,于是就容易走向偏激,钻牛角尖。再加上他们在家又是众星捧月,听惯了好话。所以自私、要面子,遇到问题只站在自己的角度考虑,不管他人感受,听到批评就像触摸到刺猬一样。

午自修尚未开始,我在办公室与一学生谈心。忽闻走廊上一阵争论声,原来是我们班的学生小杨与新英语老师发生了争执。只见他昂着头,手插裤

---

① 郑金洲. 教育文化学 [M]. 北京:人民教育出版社,2000:318、322.
② 邹农基. 学生文化的存在及其与成人文化的冲突 [J]. 当代青年研究,2004 (2).

袋,一幅横横竖竖的架势,扬长而去,而不管英语老师怎样教他。我暗想他又犯"病"了,冲动加上死要面子和强词夺理,他的顽症不治,他的个性不能与其他同学和睦相处,处理不好师生关系,中队气氛肯定不会融洽。

了解情况后得知,樊老师想利用中午时间把英语作文面批一下,可小杨无视老师的存在,与后面同学开玩笑。樊老师让他上来,自己继续讲评。他却没有改正,依旧如此。樊老师批评了他几句,他就与老师顶撞起来。樊老师让他到办公室,他没喊报告就进来了,老师又说了他几句,他出言不逊,与樊老师大吼大叫,于是就发生了开头的一幕。

等小杨冷静之后,我让他说说这样做的原因。他倔强地说:"老师不给我面子,让我在大家面前没面子,老师怎样对我,我就怎样对老师。他不尊重我,我也不把她当老师。师生平等嘛。"

〔资料来源:该实例由上海市泗塘二中秦华撰写〕

在社会转型时期,学生在价值观念上容易形成要求得到教师尊重,希望教师顾及他们"面子"的文化倾向。这是学生走向独立自主的一个表现。当然,在这个过程中,学生亚文化也存在一些不足之处。但不管怎么说,这是学生不断走向成熟的一个重要过程。在实例4.3中,学生小杨表现出了死要面子的文化需求,而教师却没有领会,当着其他学生的面,对小杨的不守纪律、不合作进行了批评。教师的批评引起了小杨的反感,他与老师顶撞起来,这样就引发了师生文化冲突。学生小杨说,教师不给他面子、不尊重他是他与教师发生文化冲突的原因。这个理由虽然站不住脚,但其中反映出来学生在文化上要求独立的倾向——即要求与教师平等相处,不成为教师的附庸,却值得我们引起重视。

2. 学生文化的多元倾向

学生文化的独特性,在社会转型期表现得更为显眼。转型期社会,多元价值并存于同一个时空,人们可供选择的价值和生活习惯显得多样。与成年人教师不同,青少年学生对新异事物的感受力和适应性都比较强,再加上他们的好奇心和追逐时髦心态,对接受成人文化和改变自身文化的弹性都比较大。因而,学生群体的价值,整体上出现了多元的倾向,学生的很多看法并不与教师相同。关于师生文化的差异,已经在上文作了一些分析,在这里不作展开。

学生亚文化的多元趋向,可以从学生崇拜的对象中管窥一斑。有调查表明,学生选择崇拜对象的离散度相当大,歌星、球星、政治领袖、父母、科学家,以至自己都成为他们选择的对象。过去那种以英雄模范为学习榜样的集中指向,已经不见踪影。[①]概括起来说,社会转型期的学生,他们深受时代文化的影响,表现出一些不同于以往

---

① 谷光辉,等. 高中学生文化现象的调查与对策研究[J]. 思想·理论·教育,2001(3).

同龄人的特点。有研究者对此作出了如下的概括:"他们自我意识鲜明、自主性强,见识广、眼界开阔,言行务实,对外界的变化反应敏捷;当然,他们也存在缺点,如缺乏坚韧、浮躁等。这些特点,都是在文化转型这一特定背景下形成的,但文化转型赋予他们最大的财富,还在于形成新型人生价值观,个体本位、多元取向、重实际、重物质,在他们身上,价值观的新取向体现得十分明显。"[①]

那么,当前学生的价值取向在一些具体的问题上又是怎么样的呢?有研究者对当前中学生的价值观作了较大规模的调查,共选取北京市城、郊区不同类型学校的3728名中学生作为调查样本,并回收有效问卷2965份。其中,有关学生文化独特性的调查结果显示:①隐私权。71.4%的学生认为父母或老师翻阅自己的信件或日记侵犯了自己的隐私权。可见,他们希望有一个自己的私人空间。女学生比男学生更看重隐私权。随着年级的增高,他们越来越看重隐私权。②自由权。96.4%的学生希望能按自己的意愿安排学习和生活。随着年级的增高,自主安排学习和生活的欲望越来越强。③中学生独立自主的愿望非常强烈,71.4%的学生希望在"向父母征求意见后自己做主",只有4.2%的学生会"直接听从父母的意见"。74.4%的学生认为自己独立能力非常强或比较强,40.9%的学生能"根据自己的弱项自主地安排学习内容",46.2%的学生能"在完成老师布置的任务后,再学习一些自己感兴趣的内容"。④在统一和个性的关系上,90.2%的学生认为个性观念非常或比较重要,75.2%的学生赞同"做自己喜欢的事,不要在乎别人怎么议论"的观点。⑤中学生认为开放意识和开拓创新观念非常或比较重要的分别占92.1%、97.1%;认为自己的创新能力、动手实践能力非常或比较强的学生分别占64.9%,65.7%。[②]

值得注意的是,学生文化与教师文化在某些方面上出现了明显的鸿沟,而且有渐行渐远的趋势。例如,有关的调查表明,学生对教师权威的认同减弱:其一,在兴趣爱好的形成方面,有61.4%的学生表示主要是受同学影响,表示主要受传媒影响的占49%,受兄弟姐妹影响占34.1%,而认为主要受教师影响的仅占11.6%。其二,绝大多数学生遇到烦恼不会向教师倾诉,而是找同辈朋友。大多数学生不喜欢教师参加他们自己组织的活动,也不喜欢参加教师组织的活动。其三,学生与教师都普遍认为他们之间存在明显的代沟。据调查,有36.6%的学生认为班主任不是或很少是值得信赖的朋友。"我们不了解老师,老师也不了解我们"的观点在学生中得到普遍认同。[③] 有关调查还揭示,中学生在回答"你觉得老师器重别人忽视自己时,你会怎么办"时,有占47.6%的学生会向好友宣泄不满,且占35.9%的学生要"在班级里公开表示不

---

① 黄书光,王伦信,袁文辉.中国基础教育改革的文化使命[M].北京:教育科学出版社,2001:82.
② 绍益.当代中学生价值观调查[J].初中生之友,2005(2).
③ 谷光辉,等.高中学生文化现象的调查与对策研究[J].思想·理论·教育,2001(3).

满",显示出不少学生还不能冷静处理师生关系中出现的矛盾,容易产生突发事件。[①]

总之,以上社会转型期学生文化与教师文化差异和鸿沟的不断拉大,间接造成了教师对学生文化的判断与事实的出入变大,从而也致使教师与学生文化交往中不当措施和矛盾的增加,从而导致转型社会师生文化冲突的多发。

(二) 消极的学生文化与师生文化冲突

以上讨论的师生文化冲突,大多假定学生文化是积极的,或至少是不具有负面价值。实际上,学生文化除了具有某些天然的合理性外,也具有不合理的负面因素。

1. 消极学生文化的表现

社会转型带来了多样化的价值观念。青少年学生作为比较敏感、比较前卫的社会群体,在这种多元文化和观念矛盾冲撞中最容易产生困惑和无所适从,在缺乏一个比较确定的价值参照系中,价值迷失感骤增,导致其价值观念、意志消沉懈怠,行为随波逐流。[②] 有研究者提出,学生文化的不合理存在着三种情形:一是有的内容本身就不合理;二是有的内容尽管具有抽象的合理性,但缺乏实现的社会条件,事实上是不合理的;三是一些内容尽管合理,但却要以适当的社会规范和社会秩序为前提才能在社会中获得实现。[③]

现今学生文化中消极因素具体表现如何呢?相关的研究或许可以说明一点问题。有研究者通过调查上海市 800 多名高中学生的文化,形成了有关高中学生文化现状形成如下认识:

①文化价值取向的浅层化、世俗化倾向。高中学生文化价值观念取向偏重于通俗流行、刺激性、娱乐性强的感觉型文化。调查表明,有 76.2% 的学生喜欢唱歌、听音乐(主要是港台流行音乐),53.9% 的学生喜欢看侦探小说、科幻小说。学生们喜看休闲娱乐、影视、体育等文化报刊,而对文学、科普等深层文化内容的书刊则关注程度较低,如图书馆中《收获》、《花城》、《读书》、《随笔》等一类较有品味的杂志,很少有学生问津。

②讲求实惠的功利主义人生态度影响明显。调查发现,学生受讲求实惠的功利主义态度影响较大。体现在学习上,有 35.4% 的学生承认自己的学习态度不认真或不够认真。不认真学习的主要原因,是认为书本知识在现实生活中用处不大(占 32.3%);64% 的学生表示,自己认真学习的目的是考大学和为以后更好的生活创造条件;84% 的学生表示,选择上高中是为了考大学和因为中专职校的出路不好。

③科学精神和人文精神缺乏。据座谈了解,有不少学生相信命运,迷信星座运势

[①] 徐学俊,李正洪,王文. 关于中小学师生关系的调查与思考 [J]. 教育科学研究,2005 (5).
[②] 刘玉方. 转型期青年学生价值观念的新变化 [J]. 思想·理论·教育,2002 (3).
[③] 邹农基. 学生文化的存在及其与成人文化的冲突 [J]. 当代青年研究,2004 (2).

书籍，对宗教乃至邪教也缺乏正确认识。有的同学用扑克牌给自己或别人"算命"，有的常在考试前通过掷硬币的方式来"预测"自己的考试成绩，更有甚者，在考试前求神拜佛的也有。这都体现出当今学生科学精神的缺乏。①

不难看出，社会转型时期的未成年学生，在具备新时期倡导的价值观念同时，又对于社会上流行的不良风气有一定程度的认同和追随。当代中学生的观念意识与实际行为相脱节的情况较突出，其理想自我与现实有我不一致性的现象比较明显。有学者指出，现代青少年的边际人格似乎更普遍，也更严重。"这一代的年轻人，传统对他有利，他就取传统；现代对他有利，他就取现代。在学校里，希望老师对他们的行为采取开放的态度，可是学习的态度，仍固守着传统的呆板方式。这是过渡性社会里边际人心理的反映。他们对传统对西方，对新的方式和旧的方式，都缺乏真切的认同感，因此造成价值的虚无感。"② 这种状况的存在，对于师生文化冲突的发生可能会起到推波助澜的作用。

相关链接 4.3

学生消极亚文化的表现

现在的中学生要是谁把雷锋、张海迪当作榜样会被其他学生讥笑为"老冒"，他们的青春偶像是"三星一家"——歌星、影星、球星、畅销书作家。看电视时，一出现与革命事件有关的片子或镜头就说"没劲"，就换频道。现在的学生不看老师指定的经典名著，却热衷于武侠言情小说、卡通魔幻片、连环画；现在学生记不住几首唐诗宋词，却能记住一连串的广告词、流行歌词，现在的学生口里挂着的"酷毙"、"帅呆"、"美眉"、"BB"等新名词，更是让家长和教师头痛。某学校组织学生看《刘胡兰》电影，看到刘胡兰慷慨就义时，老师热泪盈眶，学生却哄堂大笑。上语文课讲《荔枝蜜》，讲到"工蜂都愿意把采到的花精献给蜂王"这一句时，老师提问表现了工蜂具有怎样的精神？答案应是"无私"，可学生却一齐答道"拍马屁"。这是学生价值观念的体现，也能从中窥探出他们的思维模式。

〔资料来源：孙银琼. 学生亚文化与语文教材 [J]. 中小学教学研究，2004（5）.〕

2. 消极学生文化引起的师生文化冲突

学生所拥有的那些消极的、不合理的文化，往往是与代表学校正统地位的教师文化相悖的，并且很可能成为诱发师生文化冲突的原因。

---

① 谷光辉，等. 高中学生文化现象的调查与对策研究 [J]. 思想·理论·教育，2001（3）.
② 韦政通. 中国文化与现代生活 [M]. 北京：中国人民大学出版社，2005：15.

(1) 学生对学校规范不适应引起的师生文化冲突

为了保证教育、教学活动的顺利开展，学校会明确规定学生必须的规范。这通常是学校教育所需要的，大多数学生也能接受和遵从。不过，有些学生可能不熟悉规则，或无意间触犯，或觉得规范不合理而故意违反，而造成与教师文化的矛盾。对此，或许可以通过引导、熏陶、惩罚的方法加以转化或消除。但也有可能存在这样的情况，即有些学生对科学知识和文明规范长期无法适应，并与强调规范传递的教师发生文化冲突。

【实例 4.4】

学生在破坏铁门

> 星期四下午有一节体育课，因为下雨学生得到体育馆上课。然而体育馆的门关着，学生只能在外面淋雨。这时，男生小蔡利用铁门上的坏洞，将它拉大，好让大家钻进体育馆。这个动作正好被教导主任看到，她喝令蔡停下，蔡反而和老师顶撞起来。
>
> 〔资料来源：该实例由上海市泗塘二中秦华撰写〕

实例中，男生小蔡为了让大家钻进体育馆躲雨，毅然决定将体育馆铁门上的坏洞拉得更大。他这一无视学校要求学生不准破坏公物的行为，正好被教导主任看好。教导主任的喝令，引起了学生的过激反应，于是发生了师生文化冲突。学生小蔡可能觉得，自己破坏铁门"做坏事"，不是为了自己，而是为了大家躲雨，是事出有因；或许他也有可能觉得，为了大家的利益而去触犯学校规定，不是做坏事，不应该受到批评。但教导主任却是更为强调学校的规范，她代表的是学校的规范文化，面对学生公然地破坏学校规范，制止、批评是她下意识的选择。在这个过程中，学生由于对学校规范的不适应，与代表学校规范的教师文化发生了冲突。

(2) 学生对教师文化不理解引起的师生文化冲突

青少年学生有较强的逆反心理，往往对教师抱有成见，容易对教师的某些做法产生误解。有的学生可能会把教师严格要求、负责任的管教，当作对他们的故意刁难；有的学生对自己"看不惯"的教师失礼，甚至进行故意的破坏与挑衅；有的学生尽管意识到自己的问题，却下不了决心，常常在教师面前犯同样的错误，甚至影响到其他同学。再加上不少教师对学生文化的认识不足，对有的学生也存在先入为主的看法，又不愿主动与学生进行及时、有效的沟通。这样，在外在诱因的触发下，就可能导致师生文化冲突的发生。

【实例 4.5】

我忘了把"画"还给学生

小荣同学是班上一位优秀的学生,上课认真,作业能认真及时地完成,一直是老师心目中的好学生。这两天在班上上课,发现小荣一改往日的表现,上课无精打采,对于我的提问总是默不做声、拒不回答,作业也是拖拖拉拉不完成。一开始发现孩子上课不认真,我还严肃地进行了批评,但是一连几日孩子都这样。多年的班主任工作经验告诉我,好像是孩子对我有意见,故意这样的。于是我不再批评孩子,而是对小荣说:"什么时候有时间,老师和你聊聊。对老师有什么有意见,告诉老师,至少让老师有知情权。"

我们约定中午吃完午饭,教室里正好没有其他同学的时候聊一聊。中午,我让小荣把对老师的意见说出来。事情原来是这样的,前几天有一次我的数学课上,小荣走神了,把课间所画的某一位老师的画像拿出来看。说实话,画得真是不怎么样。当时我就把那张画拿过来了,对他说:"老师拿过去欣赏一下。"下课了我就把画夹在一本书里拿走了,后来也就忘记了这件事。哪知小荣同学以为我把画拿到办公室里,给其他老师看了,故意丢了他的脸,所以才有这样对立的情绪。听了他的话,我把那本书拿过来,取出里面的画还给他,告诉他老师没有这样做,也不会这样做的。小荣释然了,向老师道歉,并主动说那天课上看画是不对的,以后上课会更加认真的。

〔资料来源:费季菊. 师生冲突的案例分析反思〔EB/OL〕. http://www.teacherclub.com.cn/tresearch/a/739045117cid00001〕

实例中,学生用消极的方式对教师文化进行抵制。学生的失常表现被教师发现以后,教师一开始进行了严肃的批评。但是,批评并没有奏效,师生文化冲突持续进行。后来,教师约了学生沟通交流,学生道出了缘由:由于教师没有及时归还前些时候被没收的一张画像,学生怀疑教师"把画拿到办公室里,给其他老师看了,故意丢了他的脸",所以与教师发生了文化冲突。而实际上,教师并没有如学生想像的那样。在这起师生文化冲突的实例中,学生对教师文化的不理解、对教师做法的怀疑,是导致师生文化冲突发生的重要原因。

3. 消极学生文化的成因

那么,学生消极亚文化何以会产生呢?作为青少年主要群体的学生,其文化消极方面的产生,多多少少与青年亚文化本身存在的消极影响有关。

(1) 青少年学生亚文化的贫困

当前,现实的社会文化环境不容乐观:一方面,社会硬环境的软化。整个社会的健康文化建设长期疲软,只有社会效益而无经济效益的公共设施建设显得乏力,青少年宫、图书馆、博物馆经营日益多元化。相反,舞厅、酒吧、电子游戏厅、夜总会等娱乐场所星罗棋布。另一方面,社会软环境的恶化。软环境主要指社会主导文化建设。目前,社会主导文化的建设处于较为混乱而失调的状态之中。地摊读物、暴力文学和低格调享乐为主的庸俗文化与青年的虚荣心理一旦合拍,享乐文化便横行于市。① 由于青少年缺乏必要的社会阅历,思维方式相对简单,辨别是非能力差,容易对文化价值的判断发生偏差和失误。同时,他们具有敏感、好动、追新逐异的心理特征。当他们对环境缺乏清醒认识,又受到不良习气的诱导时,就会导致群体价值判断的偏失,接受消极的亚文化。

有研究者提出,消极的亚文化对青年的影响主要表现在以下几个方面:一是享乐主义的人生观。受享乐主义的影响,一部分青年追求物质享受,崇尚拜金主义、纵欲主义。二是主体意识的消失。一部分青年情绪低落,意志消沉,对周围事物漠不关心,在行为上采取不参与、不负责的逃避态度。三是人际关系的冷漠。现代媒体的多样化,冲击着人际交往的空间,人际之间的情感交流减少,一些青年孤僻、封闭,沉缅于虚拟的网络世界,不喜欢与现实的人交往。四是自我意识的膨胀。由于自我意识的膨胀、思想偏激,对他人和社会缺乏必要的信任,他们藐视他人和社会,置他人和社会的要求于不顾,往往表现自己而故作惊人之举;他们对社会有抵触情绪,会从对社会的不满、指责发展为铤而走险,攻击他人和社会,构成对他人和社会的威胁。②

(2) 青少年学生心理的不成熟

伴随着年龄的增长,青少年的情感日渐丰富,独立意识进一步发展,急于脱离师长的约束。但与此同时,青少年的情感会出现一个心理特征:即内同性和闭锁性同时存在。这个心理特征使青年情绪的外部表现和内心体验经常处于矛盾状态,经常有意地掩饰自己的真实情感,不愿意把内心的秘密和真实的思想感情轻易地向他人吐露;同时,内心深处又存在希望被人理解的强烈愿望,自己的真情实感在条件适当、遇到知音与知己的时候,就会倾诉和表现出来。③ 为此,青少年一方面不愿意与师长交流内心的想法,与他们保持心理上和文化上的距离;另一方面,受到社会广泛关注的明星人物,却往往吸引他们的注意,并成为他们认同和崇拜的对象。这样,会给思想不够成熟的青少年学生的发展带来负面效应,使他们在与代表社会主导价值的教师交往时容易出现障碍,并很有可能发生文化上的冲突。

---

① 孙涛. 文化冲突——青少年犯罪的文化背景透视 [J]. 山东省青年管理干部学院学报,2004 (2).

② 郑庸予. 试论亚文化对青年的影响——兼论德育工作的应对 [J]. 华东理工大学学报(社科版),2001 (3).

③ 张玉茹. 校园亚文化与青年社会化 [J]. 青年探索,2004 (1).

【实例4.6】

一场"莫名"的师生冲突

某天中午,一向诙谐风趣的化学老师竟气愤地来到我的办公室,述说了一件他从教二十几年来闻所未闻的事。在化学课上,老师正在讲解习题,突然发现小叶正低着头,耳朵里插着耳机,专心致志地看着报纸,不时手还从课桌里掏出饼干放在嘴里咀嚼。竟有此事!化学老师走近小叶,大声叫了他的名字,霎时,全班40多个同学的目光聚焦在他一人身上,却见他依然漫不经心地从课桌里取出一块饼干大嚼特嚼!化学老师气愤之余,扔下一句话:"下课后,到政教处去!"下课铃响了,小叶走过来问老师:"现在就去吗?"听完了整个事件的情况后,我用缓慢的语调说:"这件事情,让我先来处理,处理不好再去政教处,行吗?"

……

第二天上午,我主动与小叶的母亲联系,及时掌握事件的更多信息,了解到小叶对化学老师早已"吾意久怀忿"的隐情。

下午,我再次找到小叶,两人在教师休息室的沙发上促膝而谈。

"当化学老师点你的名字时,你尽管可能听不清楚老师在说些什么,但是老师的表情和眼神,换了谁都不会再作出违反课堂纪律的举动。你的我行我素真的令人费解。难道你是故意的吗?"

沉默。低下头。

"为什么呢?"

"因为以前他对我不好。"

"怎么不好?"

"有几次,试卷上我和同桌答的差不多,他给同桌批对,却给我批错。他存心跟我过不去。"

"所以,你就采取了报复行为,对不对?那么,你有没有想过,事实是否如你所认为的那样?"

"我觉得就是这样的。有几次情况都是如此。"

"化学考试中,有时答的似乎差不多,但是关键的几步没写或算错了,就会扣很多分数,有没有这种情况?"

"也有。"

"那你有没有想过这个原因?"

"没有想过。"

"你为什么不从自己方面去找一找原因,而只从别人那里找原因,并且要把老师往坏处想呢?"

"我一向如此。"

"对同学也是这样吗？总把别人往坏处想吗？"

"不是，对同学还好，就是对大人这样。"

……

沉默片刻后，他抬起头，若有所思地说："是的。如果我以前在下课后，马上去问老师、向老师讨个说法，可能心中的疑团早就消失了，也不致于对化学老师的积怨越来越深，导致今天这样激烈的冲突。我好像是把所有的问题都简单化了。"

〔资料来源：孙或. 一场"莫名"的师生冲突 [J]. 思想理论教育，2004（7—8）.〕

实例中，学生对教师的"久怀怨"、与教师发生的文化冲突，主要是由于自己对事实的错误判断和对教师行为的失真猜测。学生对教师的批卷存在不同看法，他觉得："试卷上我和同桌答的差不多，他给同桌批对，却给我批错。"对此，他并没有及时找老师沟通，了解老师这么做的原因，而是主观地认为"他存心跟我过不去"。而实际上，学生的想法却与事实有一定的出入。对于心中疑虑，学生的错误归因、不找教师及时沟通，以及用对抗的方式抵制教师，恰恰反映了学生心理的不成熟。

（3）青少年学生群体的特殊性

由于同辈群体年龄相近、志趣相投、关系融洽、地位平等，加之同辈群体能满足少年儿童游戏、友谊、安全、自尊、认同等方面的需要，因而，多数青少年学生都在不同的时间和不同程度上，加入过不同的同辈群体。相当多学生热衷于参加同辈群体的活动，并效忠于该同辈群体。[①] 可以说，同辈群体生活是学生日常生活的主要组成部分。参加同辈群体活动，对青少年学生来说，不仅可以满足其心理需求，而且具有非同寻常的文化意义。

在群体活动中，新加入的学生很容易接受群体共同的文化价值规范，模仿群体成员某些带有共性的看世界方式和说话做事的行为习惯。因为"依葫芦画样是文化传播和习得的一种方式，它能保证你到什么地方就做什么事——模仿是人与生俱来的天性"。[②] 这一点对于文化判断力相对较差的青少年学生更是如此。当个人的意愿和行为，可能会破坏同伴关系或团体的延续时，他们常常会妥协或作出某些让步。青少年同辈团体中还有某些明确的规定。如不准将团体内的事情，向大人透露；对外发生冲突时，要团结一致。谁违反了这些规则，团体就用诸如不准其参加今后的团体活动等方式而给予压力。

---

① 傅维利. 学校教育与亚文化 [J]. 教育评论. 1997（6）.
② 麦特·里德雷. 美德的起源：人类本能与协作的进化 [M]. 刘珩译. 北京：中央编译出版社，2004：195.

同辈群体亚文化与学校教育既有一致的方面，也可能产生相悖的方面。由于不同群体的亚文化具有差异性，因而不同青少年同辈群体，对待学校文化的态度也可能是不同的。比如说，"对一个涉及努力工作和一致性的群体成员来说，学校与他们的未来有着意义的联系；而对其他群体，学校则被看作是无用的，他们通过'在课上鬼混'、逃学和与教师唱反调，来表示对学校的不满。"①

　　有研究者就学生同辈群体与学校教育相悖的一面作了具体分析：团体的严格规则，使教师不容易了解学生思想和行为的发展动向；同辈团体的活动有时与学校正常的教育、教学活动争时间，从而影响学校教育的质量和效果，有时甚至可能引发小团体成员集体逃学的现象；一些差生组成的同辈团体有可能产生与教师和班集体对立的情绪和行为，影响班集体顺利地开展工作；少数团体内的成员会结伴抽烟、喝酒、打架、整天玩电子游戏，甚至出现偷窃、损坏公物等反社会行为。② 站在维护学校正统文化的立场，教师显然不会对学生同辈群体的反学校文化现象坐视不理。因而不难得出结论，这些现象的存在无疑会增加师生文化冲突的概率。

---

① 迈克尔·布雷克. 越轨青年文化比较 [M]. 岳西宽，等译. 北京：北京理工大学出版社，1989：83.

② 傅维利. 学校教育与亚文化 [J]. 教育评论. 1997 (6).

第五章　开展文化对话：师生文化冲突的对策探寻（上）

面对师生的文化冲突，我们如何来对待，如何来寻找出路？显然，在日趋开放与民主的社会，教师对于相异的学生文化，以简单的否定、压制、排斥的方式来处理，不仅难以奏效，而且还会加剧、扩大师生的文化冲突的消极作用，甚至有可能给教育、教学带来难以估量的损失。假如在师生文化冲突发生之后，有办法能够让学生文化妥协或顺从，又或者教师尽可能向学生文化靠拢，是不是就算比较合理的解决办法了呢？其实，这也未必见得就是好办法，这么做也可能会产生许多负面作用。那么，比较合理的应对师生文化冲突的方法又是什么？在教师与学生之间进行文化对话，或许是一条比较合适的解决途径。

一、师生文化对话的合理性

在对待师生文化冲突这一问题上，为什么不采取文化上的压制或妥协，而采用文化对话的方式？这是因为，与文化专制、妥协等措施相比，用文化对话来应对师生文化冲突，更有合理性可言。

（一）有助于学校多元文化的和谐发展

在应对师生文化冲突时，采用对话的态度，有助于学校中不同性质文化的和谐相处和共同发展。一般说来，多元文化具有超越一元文化的优势。多种文化的存在构成了丰富多彩的世界，各种不同文化之间的交流与互动，是人类文化发展的基本动力。文化只有在多元的状态下才能显示它的魅力和意义，才有可能为人类的想象力提供新的空间和动力。如果世界上只存在一种单一的文化，那将是人类的悲哀。[1] 一元文化的社会中，我们只能采用"非此即彼"的二元价值观，只是习惯于"好"与"坏"之间做选择。因而，"一个受过良好认知训练的人，他采取的不是二元价值观，而是多元价值观"[2]。

先不用说用非文化对话的方式，能否在学校中形成一元文化的状态。即便是有可能形成表面上的一元文化状态，也是不利于学校文化建设和师生发展的。不管那种文

---

[1] 庄晓东主编. 文化传播：历史、理论与现实 [M]. 北京：人民出版社，2003：195.
[2] 韦政通. 中国文化与现代生活 [M]. 北京：中国人民大学出版社，2005：103—104.

化宣称自己是多么的完善，但总有其不可避免的缺陷。这是因为，任何一个文化象征系统都有特定的构造和作用，它不可能用于任何人在任何时候、任何情况对任何事物的观察和思考；同样的道理，也不存在着将一种文化系统加工成完全的可能性。换言之，任何一种符号系统，对于人类的意义仅具相对性。任何一种文化系统，自身必然具有某种荒谬性，必然存在着某种无法正常与环境实行沟通的致命性。①

因此，任何一种文化都是不完备的，"如果大多数人习惯让别人的意见来左右自己的判断能力，那么即便有一百万个人做出的相同的选择都有可能是错误的"。② 坚守一种文化的价值观而拒斥其他文化，显而易见是不明智的表现，尤其在多元文化的时代。同样地，对待学校中存在的多元文化时，假如用压制或妥协的方式，使师生文化冲突中展现的不同性质文化，最终被某一强势文化取得压倒性胜利的话，那么这将是学校文化发展的误区。

在应对师生文化冲突时，文化对话的目标是各种文化的共同繁荣，而不是用一种文化去排斥或取代其他文化。多元文化时代的到来，要求教师不能以命令的方式来强制解决师生间的文化冲突，而是要深入到学生中间，尊重、理解那些学生感兴趣的、神往与珍视的文化信息，力求使自己像学生那样去感知、体验和思考。③ 在此基础上，与学生开展文化对话，除了发展学生文化中积极的价值和行为方式外，还能通过有针对性地对学生文化中的消极一面进行理性的疏导，使他们在与多元文化接触时找到正确的发展方向。进行文化对话同时，也会促使学校中教师文化与学生文化的共同和谐发展。因而，通过师生文化对话，给学生多样性的亚文化以生存的空间，并帮助教师理解和认同学生亚文化，这是当今多元文化时代师生交往的明智之举。这是因为在文化对话中，教师通过悬置、反省自己的原有价值，深刻分析新的文化观念，可以获得新的文化价值，找到处理文化冲突的方法和体悟与学生交往的技巧；学生则从教师身上理解传统文化，并从中吸取积极的精神力量，以完成对传统文化的创造性转化。而这一做法，也会间接地保证学校中不同文化类型良性地碰撞、交流与融合，促进学校中多元文化的和谐发展。

（二）有助于认识个人和群体的文化规范

对于一个群体或民族来说，往往存在一定的、共同的文化规范，来支配群体中个体的价值和行为。它以内在的、不知不觉的、潜移默化的方式制约和规范着每一个体的行为，赋予人的行为以根据和意义。群体的文化规范，作用在群体中个人的身上，

---

① 王政挺. 传播：文化与理解 [M]. 北京：人民出版社，1998：115—116.
② 麦特·里德雷. 美德的起源：人类本能与协作的进化 [M]. 刘珩译. 北京：中央编译出版社，2004：198.
③ 丁敏. 师生冲突的根源及消解对策 [J]. 合肥学院学报（社会科学版），2005（1）.

则可体现为每个人内心深处的价值与行为的原则,也可表述为"思维假定"。每个人或每群人一般都会竭力维护自己的"思维假定",而做不到真正理解他人的想法,特别是内在的价值规范。不同人或群体在文化交往的过程中,他们会倾向于根据自己的价值规范,来衡量别人的价值与行为,并在此基础上做出相应的反应和采取一定的措施。与之相对的一方则会感到困惑和不解,甚至会做出抵制和反抗。于是,很多情况下文化冲突会因此产生。

在学校文化生活中,教师和学生作为价值有较大差异的文化群体,显然都有各自群体或小群体的文化规范,并且都会按照自己认同的文化来规范个人和群体的言行。发生师生文化冲突时,假如师生都采用对抗的方式,那么双方都会坚持自己的文化,认为自己的文化是优越的,自己的表现是正确的,而不会用心去分析对方的文化规范,也意识不到自己文化的局限性。如果在师生之间开展文化对话,那么可以帮助大家意识到每个人都有关于文化价值的思维假定,进而通过不断的倾听、交流,了解师生彼此间的文化假定到底是什么。如此,则会减少师生文化交往过程中双方固执己见的发生,从而也在一定程度上,减少师生冲突文化中负面因素的影响。

【实例 5.1】

"生姜"老师的坏事记录表

在某一个早晨,我正利用早操课在进行考试,突然发现有两位同学正在秘密传一本笔记本,奇怪的是他们看了以后还偷偷地笑,并不像在作弊,我悄悄走下讲台,从一位学生的课桌洞里拿出那本笔记本一看,上面端正地列了一个表:题为《生姜坏事记录表》,以下分行列出:(1)强行霸占我们的早操时间和电脑课进行考试,愤怒指数 6 星;(2)每天要进行古诗默写过关,默不出还留校,愤怒指数 5 星;(3)与数学老师公然抢课复习,愤怒指数 5 星;(4)每天布置许多午休作业,愤怒指数 5 星……

看到这里,我不由气从中来,同时也感到一阵伤心,心想,我起早贪黑,如此辛苦地帮你们复习迎考,放弃休息,声嘶力竭地给你们上课、解疑,换来的却是你们的"愤怒指数"?还给取我绰号为"生姜"?还敢在考试时传阅!太让我心寒了,这班学生真是岂有此理!一看笔迹,我就知道是谁写的,而且罪魁祸首正是我自以为的得意门生!我一脸愤怒地向他扫视过去,此时的他,已经满脸通红,把头埋得很低,我真想几步走过去把他一把揪起来,当众把他痛批一顿,然后让他拿着这张"老师罪状记录表"去叫家长签名来。

……

此时,我想了许多:我的教学工作存在问题吗,为什么会引起学生如此强烈的反感?有人说学生犯错误是一面镜子,它能反射出学生的思想状况、道德素质、学习兴趣、作业态度；同时，也能折射出了教师的工作理念、教育艺术、人格魅力、心理素质等等。所以我应该认识到，学生犯错误只是一个表面的、显性的外在，一个展示"问题"的平台。其深层次的内涵则是：学生有哪些习惯还要进一步培养？有哪些观念还要进一步更新？教师有哪些思想工作还没到位？有哪些教育方法急需改进？可见，学生犯错误的现象中，蕴藏着许多令人深思的东西。反思自己的教学行为，未经学生认可，强行霸占他们最最喜欢的电脑课进行考试，也许我的出发点是为了抢时间、出成绩，可学生却并不领情，甚至反感。我至少也应该跟他们商量一下才行。至于抢课问题，我作了换位思考，确实，一直上语文、数学或英语课，孩子们学得累，就像学生说的：头都炸了。他们非常需要轻松的课透透气。而关于古诗和中午作业，近两个星期以来，我一直是中午复习、背诵、抄写，临放学前80首古诗分类默写过关，每天要留下的同学越来越多。其实开头几次，效果还不错的，过了关的很高兴，没过关的也不气馁，还有点竞争氛围。而时间久了，学生对我的这种复习套路已经厌倦了，必须来点新鲜的了。想到这里，我的气已消了一半。不过，这位"得意门生"，我得跟他好好谈一谈。

　　放学后，我找来了那位同学，表示要与他一起好好地分析一下这种行为的是非对错。首先，我诚恳地指出了自己工作中有处理不当的地方，说明了为什么要这样做的原因，也表示对于他们的这种心情可以理解。然后，我委婉地指出了他的行为中有不文明、不尊重老师、不遵守纪律、扰乱班级学风的错误存在，况且作为一名班干部，有什么想法、看法，可以和老师交流，或写便条给老师，来真实反映班级里的学风状态和思想状况。而这样的记录和传阅，则会班级带来很不好的风气，更是伤害到了老师和同学们的感情。他听了，意识到了自己的不对，并诚恳地说了声："老师，对不起，我错了。"

　　第二天，我又找来了班干部，与他们商讨如何合理地安排紧张繁重的复习任务，如何背诵积累古诗、佳句和课文片段等记忆性的语文知识，采取怎样的作业形式能让同学们乐于接受等。他们也向我建议：最好能保证他们的电脑课和体育课照常。就这样，我们在和谐的气氛中解决了师生之间存在的尖锐矛盾。以后的几天里，同学们的学习情绪稳定了，作业心甘情愿了，我想，也不会有同学再称我为"生姜"了吧！

　　〔资料来源：姜莉莉．学生如镜——师生冲突案例分析［EB/OL］．http：//bzr.teacherclub.com.cn/dts/publichomework/publichomework！public _ homework _ show.action？id ＝2991882〕

　　面对师生文化冲突，实例中的姜老师虽然很生气，也感到伤心，但没有失去冷静，也没有进退失据。姜老师的做法是：运用文化对话的精神，主动地、积极地去应对师生文化冲突。这一做法取得了比较理想的结果。姜老师先是对自己的价值观念、行为方式进行了反思，对自己观念的错位和做法的不到位进行了自我批判。姜老师的文化自省是开展师生文化对话的基础。对文化规范的重新认识，促进了师生文化对话的成功开展。而师生文化对话的成功，则强化了教师对个人文化和教师文化的再认识。

（三）有助于师生文化冲突负面问题的解决

不同价值取向的文化在交往过程中发生的问题，仅仅依靠压制或妥协是解决不了的，而是应当通过创造性的途径来寻找解决的方法。文化对话是致力于创造性解决问题的一种途径。在某种程度上，开展文化对话已经是解决问题方案的一个组成部分，而不再是问题的组成部分。① 同样地，社会转型期的师生文化冲突，具有复杂多变等特点，教师简单地采取压制或妥协是不可能真正解决问题的。而面对文化冲突时，师生之间积极开展文化对话，既是解决这一问题的有效方法，其本身也是问题解决过程的一个环节。虽然师生之间的文化对话，不见得能够解决师生文化冲突带来的所有问题，但不管师生文化对话的作用如何微不足道，毕竟是在努力解决问题，而不是在制造新的问题。

而且，在师生文化冲突发生之前、之中或发生之后，教师在文化对话精神指引下，就比较容易重视、理解和接纳学生亚文化，进而为化解文化冲突中表现出来的问题创造有利条件。从另一角度来看，在文化对话的氛围中，即使是那些具有反学校文化性质的学生亚文化，在某种程度上也有其立足之地。这样，就有助于某些类型师生文化冲突的缓解，不但如此，容许多样的学生亚文化、反文化存于学校与班级之中，也有可能在不经意间为学校文化的发展和学生文化的成熟做出重要的贡献。

此外，文化对话能够为师生敞开心扉、交换意见、表达需要和宣泄感受创造条件，这有利于达成相互之间的理解、谅解与合作。② 特别是教师理解文化对话精神后，假如能做到用心去体验、接纳、研究学生文化，避免用愤怒的情绪去压抑学生文化中的不同意见，那么就可能会促使师生文化冲突转化成可资利用的教育资源。

【实例 5.2】

老师，对不起！

"老师，小 A 和数学老师闹不开心，老师离开教室，不上课了。"在办公室批改作业的我收到了班长发来的短信，顿时觉得事态严重：现在这个时候班级学生和任课老师闹矛盾，影响正常的教学该如何是好。放下正在批改的

---

① 戴维·伯姆. 论对话 [M]. 李·尼科编，王松涛译. 北京：教育科学出版社，2004：28、43.
② 田国秀. 接纳冲突：当代教师面对师生冲突 [J]. 教育理论与实践，2004（2）.

作业，我急忙朝教室走去。教室里没有老师，但还算比较安静。

等到下课，我把小A叫到了教室外面了解情况。原来那节课上，那位任课老师觉得小A平时话比较多，学习又不够踏实，有点喜欢哗众取宠。因为怕再次影响到上课的秩序，所以让他坐到教室的后面去。小A未按照老师的话去做，于是该老师把他叫到教室外面去谈，结果反而起了更大的冲突。小A一五一十地给我重复了他向老师说的话。听了他的陈述，我发现了问题所在：小A在与老师沟通时表达自己的观点时，有明显不妥当的言语。当下，我指出了他的几处不妥的表达，让他看到自己的问题，并举了我自己和他的例子，让他明白和不同的人沟通时，要采用不同的方式方法，而且，要懂得沟通的技巧。首先，应该学会尊重，尤其是和长辈说话时。这并不是要人学着虚伪，而是人踏上社会必须要有的沟通技巧。第二，看问题要客观，不能意气用事。第三，要注意选择恰当的途径和渠道来反映问题。

当然，在这过程中，我也发现了那位老师的一些处理方式上的不妥，我也并不回避，实事求是、一分为二地和他说了自己的看法。

小A的态度从一开始的激动，到说出要换老师，到慢慢地平心静气地听我分析。在分析了整个事情的前前后后经过后，我建议小A自己去和老师道个歉。小A表示，当天就去时机上有点不成熟，让双方冷静一点再去。我感到，小A有点进步了。

当天，我在班级中坦诚地表达了我对这一事件的基本看法：要尊重老师，要学会通过正常途径和恰当方式跟老师沟通。同时与小A的家长通了电话，沟通了一下情况，希望共同做好小A的工作。

第二天一早，小A把一份检讨书交给我，检讨书的措辞显然比前面一天的好多了，虽然在我看来算不上一份"标准规格"的检讨，但至少可以看出小A承认错误的诚意。我和他约定时间去那位老师的办公室，向该老师致歉。在向任课老师承认错误的过程中，尽管任课老师的态度依然没有改变，但此时的小A完全不像前一天那样冲动了。从任课老师办公室出来，我顺势进行了巩固教育：踏踏实实地学习，要把老师的这门课学得更好，证明你的实力。同时，在其他的课上也要注意同样的问题，扎扎实实学好每一门功课，争取来一个飞跃。

后面的几天里，我一直悄悄地侧面了解观察，根据小A的性格特点，提醒加督促，类似的问题没有再次出现。后面一次的月考，他的成绩有了较大的提升。我马上给予了肯定。那位老师也没有因为这次事件，而对小A另眼看待。

〔资料来源：该实例由上海市行知中学崔静撰写〕

实例中，学生小A和数学老师发生了文化冲突。班主任老师及时了解冲突发生的具体经过，并与学生小A进行了文化对话——先是帮助学生小A分析冲突中表现出来的问题，接着与小A分享了沟通中的一些文化规范，然后约定去向任课老师道歉。在这个过程中，班主任也没有回避任课老师在冲突过程中的不妥之处，而且在班级中坦诚地说出自己对这一事件的看法。在冲突发生之后的几天，班主任还悄悄在注意、督促小A，当小A取得进步时，则马上给予了肯定。班主任老师通过师生文化对话，不仅基本解决了师生文化冲突带来的负面问题，而且还利用这一冲突资源，很好地教育了学生小A和全班学生。

当然，文化对话虽然是师生文化冲突发生时比较合理的出路，但并不是说文化对话可以完全解决师生文化冲突所带来的问题，特别是师生文化冲突背后的复杂问题。我们知道，引起师生文化冲突的因素是多方面的。要想比较完善地处理好师生文化冲突，显然需要多个方面的通力合作。需要澄清的是，下文在具体阐述文化对话时，虽然主要是从教师的角度来论说文化对话如何开展，但实际上，文化对话并不限于师生之间，也不见得都由教师来发起文化对话。为了更好地应对师生文化冲突，教师与家长、家长与学生、学生与学生之间，都需要进行文化对话；家长、学生、学校管理者之间也有必要开展文化对话。从另一个角度来说，即便文化对话在一定程度上可以应对师生文化冲突，但真正要让师生间的文化对话发生作用，仍需教师和学生以及有关方面长期不懈的努力。

二、师生文化对话的界定

在正式探讨师生文化对话如何开展之前，我们有必要明白师生文化对话的基本含义。在此之前，明晰对话的含义，辨析对话的概念，则是一项基础性工作。

（一）对话的含义及其辨析

"对话"是日常生活中大家熟悉的词汇，但并不见得是人们熟知的概念。

1. 对话的基本含义

对话是指什么？

有学者认为，对话是不同文化主体进行会话式的交流。对话在牛津辞典中就意味着会话。这一单词是从希腊单词（dialogos）中派生出来的，由此产生dialogomal，即"对话"。依据对"对话"的字面解释，对话的文化含义是两个或更多具有不同观点的人，就同一话题中进行会话。[1]

有学者认为，对话是一种交往关系，具体是指人与人之间建立和一种平等、真诚、开放、自由、民主的相互交往关系。在这种关系中，对话的双方彼此平等、坦诚地以

---

[1] 穆娜·阿布·辛娜. 关于文化对话中的原则性意见[J]. 马瑞瑜译. 中国比较文学, 1996, (2).

口头语言和非口头语言的方式进行表达,相互接纳。对话为人的差异建造一个相互理解的广阔空间,足以让人在展开差异的过程中,取得某些创造性的共识。①

也有学者提出,对话是为了某种目的而进行的互动。该学者认为,对话是不同社会力量之间的一种互动形式,主要是一种手段,或为交流沟通,或为避免冲突,或为缓解对抗。它也可以是一种需要创造条件才能实现的阶段性目标,还可以是一种过渡性的关系形态。②

这些关于对话的定义,仁智互见,对于我们理解对话的概念不无帮助。我们倾向于赞同这样一种观点,即对话指不同主体以开放的心态,通过观察、倾听、沟通等方式,真正理解自己和他者意义的互动过程。简单地归纳,对话指的是不同主体间平等交往的过程。

2. 对话与讨论、辩论的异同

与对话相对的有"压迫"、"压制",相关的有"讨论"、"辩论"。"压迫"和"压制"显然远离对话,而"讨论"和"辩论"为什么也不是对话呢?

国外有研究者对讨论、辩论和对话的区别作了专门的分析。该研究者认为,当存在众多观点的时候,当每个人都提出自己与众不同的观点时,人们就通过讨论或辩论来进行分析,从而把种种观点各个击破。对话则不同,它追求的结果是一赢俱赢。在对话中不会试图去赢取对方,也不会强求别人接受不同的观点。通过对话,可以发现任何人身上可能出现的任何错误,从而使每个人都从中受益。因此,对话不是互相对抗,而是共同合作。在对话中,人人都是胜者。③

由此可见,尽管讨论或辩论也和对话一样,其前提都是多种不同观点汇聚在一起,也都要求参加的各方进行交流,但是,它们的目的与结果却是不同的。说到底,讨论或辩论的目的是要说服对方,或者在分析其他观点漏洞的基础上,证明自己观点的正确性;而对话则不会把自己的观点强加于别人,在相互合作的基础上取长补短,实现多方的共赢。

(二)师生文化对话的含义

通过对"对话"概念的分析,我们大概可以知道"文化对话到底是指什么了?"。简单地讲,文化对话指不同类型文化在悬置己见的基础上,进行平等的交流和沟通。

文化对话要求对话参与者自觉审视自己文化,而不是非理性地坚持自己的文化。也就是说,在文化对话中,每一方应对自己一方的文化持自我批评的态度。失去自我

---

① 符太胜,焦中明. 从建构主义透视课堂文化冲突[J]. 内蒙古师范大学学报(教育科学版),2010(2).
② 于贵明. 文化多样性的动力作用与推动文化对话[J]. 广播电视大学学报,2007(4).
③ 戴维·伯姆. 论对话[M]. 李·尼科编,王松涛译. 北京:教育科学出版社,2004:6—7.

批评的态度，就意味着对一切问题不可能有切实的回答。① 可见，文化对话是与文化批评紧密地联系在一起的。

文化对话意味着"不同性质文化的交往"。这种交往"由信息、思想、观点、理论的多种交流组成"。② 文化对话不是用一种文化去分析、辨别另一种或几种文化，也不是用一种文化去压倒或替代其他文化，而主要是不同文化之间平等地交流意见。文化对话是多种文化的和谐相处，是不同文化的合作与共同生长。

基于如上的理解，我们认为，师生文化对话指的是师生在充分认识自己文化、承认彼此文化合理性的基础上，以追求师生文化的和谐相处为目的，而进行平等的交流和沟通。

三、师生文化对话的追求：文化和谐

与师生文化冲突的结果相似，文化对话一般不会使某种优势文化彻底灭绝另一种文化。常见的结果是，学校中将维持数种文化的并存。只不过，倡导师生文化对话的学校中并存的不同文化，其共同相处得比较和谐，各种不同特点、不同性质的亚文化大多能找到在学校中合法化存在的依据。需要说明的是，教师文化和学生文化并不是一定要整合在一起，才能很好地共同存在于一个空间。在文化对话精神指引下和文化对话要求的规范下，教师文化和学生文化可以做到在保持各自独立性的基础上和平相处。

（一）文化和谐是师生文化对话追求的结果

不同的文化之间，有一部分是相互之间没有矛盾，可以相互理解，但却学习不来的，这就有了相互欣赏的可能和必要，因为新的文化习惯意味着新的智慧和新的刺激，因而会获得新的文化感受，它使得人们能够感受到文化的丰富性，并且有可能从这样的文化感受中，获得新的智慧和新的文化特性。③ 所以，文化对话中一个屡见不鲜的现象是：文化对话参与者觉得自己的文化是不容放弃的，同时也觉得他人的价值观念也是有必要存在的。这样，通过文化对话，不同文化之间达到一种和谐共处的关系。当然，"和谐状态不是事物内部矛盾的消失，而是矛盾双方对立统一的结果，是矛盾差异的相对均衡，相对中和。"④

师生文化对话鼓励参与者提出自己的文化观点，提倡教师和学生理解彼此的文化偏见，但并不强求任何一方改变自己原先坚持的价值，而且文化对话还反对对话中强

---

① 穆娜·阿布·辛娜.关于文化对话中的原则性意见 [J].马瑞瑜译.中国比较文学，1996（2）.
② 埃德加·莫兰.方法：思想观念 [M].秦海鹰译.北京：北京大学出版社，2002：21.
③ 黎德化.文化冲突与社会矛盾 [M].北京：北京出版社，2006：260.
④ 邓伟志.建设和谐文化要处理好几个关系 [N].光明日报，2006-07-25.

势的一方压制其他不同的文化观点的表达，或胁迫弱势的文化持有者完全放弃原先所有的价值观念。因此，师生文化对话在解决文化冲突时，常见的现象是最终彼此谁也不能完全说服谁，但是，通过文化对话，师生双方却又同时认识到各自的文化都有存在的必要。这种共识的达成，也意味着教师文化与学生文化之间，在一定程度上建立了和谐共存的关系。

（二）师生文化和谐的表现形态

文化和谐是师生文化对话的追求，在相当程度上，它也是师生文化对话的结果。用文化对话来应对师生文化冲突，最后形成的文化和谐状态，一般表现为以下三种情况。

1. 文化接纳

文化接纳指的是，通过师生文化对话，参与的一方感觉到自己文化存在较多的问题，并且觉得对方的文化具有较大的合理性，这一方就主动地学习、接纳另一方相对合理、优秀的文化。

【实例5.3】

"百度贴吧"惹的祸

一次在批阅周记时，我看到学习委员小陈反映：学生小杨最近情绪很低落，有一次甚至在上课时失控哭了起来。我马上找小杨的几位好朋友谈话，了解事情的原委。

经过了解，我得知：语文课代表小尤在文学社提出了一个倡议"征询年级组老师们的口头禅"，这个倡议引来同学们的追捧，大家纷纷在百度贴吧里留言，一时间这件事俨然成了全年级的热门话题，而这时我们这些老师却还蒙在鼓里。令人想不到的是，随着时间的推移，本来挺好的一件事渐渐变了味。贴吧的留言变成了评选年级帅哥美女和爱情告白，还有辱骂同学及老师的言论等，言辞中不乏露骨字眼。

小杨原本是个性格开朗活泼、大大咧咧的女孩，而且很愿意替女孩子们出头。有些调皮捣蛋的男生欺负女同学，小杨总会挺身而出，和男孩子们理论。结果，这些男生就以"杨二嫂"称呼她，一开始，小杨不以为意。可是有一天，有人在学校的贴吧上评选年级丑女，把小杨提了出来，说她长得难看，还老爱抛头露面，后面有七八个人跟帖认同。小杨看了这些帖子以后，嚎啕大哭，接着她就变得沉默寡言，甚至连头都不愿意抬，然后就有了前文提到的那篇周记。

我怀着好奇的心情登陆了校园贴吧，看了学生们的匿名留言后，感觉到了事态的严重性。留言里有某男生对低年级女生的大胆"爱情告白",有男女生之间的互相谩骂,还有的学生在旁起哄。我考虑再三,觉得这件事不能草率处理,学生们在"暗处",我在"明处",还是得"智取威虎山"。

在班会课上,我采取"迂回战术",不直接提起这件事,而是故作严肃地调侃我班的"小喇叭"——涛涛,责怪他把班级的秘密泄露了,导致全世界都知道了。涛涛被我搞的"莫名其妙",连声否认,这个滑稽的场面惹得全班同学都大笑起来。我看到时机已经成熟,就话锋一转,给同学们辩证地分析了互联网的利弊。

校园贴吧出现的一些不健康内容,是整个网络文化的一个侧面。贴吧是学校同学的另一个家,每个人都有责任维护好这个家,我们应该从自身做起,提倡文明上网,共同建设一个美好的网络空间。最后我轻描淡写地说道:"请在贴吧上发表过不健康言论的同学,下课后到教师办公室主动承认错误,此事不再追究。"

下课后,当我回到办公室,被眼前的情景惊呆了。办公室里挤满了我班的学生,少说也有十多个。虽然此时我有点后悔,但是"君子一言,驷马难追",我只好对他们口头教育了一番,就放他们回去了。但说实话,我对他们之后还会不会再犯类似的错,还真没把握。

晚上我再次登陆校园贴吧时,发现小尤主动在上面发帖向被他侮辱谩骂的女生道歉,我就跟帖肯定了他这种有错就改的态度。第二天,我班的才女小陆在校园贴吧上发了一个"文明上网签名墙",同学们纷纷跟帖签名。这件事过后很久,我班同学都没有再到贴吧上发表过不健康的言论,为此,我还为自己不用"一兵一卒"就解决了危机的机智聪明,而沾沾自喜了好一段时间呢。

处于青春期阶段的孩子,自我认识、自我定位都处于一个混乱时期,不清楚自己在他人的心目中应该有个什么样的形象,于是便会做各种各样的尝试,包括说脏字,在他们看来,这都是一种"酷"的表现。在很多孩子看来,以匿名的形式去表达这种尝试,既满足了心理需要,又比较安全,不容易受到权威的指责。因此,他们便会在上面尽情释放,畅所欲言。

而互联网恰恰为使用者提供了一个从未体验过的虚拟空间。由于网络人际交往具有的匿名性特点,学生以为对自己的言行无须承担任何责任,他们往往在言语上非常直接坦率。当一个人的某种行为习惯养成之后,可能转换成个人的人格特质。学生在网络生活实践中养成的攻击性言行特点,可能强化其人格特质中的攻击性因子,形成攻击性人格,对其将来的身心发展造成不良影响。

随着当班主任的时间越来越长,我发现对学生的教育必须讲究策略。类似"百度贴吧"这样的事件，要是换作以前，我早就大发雷霆了。但是现在的我已学会了在谈笑风生间，不经意地化解了一次次危机。我深刻体会到：班主任要把握"激励胜于颂扬，表扬胜于批评"的原则，让学生"在鼓励中发扬成绩，在微笑中认识不足"，在轻松愉快的氛围中受到爱的熏陶、情的感染，懂得理的澄清，保证学生健康地成长。

〔资料来源：该实例由上海市泗塘中学韩艳萍撰写〕

实例中，教师和部分学生关于贴吧上可以出现什么内容，存在一定的文化冲突。针对这一问题，教师比较智慧地运用师生文化对话这一方式，让学生意识到在校园贴吧上发表不健康的言论是一种错误的行为。通过师生文化对话，学生不仅承认了自己的错误，也对自己的不当行为作出了补救。在这个过程中，学生也接纳了教师的文化。

2. 文化并存

文化并存指的是，通过师生文化对话，教师文化和学生文化都认识到各自的合理性与不足，两种不同的文化在尊重、理解、宽容的氛围下继续共存，而不发生激烈的矛盾和冲突。

【实例5.4】

师生的矛盾化解了

预备铃响了，我拿起《品德与社会》教材走进教室准备上课，这时我突然发现同学们的脸色有些异样。我正纳闷时，班长夏靖站起来说，刚才体育课上，由于慧卿同学没穿运动装，加上整队时少数同学动作慢了，老师让全班同学绕操场跑了3圈。同学们不服——为什么一人犯错，要株连全班？请班主任指点迷津。

这对我来说确实是个两难的选择：一人做事一人当，全班同学罚跑对犯错的同学是否就一定有深刻的教育？然而该生未穿运动装，我早晨一进教室就已发现了，而且也准备根据《班规》进行惩戒。看着同学们的眼神，我思绪万千，决定把教科书上的内容放一放，先解决突发事件。

于是，我在黑板上写了五个大字——"有话大家说"，同学们先是一愣，后是一阵掌声。我请当事者慧卿先来谈谈，此时的她已是面红耳赤，一个劲地低头鞠躬："对不起全班同学，给大家添麻烦了！"平时的慧卿可是个能说会道的学生，今天这样的表现，显然是与她意识到了问题的严重性有关。我再请嘴巴撅得最高的叶炜来说，他这时情绪似乎平静了许多，挠挠头皮，憋了一句："没话说了。"这引来了同学们的阵阵笑声。局面打开了，同学们你一言，我一语，畅所欲言。期间也不乏有对体育老师的行为表示赞同的，他们认为严是爱，宠是害，没有规矩，不成方圆。

见"火候"差不多了，我也谈了自己的观点，特别谈到"严以律己，宽以待人"的道理。这件事情的起因确实是部分学生引起的，如果我们做的好一点，不让老师不高兴，那不更好吗？我还向学生透露，体育老师的母亲正因病住院开刀，校长让他休息几天，照顾妈妈，但老师放不下学生，依然坚持着。我的一番话语使那些善动感情的学生眼眶里噙着泪水。我趁热打铁，说："风波在本班算结束了，是否将此事告知体育老师？"学生是顾全大局的，也是善解人意的，他们说还是冷处理吧！体育老师也未必知道我们有怨气，何必扩大范围呢？我嘴上说着尊重同学们的意见，但心里想，一定找机会和体育老师沟通沟通。

〔资料来源：该实例由上海市宝山区江湾中心小学周鹏程撰写〕

实例中，针对学生与体育老师之间的文化冲突，班主任老师发起了一次师生文化对话。通过师生文化对话，虽然体育老师未必会改变"一生犯错、惩罚全班"的做法，学生也未必都在心里认同体育老师搞这样的"株连"，但是，学生对体育老师的做法至少理解了、不冲突了。在一定意义上，相异的教师文化和学生文化达成了和谐相处的状态。

3. 文化生成

文化生成指的是，师生文化对话的双方都意识到自己文化存在的问题，双方通过约定，形成一种为双方接受的、新的文化规范。文化生成意味着一种新的文化规范为师生所共同接纳。关于师生文化对话带来的文化生成，在下文还会作更多的探讨。

【实例 5.5】

师生关系从对立到和谐

2003 年，刚毕业的我怀着满腔热情投入到初一新生的广播体操教学工作当中，每节课边叫口令边领操，又是示范又是讲解分析，一刻都没有停过。

一个月后，看着学生们一点点地进步，我乐在心里。在第五周周一，为了检查一下教学成果，活跃课堂气氛，我在课堂上玩起了突击抽查："咱们是九班，那我们就请 9、18、27、36 号为代表出来表演广播体操，好吗？"随着同学们的掌声，四位同学很快就出来了，我让他们分别面朝东、南、西、北四个方向背对背站着，音乐随即响起，其中有三个同学做得很好，节拍正确、动作舒畅有力，但是玉宇同学一直站立着，一动也不动，还摆出一副不以为然的样子。

看到这情景，其他学生都开始窃窃私语，我感到很气愤、很没面子。音乐一停,我顾不上对其他学生进行点评,就走过去问他:"你为什么一动也不动?是故意不做还是不会做?"那学生瞪着眼睛大声地对我说:"我就是不想做,你又能把我怎么样?"我一听就更加生气了,自己每一节课都教得那么辛苦,那么用心对待他们,他居然这样"报答"我?

"走!站到一边去,不要在这里上课!"我大声说道。

"我才不走,这是我的班级,你凭什么赶我走啊!"他不紧不慢的态度引来了一阵哄笑。

"那你刚才为什么不做操?"我强忍住怒火。

"你上课的时候,总是在前面讲解示范,我们这些站在后面的同学哪里看得清楚呀!看得不清楚怎么学得好呀?"他说得振振有词。

为了让他无话可说,我立即安排了最后一排的学生一起做了一遍示范。第四排的同学个个都做得整齐流畅,基本没有出现大的错误,总算是给我争足了面子。我想这回他总该向我道歉了吧,但出乎意料的是他不但没有道歉反而说出令我更震惊的话。

"他们回去都要找别人教,并且刚才又看了一遍示范才一起做的,而我一上课就被'突击',还是自己一个人做,你分明就是针对我,想要我出丑!"

"怎么会有你这样的学生呢?"我大声喊道!

"因为有你这样的老师,才会教出我这样的学生呀!"他也不甘示弱。

"你……"我顿时气到说不出话来。

接下来的课也无法正常进行下去,学生各自分组练习去了,而我还是久久地呆在原地,心情久久无法平静。难道其他老师天天讨论的是真的吗?这个学校的学生大多没良心,不会感恩老师?还是我的教法真的错了?后排的学生真的学得那么辛苦吗?……我的脑海不断地涌现出各种各样的问题!"铃铃……",下课了,我还是没办法从刚才的困境中走出来。

晚上,我辗转反侧,心里一直放不下这件事。第二天早晨,桌面上有一张小纸条,内容是这样的:"老师,玉宇让您生气了,我们代他道歉,请您原谅他,好吗?他态度不好,但他说的是事实,我们站在后面的同学的确看不清示范,只是一直不敢跟您说。"是呀,一直以来,我都是站在前排讲解示范,忽略了后排的同学。当年自己读书那会,不也因为坐在教室后面而不想学习吗?在这一瞬间,我原谅了玉宇的冲撞。如果不是他,我还不知道错到什么时候呢!打那以后,我彻底改变了自己的教学方式,每一节课总会站在前面、中间、后面等各个位置做讲解分析和示范;每过一个阶段,我也会找些学生聊聊天,了解他们在学习过程中遇到的困难,又或者让他们给我提提意见,以寻求一个更佳的教学模式。实践证明,在这种轻松交流的环境中进行的教学,学生的参与劲头更足了,内容掌握得更快了,与老师的关系也更密切了。我知道，这都是因为玉宇同学的提醒，但一个多月过去了，我都没有直接向他道谢。

爱恩斯坦曾说过，提出（发现）一个问题往往比解决一个问题更为重要。玉宇同学在关键时刻让我发现了一个如此重要的问题，我应该感谢他。终于有一天，我鼓起勇气当着全班的面说出了我的心里话，正式向玉宇同学道谢！话音刚落，全班顿时响起了雷鸣般的掌声，我还注意到玉宇同学的眼睛有点湿润。课后，玉宇同学主动找到我，激动地说："您是我遇到的唯一一个进行自我道歉，并向学生致谢的老师！其实我不应该在课堂上顶撞您，我一直想向您道歉，但我却没勇气。老师，对不起！"

自从那一次，玉宇同学完全像是换了一个人似的，上课积极认真，课后艰苦练习，内容掌握得比其他同学还要快。后来，他还主动竞选为九班的体育委员，在他的带领下，九班同学在年级广播体操比赛中拿到第一名。而他，凭着刻苦努力，最后考上了东莞市实验中学。那一年，刚刚毕业的我所任教的班级，在年级的广播体操比赛中包揽了所有的奖项。

〔资料来源：黄海坤. 一次师生冲突之后……［J］. 体育师友，2010（4）.〕

实例中，师生的文化冲突造成课堂教学的受到了干扰，冲突双方的心理也受到了一定的伤害。好在这位教师富有反思精神，善于进行自我批判。在了解学生顶撞的真正原因之后，这位教师改变了教学方式，并在冲突发生一段时间后，在全班学生面前，与冲突的另一方玉宇同学进行了一次特殊的文化对话，即向该学生道歉和致谢。玉宇同学也在对话过程中，表达了自己的想法。通过文化对话，成功消除了师生文化冲突带来的消极影响。不仅如此，教师和学生还生成了新的教学文化，达成了师生文化的和谐相处。

（三）师生文化和谐的影响因素

师生文化冲突经由文化对话建立的和谐相处，各种文化并不是完全保持文化冲突前或冲突中的状态，而是多多少少会认同、吸收其他文化的某些成分。对于某个社会占主导的地位的本土文化来说，在多元文化时代决定是否吸收某种外来文化成份，或在多大程度上和范围内予以吸收，会受到以下因素的影响。

(1) 要求社会成员接受新文化、并取代的传统方式时，新文化推广者所拥有的权力，诸如统治力量，对改变学校的教学语言所实行的权限；

(2) 新文化成份同传统成份的效力相比，在满足人们的需要方面效果如何，诸如手稿的复印件优于手工抄写，电子计算机数据处理优于手算；

(3) 大众对实行革新和保持传统的总的态度，诸如，在大部分人具有"现代观念"的社会中，人们比较愿意接受新思想，而在"传统观念"占支配地位的社会中，人们不愿意接受引进的文化。[①]

与此相似，对于学校中一般占主导、优势地位的教师文化，在何种程度上吸收学生群体拥有的新文化，可能取决于：学校领导者推行学生新文化的意愿，学生新文化在满足师生学校生活的效力，教师对待学生新文化的基本态度等等。

（四）追求师生文化和谐需要注意的问题

为了追求师生文化和谐，在师生文化对话中，我们需要注意的和避免的问题是：某些教师借着文化对话的名义，搞表面上的师生文化和谐。这一问题具体表现为两种情况：其一，教师文化在与学生文化对话的过程中，没有很好地起到引导作用，相反为了追求和谐却纵容了学生文化中的负面成分。其二，为了表现和谐统一的师生文化关系，教师要求学生简单顺应成人文化的要求，而不惜遏制或扼杀学生文化中的合理成分。这两种表面上的文化和谐，是师生文化对话中所要反对的，其最终结果也必然是弊大于利。

四、师生文化对话的前提：尊重学生

教师和学生要开展文化对话，需要多方面的准备，师生双方还要遵循一定的要求。在学校的文化生态中，相对于学生文化，教师文化具有更多的特权，在大多的时候是优势文化。因而，文化对话首先对教师提出了要求，即要求教师充分地尊重学生。教师对学生的尊重是平等师生关系的基石，是开展师生文化对话的前提条件。

（一）师生文化对话中尊重学生的理由

师生文化冲突形成和师生文化对话难以开展的一个重要原因，是作为成年人的教师对学生文化的不尊重。孩子具有他们特有的喜怒哀乐、特有的道德标准和价值观。他们不是仅仅为了将来作为成人而活着，他们当下生命的存在就具有特殊的价值和意义。但是，几乎整个社会，从政府、学校、家长和教师都没有在观念上、体制上、教育内容和方法上形成这种认识。这两种文化的对立和冲突，已经到了极端的形式。[②]因而，化解师生文化冲突，开展师生文化对话，需要尊重学生的文化。人都有被尊重的需要，未成年的学生也概莫例外。假如学生得到尊重的心理需要不能满足，那么无论教师多么希望与学生进行文化对话，依然难以与学生成功地开展文化对话。

有些教师可能会担心，为了文化对话而让高高在上的自己去尊重学生，会不会最终影响学生对自己原先形成的尊敬态度？实际上，教师放下所谓的"尊严"，真心地尊

---

① 中央教育科学研究所比较教育研究室编译. 简明国际教育百科全书·人的发展［Z］. 北京：教育科学出版社，1989：406—407.

② 邹农基. 学生文化的存在及其与成人文化的冲突［J］. 当代青年研究，2004（2）.

重学生,不仅不会妨碍学生对教师的尊敬,而且有可能让学生发自内心地尊敬教师,而不是迫于教师的外在地位和权威。当然,要那些受传统师道尊严思想熏陶的教师,放下自己熟悉的做法,而以文化对话的要求,试着去真正尊重学生的想法,可能还是相当困难的。但不管怎么说,尊重学生是开展师生文化对话至关重要的一步,只要那些教师尝试着做,是能够从中受益的。真正的问题在于,有的教师虽然意识到不尊重学生所带来的问题,但还是固执地坚持原先的做法,那么将会使师生文化冲突造成的问题更加恶化。

（二）尊重学生的基本要求和主要做法

在开展师生文化对话的过程中,教师要做到尊重学生,需要做到、做好以下几方面。

1. 要与学生平等相处

如何根据文化对话的要求来尊重学生呢？在师生文化冲突中,学生相对处于弱势地位。教师要做到尊重学生,也就意味着要将学生看成一个平等的主体,不轻易伤害学生的自尊心。教师要尊重学生在儿童阶段特有的意义和价值,不能用成人的标准来要求和衡量学生的价值和行为。根据这一要求,原先专制式不平等的师生关系,应该让位于尊重学生、强调民主平等的新型师生关系——教师与学生都是独立平等的主体,他们之间的关系,是"我—你"关系,而不是"我—它"关系。也就是说,教师与学生的关系,不是谁决定谁,也不是谁依附谁,而是两个"人"之间的关系；他们之间的问题与摩擦,要在尊重信任、公平互惠的立场上,通过双向沟通、平等对话来寻求解决的方法。因此,教师尊重学生不仅是指重视学生的意见,更重要的是将学生文化与自己代表的主流文化同等对待,并赋予他们一定的文化权力,和他们进行主体间的对话。

【实例5.6】

尊重学生要从小事做起

午休时,我批完课堂听写测试的卷子,看到四(二)班刘佳从办公室前面经过,就远远地喊住她:"刘佳,帮老师把这些卷子捎回去发给同学们好吗？"如果是以前,我想刘佳应该很愿意帮我的忙,可今天她却很礼貌地说:"对不起,老师,我们今天中午要练习古筝,不能帮你忙。"我连忙说:"那好,不用了,我再找别人吧。"

看着刘佳远去的身影,旁边刘佳的班主任老师看不过去了,对我说:"她就是有事,也应该把老师交待的事先做完再说,回头我要好好训训她。"我却连忙摆摆手,坚决不同意,从而在办公室引发了学生到底应该不应该随时服从教师的讨论。

在我看来，学生自己有事，敢于大胆地说出来，正说明学生和老师是平等的，没有把老师当成外人。老师不能为了自己方便，去干涉学生的自由时间。有的老师却认为，学生虽然自己有事，但必须要尊重教师，应该服从老师的调度。

看似简单的一件小事，却发人深思。多年来，我们一直提倡尊重学生，却在很多时候忽视学生的权益。比如一些生硬的教导，不管学生愿意接受不接受，都必须洗耳恭听；比如我们平时强调纪律时，用的频率最多的是"不准做什么"，而缺少"你最好做什么？"或者"你做什么好吗？"这样商量的口气。

尊重学生说起来很容易，但真正落到实处，却是很不容易的事。学生是一棵小树苗，给他们一点阳光，他们可能实现最大限度地灿烂；你稍给他们一点不必要的挫折，可能让他们出现不必要的弯度。尊重学生，在某种程度上也就是尊重了学生的成长规律。

教师可以让学生为你去做事，同时学生们也愿意去做，自己也要真心地为学生的劳动说声"谢谢"；但如果学生不愿意，你应该对他们的选择表示出应有的尊重，不但不能生气，而且要因为学生能对你说出真心话而感到高兴。学生对老师的尊重，在某种程度上不仅仅是老师年龄上的优势，更在于教师品德上的高尚。

现在不是学生越来越难教了，而是在一定程度上，老师与学生之前的平等交流的机会少了，在很多时候，老师都高高在上，把学生仅看作是一个孩子。如果我们在平时多一点尊重，就会拉近与学生交流的距离，包括班级管理，包括平时的思想政治工作，如果少一点说教，多一点尊重，少一点训斥，多一点协商，我想功效肯定会不同。

〔资料来源：张彩红．让学生大胆说"不"［N］．中国教师报，2005—06—13.〕

实例中，任课老师让学生刘佳帮忙把试卷捎回去发给同学，而刘佳却以今天中午要练习古筝为理由拒绝了老师的要求。这位老师把学生看成平等的主体，尊重学生的合理言行，连忙说道再找其他人帮忙。这位老师的做法引起了教师办公室的讨论。有的老师认为"学生虽然自己有事，但必须要尊重教师，应该服从老师的调度"；而这位任课老师却坚持师生要平等相处，"老师不能为了自己方便，去干涉学生的自由时间"。

教师间观点的差异，反映教师们对师生关系、尊重学生等方面看法的不同。我们认为，任课老师的做法真正体现了平等协商式的师生关系。教师做到了与学生平等相处，做到了尊重学生的合理要求；学生敢于对教师提出不同意见，能够拒绝教师的要求而不受处罚。这样，就为师生之间的文化对话创造了良好的条件。而有的教师则在潜意识里把自己置于学生之上，以为学生必须尊重教师、服从教师。如此想法，显然没有把学生当成平等的主体来看待，显然是对学生的不尊重。相应地，师生文化对话也就很难落到实处。

2. 要了解学生的想法

尊重学生要建立在了解学生的基础上。在师生文化对话中，教师要真正做到尊重学生，必须要了解学生的想法，要了解学生言行背后的相关事实。如果根本不去了解学生，就试图去尊重学生，那么尊重学生就难以落到实处，而且尊重学生很可能会成为一句空话。如果教师仅凭个人的主观臆断，或者根据一些片面的信息，就自以为非常了解学生，那么这也是对学生的不尊重。不管如何，教师没有真正了解学生，就谈不上真正做到尊重学生。有的教师其实不怎么了解学生，却自信已经做到尊重学生了，这样的话，师生之间的交往还是会出现问题，师生之间也可能容易发生文化冲突，而我们倡导的师生文化对话也就会变了味，沦为一种徒有其表的形式。

【实例5.7】

同学，老师向你道歉

初冬的一天中午，正是午休时分，我像往常一样，来到教室准备"视察"午休情况。只见教室内空旷旷的，只有几位学生在说笑。地上、桌子上撒落着饭菜，显得很油腻。三只大饭筐横卧在讲台的踏板上，汤桶堵在教室门口。"老师，送饭筐的同学下去参加拔河比赛，来不及做了。"一位女生轻轻地回答。"那你们就不能主动些，帮忙送一下吗？集体是大家的，应该共同担负起责任。"我平静的言语中透出强硬的语气。

同学一个个站了起来，开始行动。只有王震岿然不动。我立即命令："你也帮着把饭筐送下去！""我身体不好，拿不动，再说又不是我负责。"他冷冷地回答。"我刚才还看你说笑得眉飞色舞，精神振奋，怎么一会儿竟病得连饭筐也抬不动。你要多为人民做好事，人民会记得你！我会在同学面前表扬你！"我压抑着火气假装俏皮一字一顿慢慢地说着。他不情愿地站起来与另一位同学一起去送饭筐。望着他们慢吞吞离去的脚步，我仍在生气。放学前，我把中午发生的事在全班进行了批评，同时把王震不愿帮助送饭筐的事作为反面事例教育大家，要求每位同学负起各自的责任，并把做好本职工作、互相帮助提到了一个能体现自身修养好差、道德水平高低的高度，要求大家高度重视，共同担负起班级的管理责任。

又是一个清早，当我精神抖擞地走进教室时，出现在眼前的是参差不齐的桌椅，地上零星散落着片片纸屑。我不由得恼怒起来："刚教育过，怎么又这样！昨天谁值日？""我！"定睛一看，又是王震，马上说道："那天让你帮助送饭筐,你说不是你的事。那么昨天是你值日生,应该是你的事了吧?该不会又说身体不好了吧?"我为抓到了把柄而暗暗得意。不料,他不服气地回答:"我负责左面两排,张欣负责右面,你说他好了。"我愤愤地说:"怎么,这还分'三八线'?作为男孩度量如此之小,以后能成大器吗!"没等我反应过来,王震已气呼呼地冲出了教室。我呆了一下,立即追随出去,只见他在水龙头前使劲地擦洗脸,我似乎看见他在流泪。这时,不知为什么我有些紧张,好像觉得是自己做错了什么,心里忐忑不安。但我仍故作镇静地对他说:"如果是我委屈了你,或者你有什么想不通的,我们下课后交流,我会耐心听你解释的,希望不影响你上课。"

当天中午,我请他到办公室。他一脸委屈诉说道:"我的身体不好。进入冬季,晚上哮喘发得厉害,有时一夜坐到天亮,白天还算可以。那天还饭筐你还说要表扬我,结果我却成了反面教材,我想不通!昨天值日生,我与张欣分工后,全部打扫干净才离开。今天早晨因为换座位的缘故,造成桌椅不齐、地上有纸屑,这怎么能怪我呢!"我听后一下子愣住了,不知如何回答。我竟然那么武断,在事情还没有了解清楚的情况下,便一古脑儿去教训学生,算什么班主任!我的心在隐隐作痛。我轻轻地对他说:"如果真是这样,老师向你道歉。希望得到你的谅解。"他微微地点点头。

〔资料来源:杨苇娟.同学,老师向你道歉〔J〕.思想理论教育,2001(2).〕

实例中,教师对学生的不了解、不尊重,成了导致师生文化冲突的一个直接诱因。好在教师有尊重学生的意识,当发现自己的处置可能不当时,主动找学生了解情况。教师主动了解学生真实想法、全面了解冲突形成的真正原因,体现了教师对学生的尊重。而这一与学生交流、沟通的过程,实际上也可以理解为是一个师生文化对话的过程。

3. 要照顾学生的感受

尊重学生必须要照顾学生的感受,在一定程度上也即照顾学生的"面子",适当地满足学生的某些心理需求。在师生文化对话中,教师主动与学生进行交流和沟通,能否取得预期的成效,与学生心中的感受、一时的情绪有一定的关系。当学生处于激动、逆反的心理状态下,教师要开展师生文化对话,其成效可能是不明显的。相对合理的做法是,教师在了解学生心理状态、内心感受的基础上,暂时把问题放一放,把对话往后延一延,让学生先冷静一下。在一定程度上,这么做,实际上就已经照顾了学生的感受。这种照顾学生感受的做法,也是对学生一种尊重;这种暂时的"不作为",是对师生文化冲突的"冷处理",也是开展师生文化对话的铺垫。

【实例 5.8】

学生在课堂上吃零食

韩同学是一个性格内向，纪律散漫，学习态度不端正的学生。他内心自卑，很孤独，也很无奈。为此，老师曾多次进行教育，但毫无效果。在今天的延长班上，发生了这样的一件事。

课堂上，我正讲得有声有色，突然，一个高亢的声音从底下传来：韩同学又在偷吃了。我一愣，气不打一处来，这个家伙又捣乱了，不仅违反学校的规章制度带零食，还在课堂上堂而皇之地吃上了。我径直走去摸了摸他的口袋，果然有一大包零食。我说："把它们扔到垃圾桶里去。"只见韩同学极不情愿地走过去扔零食，看得出，他越扔越生气，临完还故意用手把很多零食拨到地上。我当时很生气，让他把地上的零食扫掉。他却不听，站在原地一动不动。我说："我就不信你不扫。"过去拉他，他也不动。我想：如果一直这样僵持下去，必然会使矛盾激化，不如先冷处理。我说："现在咱先不处理这个问题，我们继续上课。"我有意识地观察，发现他不安地站在教室的那个角落，仿佛已经意识到了自己的错误。当我和他的目光正好相遇时，我使个眼色，让他坐回座位。一向上课不认真的他，这会儿变得出奇的认真。讲完课了，我走到他身边，问他在上课的时候吃东西，真能吃得津津有味吗，他惭愧地低下头，跑过去把地上的零食扫干净了。一场风波就这样平息了。

〔资料来源：该实例由上海市宝山区水产路小学袁婕撰写〕

实例中，韩同学在课堂中偷吃零食，违反了课堂纪律，影响了课堂秩序。教师发现后，制止了学生的不良行为，并且对学生作出处罚，即要求学生把零食扔到垃圾桶里去。学生不情不愿地执行，但却故意把零食拨到地上，以此表达心中的不满。教师要求学生把地上的零食扫掉，学生却站在原地无动于衷。由此，发生了师生之间的文化冲突。面对冲突，教师及时地冷静下来，并且对自己的行为进行了反思，认为"如果一直这样僵持下去，必然会使矛盾激化"。教师对冲突进行了冷处理，照顾了学生不愿在全班同学面前继续受批评、受处罚的心理感受。教师对学生内心感受的尊重，让学生接受了对教师的惩罚不再抵触，不但认真地听课，课后还自觉地把零食扫干净了。在这个过程中，师生实际上了也进行一次文化对话。

4. 要尊重学生的个性

尊重学生一般指的是尊重学生这一群体。当教师面对学生个体或一些个性较强学生组成的小群体时，尊重学生文化的重点就变成了尊重学生个性。尊重学生个性不仅是开展文化对话、化解师生文化冲突的要求，也是培养创新人才所需要的。无数事实证明，凡是杰出的人才，必定具备一个条件——强烈的个性。具有个性的个人，并且只有具有强烈个性的个人，是一切创新的重要特征。这是因为一个具有强烈个性的人，他有能力克服环境给他的不幸，也有能力把不幸的际遇化为创造的动力。一个人如果仅有才华而缺乏个性，那么他就很容易被环境的磨难所击倒。可以说，从来没有一个顺从、依赖、缺乏个性的人，能在任何一方面具有杰出的成就。① 总之，尊重学生文化和学生个性，在相当程度上是统一的，都是开展文化对话的具体要求。

教师除了发生文化冲突时尊重学生的意见外，在平时的学校生活中也应该尊重学生个性，允许他们和自己讨论问题甚至争辩，承认他们有权利选择自己的兴趣，努力把学生培养成善于独立思考的人。为此，教师还应该主动放弃独断的做事风格，相信学生的判断和能力。即使学生有做得不对的地方，或者根本上就是发生了明显的价值偏差和行为问题，教师还是先要去尊重学生的文化和个性，在此基础上再去着手处理问题。教师在做到尊重学生的同时，也要引导学生家长在家庭教育中尊重孩子的想法；而且，还要让学生在感受尊重中学会尊重他人，既包括尊重师长，也包括尊重同龄人。

【实例5.9】

一个不服"管教"的学生

那天上午第四节课是我的政治课，照例在评讲练习之前检查作业完成情况。作业是三天前布置的，中间我特意提醒过作业的事，前一天的晚自习辅导，我心里隐隐觉得完成情况可能不会太好。第二天要评讲了，我想再次提醒大家，但忍住了，我想看看究竟有哪些"老油条"。结果检查下来居然有十几个人没有做，其中还包括班委和几个学习成绩一直较好的同学。我强压心头怒火，把课上完。

中午，我阴着脸坐在办公室，十几个作业没完成的同学陆陆续续走了过来，围站在我身边。小倩等几个最后到的同学离我要求的时间足足迟到了5分钟。她们显然感到气氛紧张，不敢靠近我。"站过来"，我大吼一声，"你们为什么迟到，还有没有时间观念？"我先向几个迟到的同学"开火"。小倩（本校教师的女儿）解释妈妈做饭迟了。看她战战兢兢的样子，我有些于心不忍。接着，我把矛头指向全体，"我班主任的作业你们都敢不做，其他作业就可想而知了，你们是高三的学生，不是小学生，小学生也知道要做作业……"我的声音很大，后来据说隔着几十米的教室里的同学都听见了。

"昨晚我就料到你们会忘记，本想提醒你们，但我想看看到底是哪些人不自觉。""既然你料到我们会忘记，就应该提醒我们！"小丰，一个学习成绩和表现良好但个性很强的同学抓住我话中的漏洞，向我发出反击。我异常恼火，

---

① 韦政通. 中国文化与现代生活［M］. 北京：中国人民大学出版社，2005：168—170.

"你作业不做倒是我的错了,我没有义务一而再再而三地提醒你们!""我承认不做作业主要错在我们,但你明知道我们可能会忘记而不提醒也有责任!"他继续揪我的辫子。"我提醒你们还有什么意义,你们下次就不会再忘记了吗?一次作业要老师提醒多少遍呢?你明明自己错了还要推卸责任……"

我把所有的怒气劈头盖脸发向这个"狡诈"的同学。小丰不吭声了,其他人依然保持沉默。本来这个话题可以就此打住,但那时我可能气糊涂了,犯了个极其低级的错误,我要其他同学一个一个表态:没有再次提醒是不是我的错,我有没有责任。我希望得到他们的理解和支持。尽管话一说出口我就后悔了,但覆水难收。这是一个艰难而痛苦的过程,几个平时经常违反纪律被我批评较多的同学咬牙站在小丰一边,几个一贯遵守纪律为人诚实的同学站在我这边,多数人(遵守纪律表现优良,包括两个我很关心的班委)虽然表示理解我却不愿支持我,两个女生左右为难,急得哭了起来。我没想到结局会是这样。我有一种痛心疾首的无助感和不被理解的委屈感,我怨这些学生没有是非观和正义感,一时间师生双方陷入对立和沉默中。

〔资料来源:李勇斌. 一次失败的教育 [J]. 思想理论教育,2010(2).〕

实例中,个性很强的学生小丰与教师发生了比较激烈的师生文化冲突。冲突发生的原因,很大一部分在于教师对小丰个性的不尊重。小丰可能认为教师态度不好,教师则认为小丰"狡诈",故意抓住自己说话中的漏洞与自己作对。教师虽然尝试用沟通交流的方式,化解师生之间的文化冲突,但因为缺少了尊重学生的前提,特别是不尊重有个性的学生,最终导致了师生之间的沟通变成了辩论,而不是一种文化对话。而假如教师尊重学生个性,且不用说这次师生文化冲突就不见得会发生,就算发生之后,在尊重学生的前提下,开展积极的师生文化对话,那么师生之间的对抗、对立就将得到有效地缓解或不复存在,师生彼此还能借助文化冲突、文化对话来获得发展。

第六章　开展文化对话：师生文化冲突的对策探寻（中）

要求教师尊重学生，只是开展师生文化对话，整合师生文化冲突的前提性条件，仅仅依靠这一点来进行师生文化对话显然是远远不够的。要真正地开展师生文化对话，教师和学生还要做到尽可能地悬置自己的文化偏见，在表达自己文化观点的同时，更要以宽容的心态来理解对方的文化主张，而且，还要做到重塑教师权威。

一、师生文化对话的基础：悬置偏见

一般来说，每个人在看世界的时候总是有意无意地戴着"文化"这一镜片的。人们选择体验文化的方式，以及如何解释所体验的文化，则部分地有赖于他们的利益、先前的知识和经验。[①] 文化的这一特性促成了我们的"文化偏见"，而且，"文化偏见"成为了我们评判人与事的"价值标准"，乃至会左右着我们的"思维路线"。师生文化对话的开展，要求对话的教师与学生尽可能认识和正视自己文化上的偏见，并通过悬置这一方法，发现那些容易被忽略的意义，以破除文化偏见所带来的视界束缚。也就是说，师生文化对话不仅要求对师生各自的文化偏见进行再认识，而且要对这些偏见的形成过程进行深入的分析。

（一）悬置文化偏见的理由

前面已经提到，每一个群体都有自己墨守成规的文化观念，而且这些文化观念成为他们习以为常的生活规范，成为他们进行文化判断的尺度甚至是文化偏见。小到个人，大到民族，无不如此。例如，每一个民族都认为自己优于其他一切民族，至少在某一方面是如此。尽管可能意识到保持这种偏见是不智的，但人们宁可相信传统，不愿相信摆在眼前的经验事实。而如此最大的害处，是把自己蒙蔽在文化的幻构中，无法对自己和对他人的文化做客观的认知。对自己的文化缺乏客观的认知，对自己文化的缺点，就不能有虚心的检讨，对自己文化的优点，也说不出足以使他人接受的

[①] 约翰·R·霍尔，玛丽·乔·尼兹. 文化：社会学的视野[M]. 周晓虹，徐彬译. 北京：商务印书馆，2002：320.

理由。①

教师和学生都会习惯于以自己的文化规范来思考，而且自身很难意识到这一点。当师生文化冲突发生时，冲突双方都会不由自主地维护自己的文化观念。教师可能倾向于借助管理上的优势来压制学生文化，学生则可能通过言语争辩和行为反抗的方式来申明、强调他们的文化价值。如果教师和学生都强调自己的意见，那么即便是有自由表达的机会，也不会有真正意义上的文化对话发生②，更不会积极地采取措施来面对师生文化冲突。这样最终的结果可能是文化上强势的一方取得表面上的胜利，弱势的一方被迫妥协或转入消极的文化抗争之中。在这种情况下，胜出的无论是教师文化还是学生文化，其坚持的文化观念或双方妥协达成的"共识"都未必全是正确的，毕竟这样的"共识"可能远离于"真识"，而这样的文化交往过程，也不会真正促进师生文化的共同发展。

（二）悬置文化偏见的要求

在师生文化对话中悬置文化偏见，就是在清醒地认识自己文化的基本假设外，做到不把自己的文化强加给对方。而且，要做到随时准备倾听不同的文化观点，在必要的时候还要有勇气抛弃自己的旧思想与观念，接受他人提出的不同观点。反之，如果在文化对话中，只是用有色眼镜来看待他人的观点，而不去分析他人言行背后的文化理念是否合理就进行全盘否定，或者是一味地固执己见，只想着把自己的想法灌输给别人，那么就远离了悬置文化偏见的要求，文化对话的参与者也很难进行卓有成效的沟通。

1. 保持开放的文化心态

悬置文化偏见要求师生不要产生通过文化对话一定要解决问题，或达成某种共识的思想负担。否则，在文化对话过程中，教师和学生都很难将思想敞开，对话时也不会感到非常自由。这是因为在文化对话的过程中，"重要的不在于答案本身，而在于人们放弃自己固执的思维模式，做到开放思想，兼收并蓄。""我们并非武断地认为对话没有一定的目的——它只是没有绝对的目的。如果一定要对对话找出一个目的的话，那么我们的目的乃是在于真正地、流畅地对真理进行交流。"③ 因此，在师生文化对话中，悬置文化偏见体现在：不固执己见，不认为只有自己才是对的。如果在文化对话过程中发现自己的文化观点是不正确的，那么还要在"悬置"文化偏见的基础上进而

---

① 韦政通. 中国文化与现代生活 [M]. 北京：中国人民大学出版社，2005：166—167.
② 要进行能产生新因素的文化对话，即所谓"生成性对话"，最重要的就是要寻找和承认双方的相异性。做到这一点并非易事，人们总是习惯于从他者身上寻求与自己的相同点，仿佛只有这样，才能产生一种"同谋"式的安全感。但如果把他者完全置于自己的文化想象之中，他者的特殊性就被剥夺了，同化了，对话也就失去了意义。〔乐黛云. 小议文化对话与文化吸引力 [J]. 中国比较文学，2009（3）.〕
③ 戴维·伯姆. 论对话 [M]. 李·尼科编，王松涛译. 北京：教育科学出版社，2004：19—20、55.

放弃它。但是，这并不意味着就要把他人的、集体的观念强加于己。否则，就违背了悬置文化偏见的要求和文化对话的精神。

相关链接 6.1

不必奇怪孩子的文化选择

如今的中学生一方面对名著越来越"无动于衷"，另一方面对被老师、家长们视为"洪水猛兽"的漫画、青春小说、流行杂志等读物却青睐有加。不过，因此而担心中学生越来越"肤浅"、"平面化"，感到"沉重"和"堪忧"，则大可不必。不同时代的人具有不同的阅读兴趣和选择动机，这是时代发展的必然结果，不以人的意志为转移。现在青少年对名著皱眉头，对"快餐时代"的文化作品兴致盎然，并非毫无来由，而是与现代人追求轻松阅读、简洁阅读、幽默阅读、生活化阅读分不开的。上个世纪80年代初风行一时的"琼瑶热"，也曾引起一番"忧思"。20年后的今天，作为一个年代的阅读选择，"琼瑶热"早已成为一段"不再的过往"。所以，对不同年代人们的文化选择过程，没必要大惊小怪。

〔资料来源：卢荻秋. 尊重孩子的文化选择权［N］. 光明日报，2006-09-01.〕

2. 进行必要的文化自省

正视和解剖我们熟习的文化，不仅不是一件容易的事，而且是一件痛苦的事。这是因为只有在一定程度上离开我们的文化，才有可能看清我们的文化。而离开我们习以为常的文化，也就意味着告别我们熟悉的生活方式，意味着在理所当然的经验之中挑"骨头"。这无疑是一种精神上的痛苦。但是，有所付出，毕竟会有所回报。一旦做到了这一点，那么我们在看问题的时候，就有可能独具慧眼、冷静、明智地省察我们自身的文化问题，从而得出一些深刻而又真实的见解。

在文化对话中要真正做到悬置己见，并非只是简单地将文化偏见暂时搁置起来，而且还要在此基础上对自己的文化进行必要的省思。也就是说，当与不同群体进行文化对话，自己的文化偏见浮出水面后，就要有意识地控制自己的价值观念——既做到不让其影响判断，也不刻意地去压制。然后，努力去弄清文化偏见对自己言行、判断的影响，明白假如任其放任可能发生的不良后果。

要做到这一点，则需要把"自己放在自己面前进行审视——就像在镜子前观察自己一样"。而且，也可以"以别人为镜，以群体为镜"来反观、省察自己的文化偏见。这样，"群体就成为了每个人用于反照自身的一面镜子。别人对你的反应就是你的镜子；同样地，你对别人的反应也是一面镜子。"①

因此，师生只有悬置自己的文化偏见，并经过认真观察、反思，才能越来越熟悉文化偏见的作用方式，才能真正体会到文化对话的精髓所在。有必要强调的是：在文化对话中，教师和学生都不应抱着一定要改变什么的心态，但至少要设法弄明白文化偏见是如何产生并发挥作用的。特别是作为教师，一定要用批判性的思维方法②，清醒地认识到不管是师生文化交往中的冲突，还是文化对话中发生的严重争执，都与他们各自坚持的文化偏见不同有着不可分割的联系。而且，教师还要知道如何去悬置文化偏见，如何去分析自己和他人的文化③，以为师生文化对话奠定良好的基础。

【实例6.1】

摘下有色眼镜

我班有个学生，学习态度极差，不交作业是常事，还喜欢说谎、欺负同学。为了他的转变我费了不少工夫可总不见成效。面对他的一次次谎言、面对他好斗的眼神，我不禁怀疑到底是不是每只小鸟都能唱歌，我还能听到这只小鸟的歌声吗？

有一天，他跑到我跟前气呼呼地说有个同学把他撞倒了。我没好气地说："你肯定在奔跑，跟你说过多少遍了，下课不要奔跑，现在吃亏了，倒知道来找我了。下去坐着！"他看了看我，迟疑了一下，便慢吞吞地坐了下去。谁知到了下午，他妈妈来了，我当时真的有气：平时孩子学习那么差不见家长过问，今天吃了点小亏倒跑得那么快啊！他妈妈看我满脸不高兴的样子，便简洁地说明了来意。原来该生回家后觉得老师对他态度不好，没找撞他的同学向他道歉，觉得很委屈，就哭了起来，还说照他以前的做法，就要打那个同学了，可是他想到几天前老师才找他谈话的，就忍住了。谁知老师不但不安慰他，还没个好声气。

听了他妈妈的话，我觉得脸上一阵发烧，是啊！我为什么就没想到呢？他可是班上出了名的"打手"啊！今天他能咽下这口气，不是说明他也有上进心吗？不是说明他正在努力改正吗？仅仅因为他平时让我操够了心，我就

---

① 戴维·伯姆．论对话 [M]．李·尼科编，王松涛译．北京：教育科学出版社，2004：23、30.

② 批判性思维包括挑战和分析，而不是简单的再现事实或论据。从批判性思维方法的角度来看，仅仅拥有知识显然是不够的，还需要知道如何去使用或应用它。因为在严格的批判性思维方法之中，强调的是方法而不是内容。〔参见 Gallagher, S. Hermeneutics and Education, State University of New York Press, 1992, pp. 223—224.〕

③ 要成为一个有智慧的教师，需要时时"反观"这一无形的"文化之镜"。要成为一个有智慧的教师，也需要别具只眼，正视我们的认识偏见，发现那些容易被忽略的意义。

该否定他的一切吗?我这样处理一件偶发事件,还算是个称职的教师吗?于是,当着他妈妈的面,我把他和撞他的同学都找来,首先我向他道歉,为了我的主观,为了我的冷漠;然后要那位同学向他道歉。他反倒不好意思起来,毕竟是个孩子啊!

事后我反思,我现在是怎么了?什么时候把有色眼镜戴上了?曾经以自己还保有一份童心而自豪,这么快就成了孩子眼里的大灰狼了?想想自己上学时,不是也不喜欢老师戴着有色眼镜看人吗?不是也在背后诅咒过老师的偏心吗?不是也为自己得不到老师的关爱而黯然神伤吗?今天我也为人师了,却不自觉地戴起了有色眼镜,人为地把学生分成了三六九等。

这件事对我而言,不啻是醍醐灌顶啊!我痛下决心,摘去了有色眼镜,仔细看我的学生们,发现了一个早就应该发现的现象:每个学生都是矛盾的统一体,既有优点,又有缺点;既有积极的一面,又有消极的一面。作为和孩子们朝夕相处的班主任该怎样做呢?那就是要"长其善而救其失"。而要发挥学生的积极因素,就要善于发现学生身上的闪光点,充分调动学生成长进步的信心和力量。戴着有色眼镜看差生,他们身上的缺点是那么明显,而优点和长处则被尘土所掩盖。所以班主任不仅要摘下有色眼镜,还要有点绣花姑娘的工夫和老婆婆的心肠才行啊!

〔资料来源:该实例由上海市宝山区行知小学顾芸华撰写〕

教师对学生的文化偏见,是开展师生文化对话的障碍。实例中,师生文化冲突的发生,很大一部分原因就是教师对学生的文化偏见。文化偏见的存在,蒙蔽了教师的眼睛,下意识地把问题归结到那个学生身上,造成了学生的委屈和不满。当教师了解到事情的真实情况时,对自己带着有色眼镜看学生作出了文化上的反思。在这个自我省思的过程中,教师有意识地悬置了自己的文化偏见,剖析了带着有色眼镜看学生存在的问题,努力不带文化偏见来看学生,从而对学生有了新的认识。相信实例中的教师,经由这么一个文化自省的过程,能够做到更好地与学生进行文化对话。

二、师生文化对话的关键:宽容学生

文化对话需要宽容,并且促进了宽容,而宽容的氛围又会促进文化的对话。

(一)师生文化对话需要宽容

在多元文化的社会背景下开展文化对话,必须要允许性质、强弱不同的文化可以自由地表达自己的观点,与其他文化进行接触、沟通、辩论。因此,各种不同性质的文化持有者,要宽容与己相异的价值与行为。这样做不仅是文化对话所需要的,而且对待与己文化千差万别的不同文化,坚持一种极大的宽容,本身就是一种明智的做法①。

在师生文化对话中,教师尤其要宽容不同性质学生文化的存在,容忍与己相异的文化表达自己的观点,甚至有的时候允许学生文化带来的竞争和冲突。这是因为师生文化对话,只有在宽容的文化氛围中才能真正有效地开展。在我国的学校教育中,不平等、教师说了算的师生关系并不少见,长期受到压抑的学生即便有民主对话的机会,也可能因为怕说错受到惩罚,而不敢积极主动提出自己的文化主张。而在宽容的文化对话氛围中,文化上处于弱势的学生就愿意与教师讨论、交流一些以前不敢言说的话题。而且,学生在师生文化冲突中存在的问题,有一些是他们成长过程中与社会接触所必须经历的问题。随着身心的不断成长,他们将会最终从这些问题中走出来。对于这样的问题,教师可以在文化对话的过程中宽容学生,那么这些文化问题将会随着学生的不断成熟而自然而然地消解。

相关链接 6.2

宽容的教师更易化解师生冲突

教师个性也会影响师生冲突的应对。宽容的、富于爱心的教师能够合理的应对并化解师生冲突。

某学生:"事情过后,老师并没计较,好象什么也没发生。我意识到自己错了,就当面向老师赔礼道歉,老师原谅我,还像从前那样喜欢我。"

而那些心胸狭窄的、过分维护自身权威的教师因不能成功的化解冲突而产生不良后果。

某学生:"后来班主任将我叫到办公室给我讲了一番道理,还说老师为我们如何如何辛苦,我很感动,心里的气也消了,就主动找那老师道歉。但是老师的反应很木然,可以说是面无表情,觉得我向他道歉是理所当然的。我觉得特失望,真后悔给他道歉,我永远忘不了他给我的羞辱,永远在心里忌恨他。"

〔资料来源:王锟,刘普.对初中师生冲突应对的调查与思考〔J〕.教师教育,2006(11).〕

(二)宽容学生的基本要求

在讨论文化对话中宽容的含义之前,有必要对"宽容"作些语词的诠解。有学者

---

① R.本尼迪克特.文化模式[M].王炜,等译.北京:生活·读书·新知三联书店,1988:39.

认为，宽容乃是一种建立在对人与世界的多样性、真理的相对性与人性的多元性自觉意识基础上的理性和明智的思维方式、行为方式与人生态度，是在处理人际关系所存在的差异、矛盾和冲突时所表现出的一种成熟通达的美德和境界。基此，"宽容精神"的基本内涵是：对"不守成规"的言行的容忍；对他人的反对意见哪怕是愚蠢和带有偏见的反对意见的容忍；以及对人性弱点的容忍。① 假如我们认可这一关于"宽容"与"宽容精神"的界定，那么，文化对话中教师要做到不仅容忍学生的不同意见和错误观点，而且在平常的学校与课堂中要做到宽容学生的行为。

1. 宽容学生的某些"不守成规"言行

在教育、教学过程中，破除对所有学生整齐划一的追求，给学生"怪异"言行以存在的空间，是教育宽容题中应有之意。"真正的宽容不是对种种观念的漠不关心或被普遍化的怀疑主义。宽容意味着接受消极的或根据我们的观点看起来是有害的观念的表达所引起的痛苦，以及随这种痛苦的意志。"② 在学校的学习与生活中，要允许每个学生表达不同的声音、不同的意见，要包容学生某些与众不同的行为。秉着宽容的精神，教师还要清醒地认识到：孩子们如有正当的理由（如人格受到侮辱、自尊心受到打击）表现出愤怒的情绪，即使你不愿赞赏，至少应容忍。因为这方面的情绪，如果受到过分的抑制，可能会扼杀孩子的正义感和是非心。即使没有正当的理由，孩子们发发情绪，也是常见的现象。③

【实例6.2】

一个善"辩"的学生

一天我值晚班，刚走到宿舍三楼，就听到四楼一片嘈杂声。我疾步走上去看个究竟，只见几个学生正闹打在一起，人仰马翻，乱作一团，其中一个小个子同学的手臂上还擦破了皮。看到我来了，他们立刻跑得无影无踪。调查中得知，带头吵闹的是小彬。

我火冒三丈地把小彬拉到了值班室，想教训他一下。不料，还没等我开口，小彬就先发制人："老师，没事的，我们今天考完试放松一下，整天紧绷着弦对身体不好，适当发泄一下对身体有利。"好小子，我还从没看到如此胆大妄为的学生，竟然在老师面前如此理直气壮地为自己的错误行为申辩。我板起脸赶紧说："适当放松也要注意安全，你们吵得也太过了点，你看一位同学的手臂被弄破了，万一出事咋办？"谁知道他不紧不慢地说："老师，没事

---

① 贺来. 宽容意识 [M]. 长春：吉林教育出版社，2001：7.
② 埃德加·莫兰. 复杂性理论与教育问题 [M]. 陈一壮译. 北京：北京大学出版社，1999：81—82.
③ 韦政通. 中国文化与现代生活 [M]. 北京：中国人民大学出版社，2005：77.

的，这位同学是我的邻居，我们从小就在一起玩耍的，我们会适可而止，把握好自己的度。更何况我们已长大，有了自我保护能力，老师，你放心吧。"我又气又好笑地看了他一眼，没想到他又发话了："老师，今天的事让你们操心了，真不好意思，如果没事的话，我先走了，以免影响你工作，妨碍其他同学休息。"真是"老革命遇到了新问题"，我一时竟无言以对。

看到此情此景，和我一起值班的王老师实在忍无可忍，一把将他拉住，敢在老师面前如此"目中无人"的学生倒还第一次遇到。我示意王老师放开他，让他先回宿舍休息，有事明天再处理。临走时我对他说："以后要遵守住宿纪律，不要再惹是生非；不过老师还是挺欣赏和佩服你的口才。"他看到我是带着善意，脸上露出了些许笑容，自信地说："谢谢老师，我会努力的。"

〔资料来源：严卫林.一个善"辩"的学生[J].思想理论教育，2008（8）.〕

实例中，善"辩"的学生挑战教师的耐心和忍耐力。教师把学生小彬拉到值班室，本想是教训他。谁料"老革命遇到了新问题"，学生小彬的先发制人、滔滔不绝，让教师"一时竟无言以对"。对此，这位教师宽容学生的不守成规，并且阻止了忍无可忍的王老师进一步举动。之后，这位教师善意地表达了欣赏和佩服学生的口才之意。教师的宽容，确保了师生文化对话的正常开展，促使师生文化对话得到较为理想的效果。

2. 宽容学生的反对意见和错误言行

宽容学生"不守成规"的言行，相对来讲还比较容易，因为学生的这种言行很多时候不会对教师权威的构成威胁，顶多觉得有点"刺眼"和不快而已。而学生直接提出反对意见，在某种程度上是和教师对着干，很可能会使教师感到难堪。然而，真正的宽容也是对学生反对意见的容忍和尊重。且不用说学生的反对意见中很可能有正确的成分，即便是错误的，也会促使正确东西得以彰显，因为"科学的发展不仅是由于反抗它内部的非科学的东西，而且也是依靠着它内部的非科学的东西"。[①] 相应地，教师还要宽容学生错误的言语和错误的行为，在大多时候，不因为学生的错误言行就对学生有意见。

【实例6.3】

面对嚣张的学生

今天，轮到我监考初三第一次模拟考试，走进教室时，我发现第四排几个男生将桌子搬到了一起，没有按原来考场序号坐好。我心里一阵不快，这个班级是优生班，怎么也这么乱？于是，我说："请同学们按座位号坐到自己

---

① 埃德加·莫兰.复杂思想：自觉的科学[M].陈一壮译.北京：北京大学出版社，2001：146.

的位置上!"那几个男生相互看了一下没有行动。我问第三排最后面一位男生的学号,他说,"老师,我后面应该还有一位同学的!"我把眼光瞄向那几个男生,问:"谁是坐在那个位置的同学?"

这时候,一位个子高高的男生很不情愿地从座位上站起来,将头一甩,用一只手拖着桌子走,桌子和地面摩擦,发出刺耳的声音,考虑到楼下的考生,我对着他的背影说:"请不要用手拖,抬着走!"男生连头都不回,继续拖着桌子,而且故意将声音弄响。我的脑袋有些发懵,在我的从教生涯中,遇到当面顶撞我的情况还是头一回。我加重了语气又将这话重复了一遍。他还是不理,突然间,我觉得事情似乎有些糟糕,他在挑战我。

这时,教室里静悄悄地,大家似乎都在等待着我的处理。我走到他的座位前,问:"你是不是听不懂普通话?"他大声地嚷起来,"听不懂关你什么事?"晕!这是个厉害角色了。我不假思索地说:"你这样嚣张,大家就应该怕你了吗?""我嚣张关你什么事?"我沉默了一会儿,这句话真是在挑战着我忍耐的极限,我考虑,怎么办?把他拖出去,狠狠教训上一顿;或者让学生处的老师来处理,给他个处分,以解我心头之不快。在大庭广众之下,这样顶撞我,无视我老师的威信,太损我的面子了。转念间,我注意到这个男生的脸色很青,是那种由于过度紧张和激动而有的脸色。我心想:他是不是有什么原因?要不平白无故的,他干吗这样呢?是不是之前他心情就不好,而我撞在了枪口上。看他的样子,顶撞我,他也很紧张。

我缓了口气,努力让理智重新回到我的脑中。"不要和年轻人吵架!"这句话是谁说的?算了,不重要了。我问他:"你是不是吃了火药了?"他说,"我怎么知道?"说完就低下了头,这时他的语气还是很强硬,似乎还在和我较劲,但比起刚才已经缓和了许多。我决定暂缓处理,先考试再说。一场原本沸腾的风波就这样平息了。

发完卷子不久,我故意巡视到他面前,看了看他名字——张泽泽,我怎么一点印象都没有?不应该是我所任教班级的学生吧,但一看班级——302,是我的班级,那我怎么一点印象都没有呢?我有些自责,自己所教的学生都不认得,还亏是心理老师呢?我决定考试结束后,找这个学生谈话,问清事由,也让他懂得冲动会惹来麻烦。

站在讲台桌前,看着正在埋头疾书的学生们,心中一阵悲凉,作为老师有时候真的很委屈,平白无故地就挨了学生一阵抢白,真不是滋味,今天如果我的心情也很糟糕,那不是要上演一幕激烈的师生冲突了吗?我又有些不安,一位平日里可亲的知心姐姐今天这样被学生抢白,脸上真是无光,在课堂上的形象要大受影响了。也许有学生会想:"你看,老师也这么怕嚣张的同学,老师也软弱了。"或许刚才应该比他更嚣张,把他的气焰盖下去,这样他才会服我,也让我在班级学生面前挣足面子。可转念一想,他那么高大,要是我盖不过他,反而被他盖过去,不是更没面子,要是换成男老师或许可以用这个方法。但要是学生出现过激行为那怎么办?青年人一冲动起来是无法想象的。

这件事情就这样过了,考完试后,我请他留下来,走到门口的时候,他说:"老师,刚才我太冲动了,是我错了。"我有些高兴,幸亏我没有采取激烈的办法,要不,就不知道事情会变成怎么样?也许大家都苦恼。我没说什么,请他将这个事情的经过以及自己的想法写成作文给我,算是对他冲动的惩罚。

〔资料来源:水滴. 我和学生起冲突 [EB/OL]. http://www.xhyf.net/bbs/printthread.php? t=17931.〕

实例中,教师要求学生抬着桌子走,学生却不予以理睬,而且故意将拖桌子的声音弄响。教师为此责问学生,学生则针锋相对。教师为了维护权威,学生为了保住"面子",师生之间的文化冲突一触而发。教师对学生的表现,虽然非常生气,但所幸没有失去理智。其暂缓处理的做法,未必是一种软弱,而正是对学生的宽容——宽容学生的错误言行。教师的宽容和冷处理,为冲突后的师生文化对话创造了良好的条件,也为师生文化冲突的解决打下了坚实的基础。

3. 宽容学生的人性弱点

师生文化对话的开展,要求教师宽容学生人性的弱点,包括对学生愚蠢、懦弱、庸俗、自卑等人性弱点的容忍。人性是多元的,正如每个人都具有优点一样,每个人也同时或多或少地带有一些人性的弱点。即便是成人,有时也会暴露出愚蠢的思想、懦弱的行为、庸俗的一面和自卑的心理等人性弱点。宽容这些人性弱点,实质上是宽容人的本性,宽容人自己。而处于成长过程中的学生,在某些场合下暴露出人性的弱点,不仅是可以理解的,而且更应该得到教师的宽容。

【实例 6.4】

老师,你伤了人家自尊

小欣是我们班最脏的一个孩子。他其实是个不坏的孩子,可就是有些懒和脏,谁都不愿和他做朋友,就因为脏,大家给他起了个外号——"腻心"①。不知不觉中,大家"腻心腻心"地叫开了,别人这么叫他,他也傻乎乎地答应了下来。直到有一天,我收到了这么一张纸条,才感到问题的严重。

---

① 上海方言,意为"恶心"。

"老师,您不是说要尊重别人吗?可您有时也叫李欣是'腻心',这不是伤了人家自尊吗?我觉得这样不好,您说呢?"顿时,我感到脸上火辣辣的。第二天晨会课上,我特地在全班面前向李欣道了歉,又告诫大家今后再也不准叫李欣"腻心"了。事后我在回条上写道:"老师十分感谢你,有了你这样的学生,我相信我们四(5)班会进步更快的。"

〔资料来源:钱鹰.我爱和学生传纸条[M].思想·理论·教育,2002(2).〕

实例中,学生李欣因为懒和脏得了个不雅的外号,而且别人叫他外号,还傻乎乎地答应。其中,反映了学生李欣的一些人性弱点,如懒惰、懦弱、不思进取等。但这并不能表明这个学生就没有自尊心。教师有时也叫李欣外号,实际上是没有做到宽容学生。后来,学生李欣的纸条使教师认识到问题所在。教师的积极回应,意味着自己已经尝试着去宽容学生了。而在教师与学生传纸条的过程中,教师在宽容学生的同时,师生文化对话也伴随着开展了。

(三)宽容学生的具体策略

在师生文化对话中,要做到宽容学生,需要采取如下一些策略。

1. 确立宽容的理念

文化对话中宽容的基本理念主要包括:以宽容为表征的师生关系观、照顾差异的教学观、对话生成的课程观以及富有人情味的学校制度观,等等。概括地说,宽容应该成为教育的一种基本品性,真正的教育始于宽容。尊重他人的差异性,允许真理的相对性,相信人性的多元性是宽容的哲学根据。在一定意义上,宽容可以视为教育的价值标准与动力源泉;宽容不仅是一种教育境界,更是一种教育智慧。当然,理念的更新不仅需要教育者了解关于新理念的这些知识,而且还要求将这些知识内化,使理念不仅在口头上说说,更重要的是落实到教育教学实践之中。宽容理念的形成,要求教师认识到"教育宽容"的重要性,相信"教育宽容"的力量,与不宽容的教育理念决裂,并走出原先关于学生的某些错误假设之误区。

2. 采取宽容的方式

在师生文化对话中,教师要做到宽容学生,关键在于教师要将宽容精神融入教育与教学,也即宽容精神要渗透进日常的教育教学行为。教师在处理师生文化冲突事件时,先要控制自己的情绪,沉着冷静,要本着宽容学生的态度,对于学生的错误,能不公开的就不公开;对于在课堂中出现的文化冲突,能事后处理的就事后处理。

在师生文化对话中,要鼓励学生提出不同于教师的见解,甚至允许学生对教师的直接质疑。要使这样的教育理念真正落实到课堂教学中,教师需要尽力了解自身文化与学生文化之间的差异,并在一定情况下适应这种差异,利用这种差异,而不是无视这种差异,排斥这种差异,压抑这种差异。只有宽容学生的差异,鼓励学生的差异,学生才会愿意追求有个性的见解,才会敢于展现自己真实的想法,才会有可能在真理面前与教师平等,才会有可能为了真理而不惜向老师"叫板"。换言之,学生才会从"知识的奴隶"转化为"知识的主人",学生的创造力才能得以保护和发挥。这样,师生之间的文化对话才会超越形式,落到实处。

宽容学生有时甚至还要求教师在教育中"不作为"。这里的"不作为"当然不是不管不问,而是一种特殊的"作为",即教师在看到、听到学生的某些"不守成规"的言行、反对意见乃至人性的弱点时,能够秉有宽容的态度,不"好为人师",能克制把学生管理得服服帖帖的愿望①,等等。然而,当教师出现"恨不得去管"而最好不要去管的两难选择时,要求教师采取"不作为"的教育方式并不是一件容易的事。

正因为如此,要做到宽容学生,教师需要将宽容作为自己的专业修养,秉有耐心、热情、诚恳、善良等专业品质。宽容是教师必须具备的德行。有了宽容,才会有爱,因为教育就是一种爱;有了宽容,才能谈得上保护;有了宽容,才能等待,教育其实就是等待,等待是教育的一种至高境界;有了宽容,也才能去唤醒,唤醒是当代教育的一种全新理念。宽容不仅仅是一种师爱的具体体现,宽容还是一种非常重要的精神素质,它能使教师敞开自己的心灵,走进学生的心扉,能使教师尊重学生的权利,爱护学生的个性。教师宽容地对待学生,昭示着他的教育思想更加深刻,进行文化对话的手段和行为更加成熟。

【实例6.5】

五角星的背后

下课铃声刚响过,美术陈老师一脸严肃地走进办公室,看到她的表情,我不由得联想起:是不是哪个调皮捣蛋鬼不遵守纪律了?因为我班刚才一节是美术课。还没等我回过神来,陈老师激动地冲着我说:"施老师,你知道吗,今天谁犯错了?"正当我心里嘀咕时,性急的陈老师一字一顿地说"你们的班长——小颜。"啊!竟然是她,我愕然了。一个乖巧、聪明的女孩子,在老师眼中是个无可挑剔的好学生,同学们心中的学习榜样,今天究竟怎么啦?接下来,陈老师给我说了事情的原由。美术课上,老师带了一些小巧精致的奖品,准备发给一些成绩出色的学生。老师就根据平时的作业考评来发奖,凡美术书上满五颗五角星的,就能得奖。小颜也站在得奖人的行列中。正当老师给她发奖品时,却意外地发现,她的第五颗星颜色与前面的有些差异,还有点稚嫩。于是询问她,第五颗星是怎么一回事?只见她微微低下了头,脸上泛起了红晕,却还坚持说老师画的。陈老师心中已明白了,但没有追根

---

① 这实际上是"规训"的愿望,是教育活动中应该避免的。

究底。

听完这一席话，我真是百般滋味涌上心头。深受我喜爱、信任的学生，竟做出如此不雅的举动。我几乎不相信自己的耳朵，然而，这肯定是事实。我不由得黯然伤感。同时，我暗自思忖：金无足赤，人无完人。更何况是孩子呢？学生有了过错，做老师的不可放弃，要有一颗宽容的心，去理解他们，包容他们，引导他们。教育像小颜这样的优秀学生，虽然不比教育差学生那样复杂，但同样需要慎重态度。好学生一般感情比较细腻，想得比较多，自尊心也强些。因此，我思前想后，决定不公开批评解决，以免挫伤孩子的自尊心。

于是，我马上拿了一本思品书走进教室，装作一副若无其事的样子，对小朋友说："下面这节课调上思想品德课。"课上，我根据教育需要，结合教材内容，给他们讲述了美国总统华盛顿小时候砍樱桃树的故事。当孩子们听完故事，我组织孩子们进行讨论：你觉得华盛顿是个怎样的孩子？孩子们纷纷发表自己的意见：他虽然犯了错，可最后他向爸爸承认了错误，他是个诚实的孩子。我让学生联系自己实际，来谈一谈自己有没有像华盛顿一样犯了错，最后勇于承认错误的。小朋友你一言我一语地说开了。这时，我偷偷观察小颜的反应，只见她有点心神不宁，欲言又止的神情。接着，我对小朋友说："如果你一不小心犯了错，能勇敢承认并改正，还是一个好孩子。如果有的同学觉得现在不好意思说，那么你可以在私底下告诉老师。老师会耐心等待的。"

事后，小颜主动来找我，眼眶里盈满了泪水："老师，我错了。"我摸了摸她的头，语重心长地说："老师相信你会承认错误的，也相信你以后一定会做一个诚实，实事求是的孩子。待会儿向美术老师也去认个错。"她哭得更伤心了。我知道这是悔改的泪水。

"人非圣贤，孰能无过？知错能改，善莫大焉。"对于孩子那么一个不经意的错误，老师要想一些合理科学的教育方法，以宽容的心态去解决。

〔资料来源：该实例由上海市宝山区大华二小施玉华撰写〕

在实例中，学生小颜与美术老师发生了文化冲突，班主任在了解冲突的经过和原因之后，并没有急着去批评在冲突中犯错误的学生。教师的做法是宽容了学生的过错，但对于学生的过错，教师并没有因为宽容，而真正的"不作为"、"无作为"。教师利用一节思品课，与学生开展了一次特殊的文化对话，让学生知晓勇于承认错误还是一个好孩子。在这个过程中，教师对犯错误学生的宽容，是师生文化对话良好开展的关键因素。

3. 营造宽容的氛围

师生文化对话的开展，要求师生在学校中共同营造一个宽松的教育生态环境，创造宽松的文化对话空间。宽容的存在需要一定的空间，那就是宽容的教育环境，一种渗透在学校文化之中的宽容精神。在富有宽容精神的学校文化中，宽容的教育理念不仅仅为个别教师所拥有，而且是一个学校教师集体的共同信念。这样一来，教师们就会自觉或不自觉地用宽容的方式教育学生，学生在处理同学间的矛盾时也会有意无意地采用宽容的方式。如此，学生追星、求异、反叛就不会被看成洪水猛兽；教师也能做到坦然面对"韩流"等流行时尚，并给予适当的尊重和宽容。

当然，营造宽容的对话氛围，不是一天两天的事情。从学校的角度来说，应该避免苛责，对教师理解与宽容；应该摈弃规训，给学生自由发展的空间。必须时刻记住，办学校办的是一种氛围，师生之间、同事之间、同学之间相处共事，其乐融融。从教师的角度来说，必须改变心态，做学校的主人；要学会换位思考，把学生当作朋友，善于倾听、善于等待、善于理解学生。从学生的角度来说，应该端正思想，辩证看待自由和差异；要反求诸己，努力实现自己的人生价值。

4. 建立宽容的制度

师生文化对话的开展要求宽容，但宽容能否贯彻却需要制度的支持，以保证那些不习惯宽容的教师和学生尽快融入宽容的氛围中。"民主政治的可贵，是它把宽容异端形成一项制度，这项制度使双方都能受惠，一方面保障人有权利公开表示一种异见，一方面也可使权势者免于不义。"① 而且，宽容的实施也不能杜绝对话中可能出现的激烈冲突。这也需要靠制度来控制，以把矛盾和对抗维持在对话的层面上，避免出现过激的行为或有人借着宽容故意制造事端。因此，在师生文化对话中贯彻宽容精神，不仅要求教师在管理学生时采用宽容的方式，还要求学校管理者在制订学校制度时、在进行学校管理过程中，都应该凸显宽容的教育功能，并着力建设更具人性空间的、宽容的学校管理制度，努力将宽容"常规化"。概言之，通过将宽容的制度化，师生文化对话也就找到一个稳定开展的平台。

5. 注意宽容的限度

不可否认，在师生文化对话中，宽容尤其可以为学生带来许多自由表达的机会，可以为教师充分了解学生创造良好的条件。但是，文化对话中宽容也有其适用范围，突破了这一适用范围而滥施宽容，宽容也就走向了它的反面——"泛宽容"或"非宽容"。因此，当我们倡导宽容，在谈"文化对话中的宽容是什么"的时候，必须追问"宽容不是什么"？

至少，对教师来说，"宽容"不是对学生在原则问题上的消极退让，并不意味着教师不能批评学生，更不是对学生错误无原则的放纵和姑息。宽容不是纵容，不是一味

---

① 韦政通. 中国文化与现代生活 [M]. 北京：中国人民大学出版社，2005：172.

的示弱和放弃。诚如有的学者所言：宽容的真正精神在于以牺牲小的利益，而换取矛盾冲突双方的相互共存。① 若是违背了宽容的精神，那么宽容也就失去了存在的价值。

因而，教师在文化对话中宽容学生时，要遵循这么一条原则：学生个人方面的问题，只要不影响他人，就应当"无条件"地宽容；学生在学校生活中出现严重问题，危及到他人，则要慎用宽容，亦即"有条件"地宽容。总之，在文化对话中要避免表面、做作的"宽容"，而是要确立"有限宽容原则"，"应当超越宽容的简单概念，去促进以尊重和赞赏其他文化为基础的多元化教育"。②

三、师生文化对话的要点：重塑权威

教师权威的过度使用，容易导致师生文化冲突的发生，它对师生文化对话也有相当的阻滞作用。在师生间确立文化对话关系，需要重新审视教师权威，并根据文化对话的精神，重新理解和塑造教师权威。

（一）重塑教师权威的缘由

教师权威既体现在知识授受上，也存在于学生管理方面。就知识传授方面而言，教师往往把自己当作是知识的代言人——"文化权威"。他们往往强化并利用这种权威，来要求学生接受所谓的正确的、标准的、唯一的"知识"。对于学生不同的，却是正确的见解加以无情地否定。这种现象给学生造成的印象是："凡是教师所讲、所写、所出示的知识都是正确的"。更加不幸的是，这种不合理的观念成了相当多学生心中的一种"无意识"。

教师的知识权威助长了"同一"的追求，助长了教学目标、教学评价中的"一致性"，当然，也导致了对学生多样化的见解的压制，对学生鲜明个性的无视。而实际上，"差别"，用辩证法的术语说，应该是绝对的，"同一"只是相对的，确切地说，没有同一，只有类似。因此，差别可以类似，也可以不类似，差别可以走向"同一"，也可以不走向"同一"。③ 而对差异性的包容和尊重，却正是文化对话精神的本义之一。

如果教师过于强调自身的权威，只相信自己的观点、做法是唯一正确的时候，是学生必须全盘接受的时候，那么不仅为师生文化冲突埋下了隐患，也使师生之间的文化对话就失去了坚实的基础。更为严重的是，如果过分要求学生服从教师权威，那么学生的进步将受到严重的限制，学生的积极个性得不到鼓励和培养，学生的创新精神也可能在无形中被扼杀。

---

① 黎德化．文化冲突与社会矛盾［M］．北京：北京出版社，2006：258
② 联合国教科文组织总部中文科译．教育——财富蕴藏其中［M］．北京：教育科学出版社，1996：46．
③ 张志扬．缺席的权利——阅读、讲演与交谈［M］．上海：上海人民出版社，1996：87．

（二）重塑教师权威的要求

根据文化对话的精神，教师要弱化个人的"知识权威"、"管理权威"或"制度权威"，以人格魅力为基础重建有利于文化对话的教师个人权威。

1. 树立正确的权威观

要改变教师在学生面前强烈的权威性格倾向，一个有效的方法是增强认知能力，培养多元价值观的习惯。具有权威性格的教师，往往会陷入以自我中心的想法之中。这种想法把自己封闭在由先入之见编织起来的文化框架之中，然后就根据这一文化框架，来评判自己和学生以及教育教学中发生的事情。而想要从中跳出来，则要形成开放的文化心态，养成批判性地接受新价值的习惯。

以教师在知识传递方面的价值观为例，文化对话精神要求教师不仅把自己当成知识传递者，也要成为知识的诠释者和批判者。通过诠释和批判，把传统文化的底蕴和现代文化的精髓揭示出来。在这个过程中，教师不能再以权威自居，应把自己作为文化知识的组织者，把自己看成是利用学到的专门知识和新的教学技术，为学生文化学习提供帮助的人。而且，教师还要确立终身学习的观念，甚至要具备向学生学习的勇气。在这个时代，今天和明天不再是昨天的重复，年长者需要从年轻人学习。面对不断涌现的新知、新事、新物，传统社会教师所具有的"一桶水"优势将发生巨大的变化。在这个"前象征文化"时代和学习型社会，作为教师，也需要不断地学习：既要学会从过去那儿学习，也要关注和了解不断创新的知识与文化；既要向专家学习，也要学会从学生那儿获得新的知识与观念。

【实例6.6】

学生眼中的新老师

"哇噻！"当我们高一新分来的语文老师走进教室时，便引起一阵议论。大家像炸开了锅似的，交头接耳起来："真年轻啊！比我们大不了几岁吧？""好漂亮啊！""有点像金喜善耶……"

"安静！"新老师严肃地板起面孔，可爱的娃娃脸蒙上了一层严霜："我姓张，你们叫我张老师。"接着，她给我们定出了"约法三章"：按时完成作业、考试舞弊算零分等等，都是"官方语言"。看得出来，开学第一天她有点紧张，总时不时扯扯那身"正装"，竭力想压住台面。

上课了，张老师打开一沓厚厚的笔记。显然，她为第一堂课做了充分的准备。但毕竟是新手，她经常说错话，和我们目光对视时就脸红，让人忍不住替她担心。她还有一个毛病，反复讲同一个知识点。其实我们早就听明白了。

后来我们知道，她是名牌大学中文专业的高才生。其实她的语文课上得很有特点，就是太严肃，本来很生动的课教得死板了。

新老师对工作要求严格，她也以这样的态度对待我们。第一次期中语文考试，我们班考了全年级第二，这算是个不错的排名吧，可她不满足，跟我们发了一通脾气，说我们不重视语文。

还有，她实在过于敏感了，警惕性太高。班里总有一些调皮的男生喜欢和年轻老师开玩笑，但就是一些善意的玩笑，也能惹得她大动肝火，认为学生不尊重她。大家私下里给她起了个外号：敏感的刺猬。

一次，"刺猬"给我们上作文课。那堂课的内容是诗歌，讲完写作技巧后，她让我们每人写一首诗，下节课朗读。第二节课的铃声响过，"刺猬"的目光将全班同学扫了一遍，最后锁定在超级"网虫"——李冰身上："你来念吧！"

呵呵，我们不禁哑然失笑：让李冰念诗，感觉就像让周杰伦去唱帕瓦罗蒂的《我的太阳》一样具有喜剧效果。李冰可是只懂CS（一种名为"反恐"的网络游戏）的专家啊！

李冰不情愿地站起来，抓耳挠腮了半天，终于挤出了几个字：

"……我不会。"

"写不好慢慢写，我等你写出来再念！"

"可是，我怎么努力也不会……"

"胡说……"

有人窃笑，"刺猬"严厉地扫视大家："谁笑就让他读自己的诗！"点过了几个人之后，"刺猬"还是紧抓李冰不放：

"写好了吗？"

"我实在写不出来啊！"

"怎么？我给了你一节课，你却一个字没动！"

"我就是不会。"李冰也较上劲儿了。

"刺猬"尴尬之极，一时无话可说，严厉地瞪着李冰。看来李冰也豁出去了，直盯着老师。两人大眼瞪小眼，目光大战整整20分钟。我们都觉得不妙，班长连忙出来打圆场："老师，别生气，我来念念我的诗！"只见"刺猬"嘴唇微微颤动，泪水在眼眶里直打转，说了一句："我凭什么受到这样的侮辱……"转身冲出教室。这堂课就这样泡汤了。

后来，还是班主任出面打圆场，第二天将语文老师请到课堂上，批评了李冰几句，提醒我们要尊重年轻老师，"刺猬"这才接着上课。其实，我们都明白班主任的意思，要给新老师一个"面子"。

新老师干吗这么在乎"面子"？我当时并不了解。此后又有几个新老师教过我们班，我发现这似乎是他们的通病。一位语文老师曾因为有个男生喜欢接下茬而大发雷霆，但他不知道，这个男生在很多课上都睡觉，只有碰上他喜欢的课和喜欢的老师时才精神焕发。还有一次地理课上，学生问了一个教材外的问题，年轻老师迅速回答了，又挑战般地跟了一句："别以为你们能难倒我……"

唉，学生其实是喜欢年轻的新老师的。他们像大哥哥大姐姐，最容易被我们接纳。可他们总是把学生正常的反应和表现当成敌意，把偶尔调皮的行为当做和自己作对，真令人无奈。

〔资料来源：陈磊．敏感的刺猬防卫过当［N］．中国青年报，2003－09－25．〕

新教师为何尤为重视教师权威，为何把教师权威理解为学生的服从？这当然与新教师的不成熟有关，但也反映出新教师对教师权威的理解是比较片面的。这种片面认识正是教师一元价值观的表现。实际上，教师的角色并不是简单的教书匠，学生对教师的盲从并不见得就是好事。更何况，在社会与文化深刻转型的今天，教师的职责已经发生了巨大的转变。恰如《学会生存》强调的，"教师的职责现在已经越来越少地传递知识，而越来越多地激励思考；除他的正式职能以外，他将越来越成为一位顾问，一位交换意见的参加者，一位帮助发现矛盾论点而不是拿出现成真理的人。他必须集中更多的时间和精力去从事那些有效果的和有创造性的活动：相互影响、讨论、激励、了解、鼓舞。"[①] 所以说，教师秉承单一的、僵化的教师权威观，将自己封闭起来，套上面具与学生交流，不仅有违文化对话的精神，起不到预期的效果，反而会引发学生的不满，增加师生文化冲突的机会。

2．确立有限度的权威

在师生文化对话中，教师不能放弃权威，但也不能过于突出权威。

（1）适当地放低身段

根据文化对话精神的要求，教师淡化教育制度赋予的权威，加强用真实的自我与学生与交往，努力确立与学生的文化对话关系。教师要引导学生，在相互尊重、信任和平等的基础上，通过言谈和倾听进行双向的文化沟通。在这一过程中，教师要学会屈尊，使文化对话真正成为一种教育的情境。因此，教师要放弃因为自己是权威就要回避错误的观念，即便自己出错也要坦然面对。当然，学生也不能因为教师在某方面知识不足或某方面的缺陷，就故意让教师出丑难堪，而是要学会尊敬教师和维护他们的威望。

---

① 联合国教科文组织国际教育发展委员会．学会生存——教育世界的今天和明天［M］．华东师范大学比较教育研究所译．北京：教育科学出版社，1996：108．

【实例 6.7】

教师权威的度在哪里

初二（1）班最近刮起一股"足球旋风"，不仅男生言必"国脚"，歌必"球迷"，就连女同学也一个个都成了"孙雯第二"，一下课就抱着足球往操场上跑。任课老师们大摇其头："再踢下去，期末考试可要'红牌出局'了！"班主任辛老师不得不下了一道禁令：不许再在学校里踢足球！禁令一出，立刻遭到全体同学的强烈反对。年轻的辛老师自己也是足球迷，时不时地也挤进同学们"万马战犹酣"的足球场上充当一回"临时替补"，此刻他非常理解同学们的心情，但是，已呈现滑坡趋势的学习成绩逼使他把心肠硬起来，他决心言出法随，把同学们"野"了的心收回来。一天放学，体育委员带着一帮同学围住辛老师，颇有谈判的架式："辛老师，您怕我们踢足球影响学习才下禁令的，如果我们保证不影响学习，您是否能取消禁令？""迷上了踢足球肯定会影响学习，这已经有事实证明了，这道禁令是不可能更改的！"辛老师口吻很坚定。

"能不能再给我们一次机会？"体育委员几乎央求地说，"我们已经商量过了，只在每周两节的课外活动时间踢足球。谁要是没完成作业，罚他一周停止玩足球；谁如果学习成绩下降，直到他重新赶上来再允许玩足球，您看，行吗？"体育委员说完，同学们都满怀期待地望着辛老师。辛老师有些动摇，不给同学们机会显得太武断，但又很怀疑同学们保证的可信度。于是，辛老师为此召开班会，专题讨论如何正确处理足球与学习的关系，全班同学在体育委员所作的"保证"的基础上制定了一条初二（1）班的新班规。谁知新班规的诞生引起了任课老师的不满，这个说："小辛啊，对学生不可以太迁就，否则班主任还有什么威信？"那个说："在班上，班主任的命令就是法律，哪能随便更改呢？"辛老师招架不住大伙儿的压力，想想老教师总是有经验的，于是到班上把贴在墙上的"新班规"揭了下来，然后迎着同学们困惑不解的眼神，低沉而坚定地说："这条班规作废！"

〔资料来源：马兰霞. 班规大，还是班主任大？[J]. 思想理论教育，2001（1）.〕

实例中，新班规的产生是教师适当地放低身段、有限度使用权威的体现，是师生文化对话的结果，是师生文化和谐相处的一个见证。但是，迫于其他教师的压力，班主任辛老师宣布"新班规"作废。班主任把自己的命令当成学生的"法律"，是对教师权威的过分使用，是不利于师生文化对话开展的。教师出尔反尔的举动，是对教师权威错误理解而作出的决断，这不仅不会增加教师威信，反而会加倍损害个人的威信。

(2) 机智地维护威信

需要明确的是,我们也不能因为淡化教师的刚性权威,而草率地要求教师放弃其特有的、基于教师身份的权威。① 毕竟刚性权威的淡化并不是权威的消除,作为学生还是要尊敬教师,有限度地服从教师权威,否则学校教育就难以开展,师生文化对话也会失去意义。教师确立"有限度的权威"是指,除非学生有反理性的动机或行为时,才能严格要求他们顺从教师;对于学生其他合理的要求,教师都应该尽可能地尊重,而不能固执地坚持权威,让学生屈从。这样,不仅可以使学生的个性有较多自由发挥的余地,同时也"实践了把人当做一个具有独立人格的实体去尊重的新价值"②,而这种价值观,正是师生文化对话的价值支柱之一。当然,当教师的权威受到挑战的时候,教师也要机智地维护自己的权威,避免在学生面前威信扫地。教师机智地维护自己的威信,也是确立有限度权威的题中应有之义。

【实例6.8】

老师的"面子"怎么找回来

上课的时候,一个学生在聊天儿,因为当时教的班特别多,刚教这批学生没多久,那个学生叫什么我都不清楚,我先问她名字,她就说叫什么什么的,显得有点不耐烦。她这一不耐烦,说实话我也有点不耐烦了,我说你回答问题该站起来,是吧?这个跟家教有关。她一下就急了,说:"你说我行,但不能说我妈。"真的,就因当时的这一句话,导致她情绪特别激烈。

学生等于是突然爆发,没有一个缓冲的过程,我当时不能嚷嚷,不能俩人一块瞪眼,我得冷静。老师的确说话有欠妥的地方,但你没理了还得怎么把教师的面子找回来。这面子怎么找回来一点呢?我当时迅速冷静,停了几秒钟想想该说什么,然后我对她说:"你的确是一个非常孝顺的女孩儿,这一点我得向你学习,我妈家我都两个礼拜没去了。"这样大伙儿都一乐,这事儿就过去了,课下我跟她道了歉,说的话确实不太讲究,然后她又跟我道歉,还聊了半天。

〔资料来源:常永祥. 你说我行,但不能说我妈 [N]. 新闻晨报,2010-08-08.〕

教师因自己的不耐烦,对学生说了一句不占理的话,引起了学生强烈的情绪反应,并且在言语上顶撞了教师,师生的文化冲突由此而产生。学生的突然爆发,折损了教

---

① Spindler, G.D. (ed.), Education and Cultural Process, New York: Holt, Rinehart and Winston. Inc. 1974, p.423.

② 韦政通. 中国文化与现代生活 [M]. 北京:中国人民大学出版社,2005:75.

师的"面子",使教师的威信受到了影响。在这样的情况下,教师如何找回"面子"?如何维护自己的权威?又如何开展师生文化对话,来化解师生文化冲突?实例中,教师迅速冷静,巧妙地转换了话题——即跳出"学生有没有家教"这一话题,转而表扬学生是"非常孝顺的女孩儿",并且表示要向她学习。在大伙儿的一乐之中,教师机智地维护了自己的权威,师生文化冲突得到了遏制,并且也为课后的师生文化对话奠定了基础。

3. 以人格魅力来影响学生

教师在看淡制度性权威的同时,还要努力提高自身的业务水平,拓展自己的知识面,加强个人的品德修养,提升个人的人格魅力,形成非制度性的个人权威。

(1) 教师人格魅力为师生文化对话创造条件

综合素质高的教师,往往能与学生形成良好的关系。教师对待学生热情友好、一视同仁的态度;对待工作认真负责、一丝不苟的精神;对待自己严格要求、以身作则的品格等,都会在学生及其脑海中树立起高大的形象,赢得学生发自内心的喜欢与尊敬。[①] 教师做到了这些方面,就能树立个人威望,增强自身吸引力,提升人格魅力,从而为师生文化对话的开展和文化冲突的解决创造良好的条件。

【实例6.9】

"数学老师自画像"

上初中的时候,我特别喜欢画画。一天,课间休息时,我便拿起粉笔在黑板上画了一幅数学老师的漫画,还在下面写了一行小字"数学老师自画像"。同学们看了哈哈大笑,我也情不自禁地笑着回到了座位上。随着清脆的上课铃声响起,祈老师走进了教室。这节课正巧是数学课,而此时我画的漫画还在黑板上呢!我不自觉地紧张起来,心想这下可死定了。

祈老师看了一眼黑板上的漫画,很随和地说了一句:"这幅漫画画得不错,只是时间把握得欠妥,课后请再给我画一幅。"然后她拿起黑板擦,擦干净了黑板。本以为祈老师会大发雷霆,但她的表现却让我很吃惊。于是,我比以往更为认真地听着老师讲课。课后,我来到老师办公室向祈老师承认了错误。祈老师和蔼地对我说:"没关系。平时多在学习上用功,同时在闲暇的时候也可以继续发挥绘画的兴趣爱好。"我心悦诚服地点了一下头。

其实"我"可能并没有心存恶意地去给老师画自画像,但"祈老师"若在课堂上狠狠地批评画画的同学,并要找出"原凶",那么一定会引起"我"强烈的反应,并且可能会引起更大的师生冲突,而"祈老师"的做法不但化

[①] 袁伟英. 化解师生冲突,共建和谐师生关系 [J]. 宿州教育学院学报,2008 (5).

解了冲突，而且还很好地保护了"我"的自尊心和对绘画的兴趣。

〔资料来源：马瑞. 师生冲突化解的艺术——我的学生经历与思考［J］. 新课程研究，2010（3下）.〕

祈老师看到学生给自己画的漫画，并没有采用批评、教训的方式，而是很随和地说了一句话——"这幅漫画画得不错，只是时间把握得欠妥，课后请再给我画一幅"。这句话既肯定了学生的表现欲望，又指出了学生的不足。接着，她擦干净了黑板，继续上课。看似风轻云淡的处理，却能够反映祈老师对学生的深刻认识和对教学规律的精到把握。在这个过程中，祈老师既展现了精湛的教育智慧，又以个人强大的人格魅力深深影响了学生。这种人格魅力的影响，不仅为某一次师生文化对话创造好的条件，而且还会潜移默化地作用于学生的长远发展。

（2）教师人格魅力无形中推进师生文化对话

在师生文化对话过程中，教师准备用人格魅力影响学生之前，要深刻认识到：决不能轻易、粗暴对待学生亚文化；试图系统改变学生亚文化，往往也会以失败告终；但同时，教师也要明白，学生亚文化是可以改变的。如果学生亚文化中有些文化价值存在明显的问题，教师应利用特有的个人魅力，在师生文化对话过程中，让主流文化对学生产生"细雨润无声"般的影响。

【实例6.10】

老师，你不该这样批评我

冬天的早晨，小陆同学跳窗进教室后打开门。我得知后就毫不留情当着全班同学的面批评他太淘气了。小陆眼中噙满泪水，满脸委屈。第二天，他交上来的日记中这样写道：老师，我很伤心，因为你没有给我申辩的机会就批评我；我很难过，因为这次我不是淘气，而是看到同学们等在门外鼻子都冻红了。我做错了吗？字字如千斤重锤，敲打着我的心。我深深感到自己处理问题太过简单、武断，我至少应给他一个解释的机会。再说，他这样做也是助人为乐，只要提醒他以后别跳窗即可。

第二天的团队课，我诚恳地向小陆道歉。同学们神情严肃，丝毫没有不屑之意。

后来小陆又在日记中写道："老师，你平时教育我们要做一个正直、敢于正视自己的弱点的人。你这么说，也这么做了，你用你的身教印证了你的言教。你言行一致，以身作则，为我们作出了表率。你是一个有魅力的老师，我也要像你一样，我要做一个有魅力的学生。"看着小陆的一字一句，我欣喜地感到，在学生面前勇敢地承认自己的不足，不但不会有损教师形象，反而学生愿意亲近你,从而赢得学生的尊重、敬佩与信赖,使学生自觉地以你为范。教师为人师表、以身作则等人格象一丝丝春雨,"随风潜入夜,润物细无声",潜移默化地影响学生的人格。

〔资料来源:该实例由上海市泗塘二中秦华撰写〕

实例中,学生小陆因为跳窗进教室后打开门,被教师当着全班同学的面批评。对教师不给申辩就批评的做法,学生小陆有不同的想法,虽然受批评时没有表达出来,但在内心深处却是极力抵制的。当教师阅读学生日记之后,了解了学生的想法,反思了自己的做法,并且在第二天的团队课中诚恳地向小陆道歉。教师敢于向学生承认错误,表面上看好象是放弃了教师权威,可在学生看来,却是有魅力的表现。教师表现出来的个性魅力,在无形中影响了学生,有力地推进了师生文化对话的开展,同时也赢得了学生的尊敬和信任,发挥了良好的教育效果。

第七章　开展文化对话：师生文化冲突的对策探寻（下）

师生文化对话的深入推进需要教师理解学生，尤其是师生之间的相互理解。而文化生成是师生文化对话的结晶，是师生文化和谐的一种特殊状态，是师生文化对话所产生的一种比较理想的结果。

一、师生文化对话的推进：理解学生

师生文化对话的开展，除了做到尊重学生文化、悬置文化偏见、宽容不同见解、重塑教师权威外，对话参与者还要理解和体察不同的文化价值。在师生文化对话中处于优势一方的教师，更是要做到以开放的心态理解学生亚文化的意义，和学生进行主体间的文化对话，进而在文化对话中认同学生积极的文化观点。

（一）理解的含义

简单地讲，理解是对认识对象的意义的把握。理解有两种基本类型：对事物的理解和对人的理解。法国哲学家莫兰将这两种理解称之为："理智的或客观的理解"和"人类主体间的相互理解"。前者意味着在理智上抓住整体，一起把握（文本及其背景、部分与整体、多样因素和一个总体）。后者包含主体对主体的认识，包括移情、同化、投影的过程。而相互理解总是主体间的，它需要开放、同情和宽宏。[①]

相对来讲，对事物的理解比对人的理解要容易一些。对事物的理解需要将之放在整体中进行把握，要考察其与其他事物是如何发生关系，并发挥作用的。也即"要理解一件事物、一个事件或一种情境的意义，就是要看它同其他事物的关系：指出它的作用或功能，指出它的结果、它的原因以及如何利用它。"[②] 对人的理解固然比较复杂，但也要强调从整体、全面的角度来认识主体，避免孤立、片面的判断。"把所要理解的各个部分放在整体的关系中，才出现了理解"，[③] 这或许是理解的特点。在师生文

[①] 埃德加·莫兰. 复杂性理论与教育问题[M]. 陈一壮译. 北京：北京大学出版社，1999：75.

[②] 约翰·杜威. 我们怎样思维·经验与教育[M]. 姜文闵译. 北京：人民教育出版社，2005：118.

[③] 殷鼎. 理解的命运[M]. 北京：生活·读书·新知三联书店，1988：231.

化对话中,教师要做到理解不同学生的个性和不同的学生亚文化,特别要理解那些乍一看上去理解不了和很容易理解的现象。

(二) 理解学生文化

文化对话中的理解,与悬置偏见和宽容异见互为条件。要做到理解,首先要做到悬置文化偏见,在主观上保持思维的开放,避免把自己作为判断事物的唯一标准;①而后认识并宽容不同的文化见解,把它们放在整体的视野中运用文化学的观点进行分析、省察。

1. 明白学生亚文化的作用

教师在文化对话中除了要理解自己的文化外,更重要的是要理解学生文化。教师认识、理解学生亚文化,明白学生文化的独特作用,有利于在文化对话中有的放矢地采用适当的策略。而教师要理解学生亚文化,先要明白亚文化群对青年人的特殊作用:①这些亚文化群提供了一种解决问题的办法。尽管它处于空想阶段,但毕竟提供了一种解决社会经济结构内部矛盾所产生的问题的方法。这些矛盾是人们共同经受到的,产生的问题往往还是人类世代所经历的突出问题。②这些亚文化群提供一种文化。从这种文化里,人们可以选择一定的文化构成要素。这些都可以用来发展区别于工作、家庭和学校环境影响而形成的个性。③由社会现实抉择出的方法,从阶级文化中萌发,又由其相关的文化和通过大众传播媒介的象征符号交流来调解。④各种亚文化通过其喻意深长的要素,提供了一种有意义的业余生活方式。⑤各种亚文化为一定的既存两难问题提供了个人的解决办法。尤其是,这涉及到在工作和学校环境之外,利用青年独特的风格塑造一种个性。②

当下,在不少学生中传唱的另类校园童谣,是学生亚文化的外在体现,对学生而言有着重要的意义。对于成人的教师而言,理解这些另类童谣,对于深入认识学生亚文化,重新定位师生关系,都是很有帮助的。例如,关于师生关系,有些学生编了这样的另类童谣——"现代老师武艺高,个个都会扔'飞镖'。教学更是有法宝,不是作业就是考。班里纪律真是妙,不能说话不能笑。学生胆敢大声叫,马上把他父母找。"再如,有的学生还传唱——"窗前太阳光,照得头发烫。举头望老师,低头心发慌。"

---

① 我们习得的文化是我们习惯自己所熟悉、所生活的社会的基础,但同时也是理解他人文化的思想障碍。例如,美国人要想理解日本一般自我修养的习惯,就必须对美国的"自我训练(Self-discipline)"概念施行一番外科学术,把美国文化概念周围所缠绕的"自我牺牲(Self-sacrifice)"和"压抑(Frustration)"赘生物割掉。〔R. 本尼迪克特. 菊与刀 [M]. 吕万和,等译. 北京:商务印书馆,1990:161.〕同样地,教师所具备的成人文化,使得他们在成人社会生活中得心应手、左右逢源,但这些文化观念在理解学生文化时,如果不加以正视并在必要的时候加以放弃的话,那么它们就先在地影响了结论的可靠性。

② 迈克尔·布雷克. 越轨青年文化比较 [M]. 岳西宽,等译. 北京:北京理工大学出版社. 1989:32.

通过诸如此类的歌谣,学生强烈表达了对现有师生关系的不满,对教师授课方式古板、常常体罚学生的批评,以及对教师专制式管理的不认同。

【实例7.1】

孩子爱唱另类童谣

偶尔有一天,听到儿子嘴里念念有词"春天不洗脚,处处蚊子咬,夜来大狗熊,谁也跑不了",我横了他一眼问:"你唱什么呢?"儿子回答:"新编《春晓》。"由于听上去合辙押韵、内容有趣,我说了声"无聊"也就作罢。又有一次周末,我和儿子一起外出散步,他碰见了同学,两人见面一击掌,竟唱起"你帅,你帅,你天下最帅,你头顶一筐白菜,身披一条麻袋,你以为你是东方不败,其实你是衰神二代"。看着他们手舞足蹈的样子,我们几个站在旁边的大人面面相觑,不知他们嘴里在嘟哝什么,一问,他们竟然对我们嗤之以鼻,说:"老妈,你们怎么这么老土,连这一点'东东'都不知道,这样的儿歌我们人人会唱,你要听吗?随口就来。""《读书歌》:读书苦,读书累,读书还要交学费,不如去做黑社会,天天晚上网吧会;《上学歌》:太阳当空照,骷髅对我笑,小鸟说,早早早,为何背上炸药包……"

看到他们摇头晃脑的样子,我大惊失色,追问:"这些歌谣是从哪儿来的呀?"儿子眨巴着眼睛说:"自己编的呗,好唱好听又解闷。谁像你们,一上音乐课不是让我们认这些难懂的小蝌蚪,就是扯着嗓子依依依依、啊啊啊啊地练声,累都累死了,一节课下来嗓子都哑了。"是啊,当我教三年级语文《中华人民共和国国歌》这篇课文时,我让学生们唱一首自己最爱唱的歌,学生们唱的不是动画片中的歌曲,就是《老鼠爱大米》或S·H·E的歌。

〔资料来源:金銮弘.健康歌谣伴我成长[J].思想·理论·教育,2005(12下).〕

童谣是儿童表达内心真实声音的独特形式,也是学生亚文化的重要载体。在当前,孩子们的生活太单调,学习压力太大,他们没有太多宣泄的方式,就自己创作了童谣来排解紧张和不满的情绪。有些童谣反映了学生们面对沉重学习压力的无奈和对束搏的反叛,并无太多的复杂含义,但我们可以从这些童谣中看出孩子们希望过什么样的校园生活,希望自己怎样愉快地成长,他们以自己的视角、独特的方式表达自己的情绪和心情。① 流行于校园的另类童谣,表达出了学生亚文化中的一些消极方面。但作为成年人的教师应该看到,这种学生亚文化并不完全是消极的,它在缓解、调节学生情绪方面有着一定的作用。而且,教师也不能用成年人的眼光来衡量学生的另类童谣

---

① 金銮弘.健康歌谣伴我成长[J].思想理论教育,2005(12下).

文化。

2. 理解社会转型期的青少年亚文化

对于那些年龄较大的中学生，教师还要尽力认识、理解社会转型期青年的流行文化，因为它对青少年学生文化的形成和流变与有着重要联系。有学者提出，作为一个有别于成人世界的群体，在与成人世界的文化发生互动时，青年形成了自己独特的表现方式。其中，形象、休闲、"偶像崇拜"、语言、价值观是其主要的表现方式：

其一，形象。形象是由服装、发型、珠宝饰物和手工制品等的表现构成。青年热衷于这些方面的表演，因为这是他们有别于成人世界的最鲜明的符号。青年就常常运用形象这一符号来表达对成人世界的反叛或妥协。他们可以在工作环境或学校里，保持被成人世界所接受的外表，穿成人给他们规定的制服；头发是很听话的，很整齐的梳理过的。但这以外的，就不是成人世界想控制就控制的。

其二，休闲。青年人更钟情于学习的休闲时光，在休闲的世界里他们要充分地表演，忽视成人世界的一切束缚和限制。表演的形式有很多，比如音乐、"偶像崇拜"、电脑游戏、运动、舞蹈等。他们喜欢表演特别是即兴发挥的，他们不希望他们的表达是出于工具的、策略的目的，表达在要表达之前就已存在了的想法。他们的表达只是为了证明自己是存在的。

其三，语言。青年的语言是从主流文化中吸收有关形象的特征，并将这些转化为他们自己的话语。一方面，青年通过模仿成人世界里流行的生活方式和语言方式，来获得成人世界的认同。另一方面，青年还要表明自己对成人世界的不服从，而具有独特性的语言就能引起他人注意，以此表现自己的个性与社会身份。

其四，价值观。青年亚文化群体的价值观体系就成为一种过渡性的体系，在工作和学校之外介绍和解释世界的价值体系。青年在接触和学习成人价值观的过程中，不断地尝试打破它，以树立起自己独特的形象来引人注目，这是他们的目的。①

因此，教师要理解学生日常生活中一些做法的文化成因。拿青少年学生的"涂鸦"现象来说，教师要尽可能运用文化学的观点来分析它对青少年学生的意义，而不能把它简单地归结为一种破坏公物、不守纪律的行为。假如教师在理解时有一些困难，可以借助阅读相关的研究成果，来帮助自己跳出原有的认识框架。比如说，西方有研究者考察了某一个青年亚文化（在墙上涂鸦的纽约人），以及它在对立文化中自主性文化生产的问题。涂鸦者通过与"导师（mentors）"的接触，从而相信他们能够通过在墙上涂写成名。这些涂鸦者一旦学会了基本的技巧，就试图将自己的名字（标签）写在尽可能多的地铁车厢上，以图成为"地铁之王"。涂鸦者紧张的职业生涯相对短暂，在

---

① 高亚萍. "亚文化"视野中的青年流行文化 [J]. 中国青年研究，2003 (5).

他们建立了自己的声名之后,他们就会心满意足,返回学校。① 在此基础上,教师或许会得出一些认识:学生"涂鸦"有着文化上的原因;"涂鸦"的学生可能在学校生活中,没有得到文化方面应有的释放和满足,但可以通过引导;当学生们文化需求得到一定满足后,一般都会回到学校生活中,对于这种现象,教师不可强加限制,但可以进行引导。如此,教师在理解的基础上,也就为进行师生文化对话作了良好的准备。

总之,教师要理解学生亚文化的出现有其社会历史原因和背景,不能用过去的、单样的社会生活和文化标准来裁剪当下的、丰富的学生文化;更不能把学生亚文化中与主流文化不一致的地方,简单地看成是学生的道德品质下降、素质低下或文化品味庸俗。正如有的研究者指出的那样,在对待学生文化这一问题上,作为教师需要注意:认识你自己;发现学生中存在的多种不同的学生文化;运用文化的观点去诊断和分析;要认识到生活区域和交往密切的群体对学生文化的重要性;不要轻易地试图系统地改变学生文化,但同时也要注意到学生文化是可以改变的;在与边缘群体相互作用时,注意运用文化的观点。② 这样做,对于理解学生文化应该是有帮助的。

(三)深入学生文化

教师深入学生文化是理解学生的一个要求、一个标志。教师要深刻地理解学生文化,必须深入学生的文化之中;教师做到了深入学生文化,那么就意味着深刻地理解了学生文化。说起来,教师通过主动与学生进行沟通、交流等方式深入学生文化,不仅是开展师生文化对话的要求,而且也有利于化解师生文化冲突。

相关链接7.1

师生交流有利于化解师生冲突

积极主动和学生交流,并掌握良好的交流技巧(如先肯定学生再解释,通过身体语言拉近与学生的距离等)的教师,更易化解师生冲突。

某学生:"事情发生后,老师主动找我谈心。老师说她很喜欢我这种性格的人,很坦率,也理解我的想法……"

某教师:"下课的时候,我走到他(学生)的旁边,拍着他的肩膀说:'老师会更加努力的教好这门课,老师也希望你以后上课要注意听讲,努力学习啊。'我可以看出他当时很尴尬的表情和暗暗下决心要好好学习的神情。"

〔资料来源:王锟,刘普.对初中师生冲突应对的调查与思考[J].教师教育,2006(11).〕

---

① 约翰·R·霍尔,玛丽·乔·尼兹.文化:社会学的视野[M].周晓虹,徐彬译.北京:商务印书馆,2002:358—359.

② 郑金洲.教育文化学[M].北京:人民教育出版社,2000:345—347.

那么，教师又如何才能做到深入学生文化之中？教师除了积极主动地与学生进行沟通、交流和对话，学会用学生文化感知学生行为之外，还要学会用学生文化分析学生的行为。

1. 用学生文化来感知学生行为

现代社会由于个人生活与社会结构的分歧化与专业化，人与人之间的交往，往往只限制在某一点或某一方面，如师生关系，以往是相当亲密的一种关系，现在多半只限于知识上的交往，离开教室，极少有往来，走在大街上，可以完全像陌生人一样。[①]为了更好地开展师生文化对话，教师应该主动地打破这种师生关系的僵局，教师应该深入到学生中间，接触、体察、理解学生感兴趣的文化信息和信奉的文化理念，勤于与学生相互切磋、交流，力求像学生那样去感知、体验和思考。

【实例7.2】

我的小队长标志谁作主

2010年12月28日周二

"孙老师，我的标志能不能还给我，这次回老家，我要带给爷爷奶奶看。"

"我还要看你的表现，表现好了再还给你。"

"可是……"

"好了，就这样吧。"

看着小涂一副垂头丧气的样子，我不禁想起了不久前发生的事情——

小董的手骨折了，绑着石膏到校的第一天就被这个小涂给重重地拍了一下。而之前我一直在强调同学之间的相互友爱。为了让学生知道事情的严重性，我对小涂说："班干部最重要的是关心爱护同学，但是连这个最基本的要求你都没有做到，那么小队长标志请你拿下来，等你表现好了，我再还给你。""孙老师，我只是觉得好玩，所以就……""难道好玩就可以打她绑着石膏的手吗，万一再骨折了怎么办？""我以为不要紧的，那么我去和小董道歉。""这时候道歉没用了，就这样办吧，你自己拿下来。"小涂悻悻地拿下标志，很不情愿地递给我。

这几天，小涂真的很乖，不去碰小董的手，也不从她的身边走过。奇怪的是，我的课上他举手的次数也减少了。大概是被我批评了一下，可能见到我有点害怕，这样的反应也算正常。

今天小涂特意跑来问我讨标志，说明这个标志在他心中的分量很重。的确，这学期小干部竞选的时候，他可是击败了不少竞争对手，才当上这个小

---

① 韦政通. 中国文化与现代生活［M］. 北京：中国人民大学出版社，2005：38.

队长的。还记得他就职时说:"我感谢大家投我一票,我一定会为同学们服务。"这样看来,我收了他最宝贵的东西作为惩罚,他一定会记住这件事情的重要性。希望他能记住身为班干部的要求。

2010年12月30日周四

今天的日记,会开启我新的教育观。是的!

中午活动时,小董哭着对我说,小涂很凶地骂她,你离我远点,越远越好!我生气地叫来小涂:"难道你不想要回标志了吗?""不要了,反正我也拿不回来了。"听到这话,我突然醒悟,原来之前他的种种表现并不是一种悔过,而是无奈的接受和无声的反抗。我一腔热忱地以为我的教育方法是正确有效的,但事实上我的教育并没有奏效,甚至起了反面作用。

面对小涂的回应,我哑然了,其实是一种慌张和无助,接下去该怎么办?我只能真诚地对小涂说:"也许这件事情老师处理不妥,那么让我回去想想,明天我们再来谈一下,好吗?"

一下午,我一直在思考,但是毫无头绪,究竟是哪里出错了呢?

巧得是,在某个网站上,我看到了这么一个帖子:"今天回来,女儿泪眼汪汪告诉我大队长标志没了,我以为是弄丢了,还安慰她说再买一个,后来她外公告诉我是被老师拿掉了,因为今天上课在发呆!女儿一边哭一边说,很伤心,我先安慰她的情绪后,然后,我问她老师有没有提出什么要求?有没有说在什么情况下再把标志给你带上呢?女儿摇摇头。仅仅因为上课发呆,就把大队长标志拿掉,这个教育方式我有点不同看法,可以先谈话教育,为什么要拿掉标志这么严重,孩子也是有自尊心的呀!!!补充一句:班级也发生过中队长考试没考好被拿掉标志的情况,后来表现好了又带上了,是不是小干部都要用这种方式来教育,我有点不敢认同。"

从这个帖子中,我发现了自己的错误,我没有站在小涂的角度考虑问题,而一厢情愿地采取了自我的看法。没有小涂的这件事情和这个帖子,可能我还会一直犯同样的错误。在我看来,很多小干部是很在意这个标志的,所以一旦出现表现不好的时候,我一直也会采取没收标志这个措施,很多小干部的确会上心,然后开始努力。但是,今天的事情告诉了我,在我看来是奏效的方法其实伤害了孩子的自尊心。我和帖子里的班主任一样,出发点是好的,但却是错误的好心。我在不知不觉中伤害了小涂的自尊心,同学们会怎么对待他,他又如何向父母交待,如果换作我,一定会很伤心的。

2010年12月31日周五

今天,我和小涂谈了心,他告诉我,爸爸妈妈一直在问标志的事情,他没敢说被老师收了,就说掉了,也没敢去自己去买一个戴上。他还告诉我,其实那天真的没想碰小董的手,就是这么好奇,硬邦邦的,想到底有多硬才打的……听着孩子的话,我真的要哭了。自己错误的好心,让一个孩子忍受着这么大的压力和不快,而我还自鸣得意地以为自己是正确的。

我一直觉得小涂是个大大咧咧的孩子,所以发生这件事情的时候,没有找他谈话,就匆忙地处理了。事实上,每一个孩子都有自尊心,只是这个大方的孩子没有表现在脸上,更没有用哭来表示自己的不满。

我当着全班孩子的面,把标志还给了小涂。我对全班同学说:"以前孙老师总认为没收标志能帮助小干部进步,但是老师没有想到你们的标志是全班同学一票一票投出来的,这是全班同学给你们的光荣和信任。所以,这个标志是全班同学作主的,不是老师想没收就能没收的。老师保证今后不会再犯这样的错误,也对曾经被没收过标志的同学说声对不起。"看着同学们闪烁的眼神,我提醒自己,时时刻刻记住黄静华老师的话:"如果我是孩子。"是啊,读懂孩子真的很难,但是唯有怀着这样的想法,我们才能离孩子近些近些再近些……

〔资料来源:该实例由上海市浦东新区北蔡镇中心小学孙丽萍撰写〕

同样的事情、同样的行为,在学生和教师眼中,有着不同的文化意义。实例中,小涂因为好奇拍了一下同学固定在手上的石膏,教师觉得小涂没有做到友爱同学,就没收了小涂的小队长标志。围绕小队长标志的没收与归还,师生发生了文化上的冲突。教师在事后意识到小队长标志这一文化符号,对学生小涂有着特殊的文化意义,并在此基础上重新解读了学生小涂的行为,认识到了自己做法存在的不妥之处。之后,教师在班级上承认了自己的错误,把标志还给了小涂。教师这样做,既有效地开展了师生文化对话,也成功地化解了师生文化冲突。

2. 用学生文化来分析学生行为

教师要做到真正浸入学生文化,就要学会用学生的文化来分析学生的行为。正如美国人要理解日本人行善的原因,就需要进入日本人生活的文化之中,用日本人的文化观念来作换位思考。这是因为要求美国人行善的强大制约力是罪恶感,如果一个人的良心麻痹,就不再能有罪恶感而变成反社会的人。日本人则认为人的心灵深处存在着善,如果内心冲动能直接表现为行动,他就会很自然地实践德行。于是,他想努力修行,以求"圆熟",消灭自我监视的"羞耻感"。当你考察日本人的这种自我训练哲学时,如果你脱离了日本人在其文化中的个人生活经验,就会成为不解之谜。[1] 同样地,教师要真正理解学生,就要努力使自己进入学生的文化之中,学会用学生的价值观念来看学生身边发生的事。

---

[1] R. 本尼迪克特. 菊与刀[M]. 吕万和,等译. 北京:商务印书馆,1990:174—175.

相关链接 7.2

学生爱玩"摘菜"游戏

时下"摘菜"游戏在成年人中盛行,许多人为此沉迷,不少中小学生也开始热衷于"摘菜",从"开心农场"到"QQ农场"等,在校园中流传很广。经常可以听到学生私下里谈论:"我昨天去偷了××家的菜。""你的萝卜收了吗?"说到"摘菜",学生们就像说自己喜欢的玩具一样,一下子兴奋起来。五年级有个男生说,他特别喜欢玩这个游戏,尤其是到菜快成熟的时候,心情特别激动,就守在电脑前等着菜成熟,"不然会被别人偷走"。另一名四年级学生兴奋地说:"我每天就等着偷别人的菜,在别人不知道的时候把菜偷走,感觉真爽!"……

〔资料来源:林羡石."摘菜"[J].思想理论教育,2010(8).〕

对于学生玩"摘菜"游戏,教师应该持什么样的态度?我觉得,教师应该深入学生文化,真正理解学生热衷"摘菜"游戏的文化需求。这种文化需求有一定的共性,但不同的学生也不完全一样。有研究者对此用如下的分析:有的学生认为,游戏能够使紧张的学习得到放松。有的学生认为,"摘菜"游戏体现了"公平"和"多劳多得"的原则,只要能够遵守游戏规则,并投入时间和精力,就能够获得"成功"。有的学生认为,可以让自己"参与"比较复杂的社会活动:诸如种菜、摘菜、饲养家畜,投资、购买房产等,虽然是虚拟的,但具有真实感。还有的学生认为,作为一种流行的活动,还能体验"时尚",也就是说,在某种环境下,如果学生不介入,就会有被同伴边缘化的感觉。[①] 教师要想了解不同学生玩"摘菜"游戏具体的文化需求,真正理解学生"摘菜"游戏背后的亚文化,必须深入到学生之中,用教育文化学的视角对学生行为作出分析。例如,"摘菜"游戏反映出学生对趣味性学习生活的追求,对公平、公开、公正评价的需求,对持续激励的心理要求,等等。

总之,通过深入地与学生接触,教师就能使文化对话的触角深入到学生的生活世界。在相当意义上,教师不仅要理解学生的文化,同时也要习惯于学生的文化,教师尤其要理解身为儿童的学生,其生活世界与成人生活不同的一面。美国教育学家杜威指出,儿童生活在个人接触显得十分狭隘的世界里,除非这种生活密切地和明显地涉及到他自己的或者他的家庭和朋友的幸福,其他各种事物很难进入到他的经验里。儿童的世界是一个具有他们个人兴趣的人的世界,而不是一个事实和规律的世界。儿童

[①] 何康.学生"摘菜"现象的教育对策——回应《"摘菜"》[J].思想理论教育,2010(12).

世界的主要特征，不是什么与外界事物相符合这个意义上的真理，而是感情和同情。①理解了儿童的日常生活世界，关注了儿童的生活内容、生活方式、生存状态，以及其理想生活与可能，师生文化对话才有可能变为现实。

二、师生文化对话的深入：相互理解

文化冲突的一个重要原因，是冲突双方的相互不理解。师生双方在文化上达成相互理解，既是开展师生文化对话的要求，也是师生文化对话深入的标志。为了深入地开展师生文化对方，师生双方一方面要做到相互理解，另一方面，师生双方尤其是教师要认识、避免造成误解的障碍，避免由于不理解而导致言行的偏失，影响师生文化对话的开展。

（一）形成师生相互理解

师生文化对话深入开展离不开师生间的相互理解，离不开师生双方基于理解的敞开心胸和相互接纳。教师要理解学生、尊重学生、宽容学生、鼓励学生，站在平等的地位引导、帮助学生，而学生要理解教师，不仅理解教师的意图、目的、动机、情感和态度，而且把教师作为一个有真实个性的人给予接纳和尊重，把教师视为一个生活中的先行者，接受他的支持、帮助和引导。只有这样，彼此向对方负责、乐于互相沟通的平等的师生关系才可能出现，师生间的有效沟通和相互理解才会成为现实。② 也就是说，师生之间达成了相互理解，就可以建构或修正彼此的价值观念和行为方式，并在此基础上形成真正意义上的师生文化对话。

1. 教师谅解学生是师生相互理解的条件

教师要以实际的行动，来促成师生双方的相互理解。诚如有的研究者所言，如果教师认为自己的做法有什么不足，就可以率先检讨，教师的真诚和高姿态往往会感动学生，使学生完全谅解教师；如果学生承认错误，教师就应该在讲明道理，做出适当的批评或忠告的同时，对学生对自己的不够尊重等问题表现出宽容大度，表示谅解。教师需要学生的体谅，而只有学生觉得教师是体谅他们的时候，他们才会体谅教师。③在这里，我们看到，教师勇于在学生面前承认错误，有条件地谅解学生的问题与错误，是学生理解教师的条件，也是师生之间达成相互理解的重要推动力。

---

① 约翰·杜威. 学校与社会·明日之学校［M］. 赵祥麟，等译. 北京：人民教育出版社，1994：116.
② 刘福才. 中小学师生冲突及其教育价值［J］. 教育导刊，2006（5）.
③ 庄琴. 师生冲突及其解决办法［J］. 考试周刊，2009（31）.

【实例7.3】

学生小丹终于理解了我

开学第二周周五都下午五点半多了,小丹突然心事重重地要求找个僻静的地方单独和我谈谈,很郑重其事而且始终严肃地对我说:"老师,我曾经是原中学的大红人,全年级老师和同学都喜欢我,我在初中众星捧月,您怎么瞧不起我,处处给我难堪呢?"

我不由一愣,但还是笑着说:"我也很喜欢你呀!我觉得你很棒!"他说:"不是的,您总用言语刺激我。""教师节那天,您当着全班同学的面说我傻,弄得我没面子;我最近觉得数学特难学,做作业的时间很长但又想不出来,那天我没做完作业,就没交,您又当着全班同学的面点我的名。反正,好几次,让我在全班同学的面前下不来台。我觉得您的工作方式不对,您应该为我在同学的面前树立威信,不能毁我的形象呀?"我这才听明白小丹找我的用意。

我想让这位太好面子、太在乎自己形象的学生明白,我对他的要求是一视同仁的。正是因为不想让他这块璞玉有一点瑕疵,才严格要求他。他并不理会,反而说:"您应该改变说话的口吻,我受不得您批评我。而且我告诉您,我会特别出类拔萃的。我希望您别撤我班长,否则我会受不了。"

我觉得这次谈话小丹并没有理解我,我得想法逐步改掉小丹自负和不虚心接受批评的毛病。而小丹呢,则断不了向我发出大大小小的消极信息。比如班里有什么事情,只要交给小丹,准完不成或干脆忘得一干二净。比较突出的一次是在军训后,学校收皮带,若丢了得每条交8块钱。我让小丹收皮带,顺路把钱交给年级组的老师。几天后却得知就差我们班没有交。而小丹却说:"交了。"我说:"那是不是负责的老师记错了。"小丹却当着那么多同学的面说,"我是没交给负责老师,我记得清清楚楚,钱交给您了,在您手里。"说完,得意洋洋地看着我。我们班的各项费用我从不经手,小丹根本就没有交给我。我说:"我没记得你交给我,你再想想?"他非常坚决地说:"老师,您记错了,钱是在您那。"我当时就觉得这孩子在报复我,而且当着全班同学的面,成心让我下不来台。但我当时还是很平静地说:"可能是我记错了,最近事太多了,忘了,生活委员,跟我去办公室拿钱,赶快交给老师。"这一下,小丹怔在那里了。

此刻我心里决定,以后班里的事情少让他办,但冲突似乎避免不了,我不委托他任务,他却会抓机会批评我。以前带的班级,卫生从来不用我操心,这重点班的尖子学生却得让我要求每位同学自带抹布,把周围的桌面、地面擦干净。结果,小丹和另三位学生没带。我一问,小丹语气强硬地说:"不就

161

是没带抹布吗？干嘛发这么大的火？明天带了不就完了吗？您有点太过分了，应该适可而止。"他迎合有些同学不愿搞卫生的心理故意这么说，让全班同学不屑我的要求。

我工作十三年了，从来没碰到过公然跟我对着干的班长。我清楚他的活动能力很强，跟他硬较量，恐怕就如他愿了，但又不能迁就退让。我当时就说一句："做人起码的原则是讲信用，勿以善小而不为，勿以恶小而为之。我希望你静下心来好好想想，你今天的所作所为是否正确"。

虽然我心里想撤小丹的班长，但还是觉得给他机会发挥他活动能力强的优点，更容易接受我的大度和为人，尽量给时间让他了解我。

马上要模拟考试了，小丹突然找到我想问题目，我自然欣然答应，没想到他拿着一本练习册中的问题逐一地问。说实话，那天我才一岁多的儿子正在发烧，我特别想回家照顾孩子。可是，我要是说改个时间，他会不会认为我狭隘呢？我就非常耐心地为他解答，都到晚上6点半了，他终于问完了。这时一同事提醒我"孩子发烧了，怎么还不快回家？"小丹这下特别不好意思，我感觉这次他的内心有触动。

小丹办事逐渐稳妥了，而且屡次主持并策划的班会很成功，学习也越来越好，成绩在年级名列前茅，在运动会上短跑成绩突出，在英语演讲比赛中获得区级奖，在语文自编自演的话剧赢得全校师生的好评，在他认为相对弱的理科上，考试成绩均接近满分。我也越来越发现，这个孩子实际上很善良，性格刚毅，特执着；遇到困难有勇于面对、勇于挑战的劲头，相信他会越来越好。我越来越喜欢小丹，他也越来越喜欢我。他终于理解我了。我庆幸当初没有和他硬碰硬，否则，很有可能毁了一个好孩子。

〔资料来源：张改莲. 我和学生班长小丹的故事［N］. 新闻晨报，2010-08-08.〕

学生小丹很有个性，也很有能力。对于教师的批评，他觉得是毁了他的形象。教师在谈话中表达自己严格要求他的想法，但学生小丹却没有理解教师的良苦用心。师生文化冲突不可避免地发生了。学生小丹公然与教师对着干，多次有事无事地找教师较量。教师则不断地谅解学生的错误，想方设法让学生了解其大度和为人的方式。终于，有一件事触动了小丹的内心——教师不顾及时回家照看发烧的孩子，而非常耐心地给小丹解答习题。通过教师一系列的努力，主动地理解学生，不断地谅解学生，最终使学生理解了教师。在这个过程中，师生之间的相互理解达成了，师生之间的价值观念碰撞、互动，也即师生文化对话，深入地开展了。

2. "他者立场"有助于达成师生相互理解

为了更好地达成师生双方的相互理解，教师和学生可以借助人类学对待异文化的他者立场。面对不同的文化，师生可以尝试以第三者的立场来分析，用比较客观的态度来认识不同文化。师生双方可以用人类学"离我远去"的第三者立场,以"局外人"的角色来重新审视自己的他人的文化,尽可能避免基于自己的立场去理解对方。有的时候,要理解他人,意味着放弃;而要达成相互理解,则意味着相互妥协。人类学的第三者立场,为放弃和妥协提供了切实可行的方法,也为师生相互理解找到了一种行得通的策略。这样做,师生双方就更容易认识对方文化的合理之处,就能够更好地理解对方的文化。

【实例7.4】

她想逃离我的课堂

"老师,我实在受不了了,我真的……真的想逃离这令人生厌的语文课堂……"

新学期,高一重新分了班。为了了解学生对我的语文课堂教学的看法,开学一周后,我让学生写下了"我的语文课堂"的话题作文。看了多篇对我的教学充满溢美之词的习作后,我心中的高兴劲无以言表。正得意的时候,冷不丁,几行文字跃入我的眼帘,我的心一下被厚厚的冰块包裹。

冷静下来后,我觉得有必要弄清楚学生想逃离我的课堂的真实原因。于是,作文讲评课上,我让这个学生读了自己的习作。当时,课堂气氛十分紧张,简直到了令人窒息的地步。我没有像往常那样板着那张老脸,而是平和地看着这位女生。待她读完,我带头为她鼓了掌。接着,我请同学们敞开心扉点评习作。

开始,大家大眼瞪小眼,没人吱声。我诚恳地道出自己批阅该文时的心理感受,真诚地说出在教学中存在着不注重学生主体地位的问题。这样启发引导之后,同学们才各抒己见,有的贬抑,认为文中所抒写的是作者的片面看法,觉得我谈古论今而又与时俱进的风格,使大家百听不厌;也有的褒扬,认为文章道出了实情——我从来不肯露出笑脸,确实使学生感到压抑。最后,大家把目光投向了我。我再一次向同学们表达了我的心迹,感谢这位女生和同学们说出了心里话,感谢大家敦促我进行自我反省,从而实现了教学相长。同学们为我送来了雷鸣般的掌声。

下课铃响,我轻松地离开教室。而她则追了过来,对我说:"老师,对不起。其实,我想逃离你的课堂,主要原因在我。"还没等我回过神来,她又滔滔不绝地说开了,"以前的语文课堂,任何人都可以随意插嘴。我常常喜欢跟老师争辩,有时一辩就是一节课,我感觉自己就是语文课堂的主宰。如今,语文课不再是我一个人的了,更没有了以往的争辩,我感到了失落……现在想想,我很自私。"顿了顿,她又说,"以前,无论我回答怎样的问题,老师都给我极高的评价——'very good！''你真棒！''太聪明了！'而这些话，却很难从你的嘴里说出来。现在想想，我是不是太虚荣了。"

"老师，从您身上我看到的是宽容、严谨，学到的是踏实、律己。这些正是我所缺少的。老师，要改的不是您，而是我。"

我们边走边聊，跟学生亲密接触之后，我才感受到我的学生是如此通情达理、善解人意。望着这位女生远去的身影，我陷入深深的思索……

〔资料来源：姜秀琴. 她想逃离我的课堂［J］. 思想理论教育，2008（6）.〕

语文课是否真的"令人生厌"？为什么学生说想要逃离"令人生厌"的语文课堂？学生之所以在作文中说"真的想逃离这令人生厌的语文课堂"，这固然有个人不适应教师教学风格、个人的愿望在课堂中得不到满足等原因，但主要的原因可能是不理解教师。而教师刚看到学生的习作，"心一下被厚厚的冰块包裹"，肯定也是不理解学生的想法。通过课堂中的讨论、沟通和交流，教师进行了自我反省，并设法去了解和理解学生。在课后，学生也反思自己的观点和做法，并且做到了更好地理解教师。这样，师生之间的相互理解就达成了。师生的相互理解是在师生文化对话过程中达成的，而师生相互理解的达成，又促进了师生文化对话的深入。

（二）避免理解的障碍

教师在师生文化对话还要对难理解、不理解有所认识和准备。理解困难的原因主要是师生生活经验的差异。"高度的契洽不易凭空得来；只有在相近的教育和人生经验中获得。观念上的相同必须有相同的经验基础，感情上的相合必须有长期在一起的生活。"① 而在师生文化对话过程中，理解的障碍则可以从个人内部的障碍和外部的障碍两个方面来分析。

1. 内部障碍

有研究者认为，理解的内部障碍有二：一是不理解自我，二是把复杂的文化简单化。不理解自我导致的是不理解他人。对自己的不理解，必然会无知地掩饰自己的缺陷和弱点，相反，对他人的缺陷和弱点则毫不留情。而把一个复杂事物化约为简单的问题要素，或者把多样性的价值简化其中的某一方面，也是造成文化上不理解的重要原因。② 同样地，教师对自我的认识不足也会导致不理解学生。教师应该是最能理解学生的人，但有些教师由于将自己摆得高高在上，维护所谓的权威和面子，最终导致师生文化冲突的发生和文化对话的中断。另外，教师如果习惯于将复杂问题简单化的思维，也会造成对学生文化的不理解。无论是看到学生文化的积极方面却忽略其消极

---

① 费孝通. 生育制度［M］. 北京：商务印书馆，1999：84.
② 埃德加·莫兰. 复杂性理论与教育问题［M］. 陈一壮译. 北京：北京大学出版社，1999：77—79.

方面，或者是看到消极方面而无视其积极一面，都将造成教师对学生文化的理解不足，进而成为师生文化对话的内部障碍。

【实例 7.5】

后排学生为什么上课讲话

上午第二节下课的铃声刚响过，教数学的韩老师便生气地回到办公室："你班的学生把我气坏了，坐在后边的好几个学生嚷嚷看不见板书、听不清我讲的内容。前几天就有一次了，我没理他们。我板书的字一直这么大，讲课的声音一直就这么高，以前能看到、能听到，现在怎么就不行了呢？我看他们就是存心捣乱。"

我认真听着，思考着怎样让韩老师消气。这时她又对我说："你看着，下周一我就不给他们上课，让他们做练习，晾他们几天，让他们再张狂！"

我知道她说的是气话。为了避免引起她更激烈的反应，我便附和着说："是该教训一下这帮小子。哎，是谁在后边说话？"她气呼呼地说："一帮呢，我也弄不准是哪一个，而且声音很大。"

下午放学后，我开了个简短的班会：（1）介绍了数学课上部分学生的不良表现给韩老师造成的伤害；（2）帮学生分析，如果老师不上课，会造成的后果；（3）指导学生正确处理师生关系，告诉他们，以后对任课老师的工作，不管有什么意见，都要好好说，也可以转告班主任，还可以通过课代表反映情况；（4）建议同学们认清自己的错误，并与韩老师好好沟通，向他承认错误，消除误会。

开完班会，我回到办公室。李伟东跟着进来了，在我印象里他是个很不错的学生。我让他坐下，问他对今天的事有什么看法。他红着脸说："老师，数学课上我说话了。""韩老师说有好几个呢，是吗？"我问。"我们那片儿都说来着，我的声音最大。"我更不理解了："为什么？"

通过他的讲述，我弄明白了事情的原委。原来，扩音设备电量不足，导致后排学生听不清，互相询问老师讲的内容；黑板反光，导致学生看不清板书，互相核对笔记。韩老师看到学生在下面窃窃私语很不高兴，再加上个别学生起哄，便愤然离开教室。

〔资料来源：解玉荣. 班主任对师生冲突的化解［J］. 班主任. 2008（12）.〕

在实例中，韩老师对自己的文化缺乏深刻的理解，而且把复杂的学生文化简单化，导致了对学生的不理解和误解。在韩老师看来，自己"板书的字一直这么大，讲课的声音一直就这么高，以前能看到、能听到，现在怎么就不行了呢？"韩老师觉得自己的板书写得够大、声音讲得够高，而实际上对后排的学生来说并不见得如此。韩老师觉得"坐在后边的好几个学生嚷嚷看不见板书、听不清我讲的内容"，"就是存心捣乱"，而事实上后排学生确实是因为听不清而相互询问，因为看不清板书而核对笔记。

2. 外部障碍

师生之间的理解也存在外部障碍。在师生文化对话过程中，要达成师生相互理解，除了注意理解的内部障碍外，还要正确对待理解的外部障碍。理解的外部障碍也是多种多样的。有研究者提出，理解他人的话语、思想和世界观的含义总是受到无所不在的威胁：

（1）总是存在干扰信息传输的噪音，造成着误解或失听。

（2）也存在一个概念的多义性，使它在一个意义上被说出，而在另一个意义上被理解。

（3）存在着对他人的惯例和习俗的无知，特别是礼节方面的，这导致无意识地伤害他人或在他人面前失去信任。

（4）也存在着对在另一个文化内部通行的绝对价值规范的不理解，比如在传统社会中对老年人的尊敬、孩子的无条件的服从、宗教的信仰，或相反地在我们当代的民主社会里，对个人的崇拜和对自由的尊重。

（5）也存在着对一个文化固有的道德律令、对部族社会中的复仇的律令、对发达社会中的法律律令的不理解。

（6）也经常存在着置身于一个世界观的内部去理解另一个世界观的观念或论证的不可能性，如同置身于一个哲学内部不可能去理解另一个哲学。

（7）最后特别是存在着一种思想结构，去理解另一种思想结构的不可能性。[①]

在实例 7.5 中，教师对学生误解的原因，也与理解的外部障碍有关。在设备和光线正常的情况下，教师的音量确实能让学生听清，教师的板书也确实能让学生看清。而"扩音设备电量不足，导致后排学生听不清"；"黑板反光，导致学生看不清板书"。扩音设备的问题和黑板反光，都是影响教师误解学生的外部因素，也可以认为是理解的外部障碍。

总之，理解的障碍有不少，并且形式多样，有些形式的理解障碍还与人性的弱点交织在一起。对于理解障碍的认识和反省，是理解的需要，是减少不理解的重要方法。在师生文化对话中，教师和学生都要做好破除理解的障碍，用心理解自己和对方的文化，并且做好克服不理解、误解的思想准备。

三、师生文化对话的结晶：文化生成

师生的文化冲突，其前提条件在于师生双方相异、相对的文化立场，而师生之间

---

① 埃德加·莫兰. 复杂性理论与教育问题 [M]. 陈一壮译. 北京：北京大学出版社，1999：76.

开展文化对话,则为不同性质的文化和谐相处于一个时空创造了良好的条件。也即,师生文化对话不仅为教师文化和学生文化中合理的成份提供了发挥作用的空间,使之在文化对话的过程中相互影响、共同发展,与此同时也会形成一种为师生所认可的新的文化形态。

(一) 新质文化伴随师生文化冲突的化解而生成

师生文化冲突最终无法阻挡学校中不同文化的融合,从而推动学校主导文化对异质文化的整合和一些新质文化的生成。与此同时,社会转型期的师生文化冲突毕竟比较激烈,也带来不可忽略的破坏性。而开展师生文化对话,可以将文化冲突中的消极影响控制到最低限度。而且,文化对话的过程本身也是文化生成的过程。文化对话可以有意识地选择不同文化进行交流,在一定程度上能起到监控不同的文化相互吸收、调适的过程,并最终促进不同文化通过相互整合,以丰富参与对话的师生双方的文化,或产生带有新质成分的学校文化。

在文化对话精神指引下,师生之间发生的文化冲突,就有可能随着对话的深入而逐渐消失。教师和学生还有可能在宽容的对话氛围中,创造性地探索新的文化观念,并且去分析哪些价值对于教师或学生来说才是真正有必要存在的。这样,文化对话也就随之进入一个催生新文化的创造性阶段。在这一阶段,或许教师和学生都能真正做到控制自己的冲动,暂时搁置自己的文化偏见,并对自己和对方的文化偏见加以认真的省察和明辨,这样教师和学生就能形成相似的价值观念状态。也就是说,在文化对话过程中师生可以做到共同思考,不带偏见地与他人分享自己的观念。而当师生不再顽固地坚持自己的观念和偏见的时候,就有可能诞生出一种新的文化。这种新文化的形成,对于师生文化冲突的消解、学校文化的发展以及师生身心的发展都是非常必要的。

【实例 7.6】

学生认识到了沟通的重要性

终于结束了三天的团干部培训,包都还没来得及理好,手机铃声却不期而至了。一看来电显示是学校打来的电话,心头不由闪过一个念头:"班里出什么事了?"果然,一接电话,就听到电话那头的同事对我说:"许老师,你班的蔡××不得了了,竟然敢顶撞数学老师,还把数学书从四楼扔了下去……""啊!竟然有这种事,真是昏了头了。"我听了之后不由地火冒三丈,"我知道了,明天到学校我会好好处理他的。"挂断电话,原先的好心情已荡然无存。脱产培训三天,虽然人在进修学院上课,可心却在学校的那帮孩子们身上。前两天打电话给我的那些小干部们了解情况,各方反应大家都挺乖的，可最后一天却还是出现状况了，真是"晚节不保"啊！

坐在公交车上，我一直在平复自己心中的怒火，努力让自己冷静下来分析问题，但仍然心存疑虑。这件事怎么会发生的呢？身为班主任，我对于本班的孩子们还是比较了解的。小蔡这位同学的确比较叛逆，有的时候还不拘小节，但有如此举动好像也不太正常，这其中肯定有什么原因。

一回到家，我顾不上吃晚饭，就拨通了几位小干部的电话，一圈兜下来，对事情的缘由也大致有所了解。原来是蔡同学一早到学校来补作业，被数学老师看到了说他是在抄作业，上数学课时他问同学借橡皮，老师又认为他在课堂上讲废话，对他进行了严厉的批评。他觉得老师一再地冤枉他，心中觉得很委屈，于是就出现了以上这些举动。知道了事情的前因后果，我心中的疑虑消除了，原来是师生之间缺少沟通所造成的。

正在这时，家里的电话铃响了，我接通了电话，可电话那头却没有声音。

"喂，喂，哪一位？喂，请说话。"电话那头仍然没有声音。"是蔡志波吗？"

"许老师，对不起，我今天做错事了。"

"怎么了？"

"我今天把郁老师给惹火了。"

"你做了什么事让郁老师生气了呢？"

"我和郁老师顶嘴了，还把数学书给扔出了窗外。"

"那你是做得挺离谱的。可是为什么呢？你可是我们班的数学才子啊，是不是觉得自己很棒了，就可以不尊重老师了？"

"许老师，不是这样的，是郁老师连着好几件事冤枉我。我原先一直忍着，可是后来觉得忍无可忍就无需再忍了。"

"噢，原来如此。那郁老师怎么冤枉你呢了？"

"他一早来就说我抄作业，上课时又说我讲废话，可这些我都没有做……"蔡志波同学把在学校发生的事向我陈述了一遍。

"谢谢你如此信任许老师，把这些事情都告诉我，但你今天为什么不和郁老师澄清呢？如果你们多一点交流、多一点沟通，今天这件事不也就不会发生了吗？"

电话那头又是一阵沉默。

接下来，我给他分析数学老师为什么会批评他，老师的这种做法是负责任的表现。当然，老师在下结论之前应全面了解情况，但学生也应配合老师，多与老师沟通，一味的沉默只会让事情更复杂，而且顶撞老师肯定是错误的。

"老师，我知道错了，我保证下次不会再犯这种低级错误了。明天到学校，我会在全班同学的面前向郁老师道歉的。"

第二天一早到学校，我到办公室一放好包就直奔教室。这时，同学们都安静地坐在位置上，等着我班主任对他们进行狂风暴雨般的批评。我走进教室，先在黑板上写了两个字——"沟通"，接着又和颜悦色地给他们讲了一个因为缺乏沟通，而导致两个恋人分手的唯美的爱情故事。聪明的孩子们马上把我的故事和昨天班中发生的事联系了起来，纷纷举手说出了自己的看法。小蔡同学也在班中做了自我检讨。

通过这件事情，班中的同学们大多数能认识到沟通的重要性，师生之间、生生之间的关系都比原先融洽了许多。小蔡与郁老师之间也消除了误会，彼此之间和谐相处。

〔资料来源：该实例由上海市上大附中实验学校许杰撰写〕

实例中，小蔡同学与数学老师发生了文化冲突。班主任老师作为不介入冲突的第三方，不仅与小蔡进行了文化对话，让他意识到自己的错误和沟通的重要性，而且与全班学生就"沟通"这一话题进行文化对话，使班中大多数学生重新认识了沟通的作用。伴随师生文化冲突的化解，学生初步形成了重视沟通的文化观念，从而促进了师生关系的和谐。

（二）师生文化对话促进了学校新质文化的生成

教师所坚持的价值，与学生所理解的、信奉的文化，虽然存在着相似的地方，但同时也会有相当多的不同之处。因为，"属于同一个地方、同一种职业或同一代的人，并不因此形成一种文化；只有在他们开始使用共同的语言习惯、行动方式、价值框架和一种集体的自我形象的时候，才会形成一种文化"。[1]

而在文化对话过程中，教师和学生都可以根据对方的反应，发现自己的观点、信念与对方所要表达的之间的区别。师生双方经由对各自文化偏见的悬置，对他人不同价值观念和行为方式的宽容，以及对自己和他人文化规范的理解或解释[2]，就有可能产生一些新的观点或想法。这些新的观点或想法也会被文化对话参与者共同分析、交流，并会不断涌现出更多的新看法，而且其中有部分能够逐渐地得到双方的认同，形成新的共有价值。

新形成的文化除了由一些文化对话中产生的不同已往价值的成份外，通常也是师生都可以接受的一种教师文化和学生文化的整合体。当然，这个"整体并非仅是其所

---

[1] 特瑞·伊格尔顿. 文化的观念 [M]. 方杰译. 南京：南京大学出版社，2003：42.
[2] 在解释学看来，解释决非简单的重述、复制、再现、重建或恢复被解释物的原意，它会生发出新的东西。〔Gallagher, S. Hermeneutics and Education, State University of New York Press, 1992. p.128.〕同样地，文化对话中的理解也具有这样的功能。

有的部分的总和，而是那些部分的、独特的排列和内在关系所产生的一种新实体"①。具体来讲，这里所说的新文化，就是指在文化对话的过程中，教师文化和学生文化交互作用产生的一种具有新规范、规则的文化实体。

概言之，文化对话维持一个文化范围，在这个范围内，各种学说不再强制推行自己的真理，而是同意接受反对，这种接受又反过来维持对话。这样，就形成了一个比较宽广、比较宽松和比较宽容的允许范围，在这个范围内，规范变得宽松。规范的宽松，给具有自主性的人以表达的机会，并使潜在的异常思想现实化。这是因为异常思想只有在开放的对话条件下才可能生根，并可能从此变成主流思想。而一种主流思想的形成过程，也是这种主流思想的文化合法化过程：新观念变得值得尊敬和受人尊敬，它在自己的势力范围内被制度化，建立起自己的规则，甚至开始规范化。② 在师生文化对话中，伴随着文化对话创造的宽松环境，新的文化规范也会形成，并且建立起新的文化规则和文化规范。

（三）要发挥教师在新质文化生成中的引导作用

学生文化具有不成熟性，需要经由不断地学习、接纳成人文化，最终成为合格的社会成员。针对学生文化中的消极的一面、不成熟的地方，教师尤其要注重文化上的引导。

值得一提的是，在师生文化对话中，除了宽容合理的学生异质文化外，教师还要发挥教育引导的作用，有针对性地对学生进行理性的疏导，使他们在各种文化思潮的冲击下，朝着正确的方向发展。同时，教师还要有意识地促进教师文化和学生文化的融合和发展。在师生文化对话过程中，师生文化的融合或新质文化的产生，都要注意把握一定的方向：必须基于理性精神而不是经验主义，必须强调主体性而不是服从性，必须倡导创造性而不是重复性。

1. 在引导学生自我反省过程中生成新文化

现代青少年学生发育得早，成熟得早，思想开阔，个性开放，好奇心强，他们容易接受新生事物。但是，这个年龄段的青少年学生往往是缺乏鉴别能力的，他们的亚文化中存在不少消极的、不健康的内容。文化具有稳定性的特征，采用强制性的措施只会使其表面上"消亡"，并不能根除。因此，教师对那些不健康的学生文化，也不能简单地进行禁止。强制的禁止是难以奏效的。所以，正确的态度是加以引导。在理解、分析学生文化的基础上，教师要进行批判性思考，然后针对其中"偏差"的观念，引导学生进行文化上的自我反省，让学生接受和形成正确的、健康的文化规范，抛弃原先亚文化中的消极方面。在这个过程中，学生扬弃旧有的文化，吸收新的文化，最终

---

① R. 本尼迪克特. 文化模式 [M]. 王炜, 等译. 北京：生活·读书·新知三联书店, 1988: 48.
② 埃德加·莫兰. 方法：思想观念 [M]. 秦海鹰译. 北京：北京大学出版社, 2002: 23—25.

可能会生成一种新质文化。

【实例 7.7】

学生在黑板上给教师画头像

语文教师刚抬头一看，全班同学便哄堂大笑起来，笑声中夹杂着"真像"、"多像啊"的议论声。这位教师抬头一看，发现黑板上画着一个很大的头像。他一眼便看出，画的正是自己的头像。面对此时此景，这位教师十分平静，他微笑着对同学们说："画得多好啊，确实像，希望这位同学把画画这个特长发挥下去。"接着他开始上课。从自己为什么选择教师这个职业，谈到农村孩子上学的艰难；从语文的重要性，谈到21世纪对人才的需求；从本学期语文教材改革，谈到对学生们学好语文的要求。45分钟不知不觉过去了，当下课铃声响起的时候，这位教师惋惜地说："本来还想帮同学们预习一下新课的内容，但时间不够用了。"学生们会意了，不少同学把责备的目光投向了画像的同学，这位同学也愧疚地低下了头。

〔资料来源：张晓军，孙立萍. 师生冲突与教师行为［J］. 生活教育，2007（9）.〕

实例中，某位学生在黑板上给教师画头像，引起了全班同学的哄堂大笑，使得正常的课堂秩序受到了破坏。学生由着自己的兴致，不顾课堂教学纪律；而教师显然要维护课堂纪律，以确保教学的正常进行。师生之间存在文化上的冲突。实例中的教师没有简单地批评学生的行为，而是通过多个角度分析学好语文的重要性及具体要求，不动声色地引导学生反思破坏课堂纪律行为所带来的问题。这个过程，有着师生文化对话的影子。在这个过程中，教师把自己的价值观念非常自然地传递给学生。最后，学生们切实地感受破坏课堂纪律带来的不良影响，更加深刻地认识到破坏课堂纪律是一种错误行为，在一定程度上形成了抵制这种行为的共同认知，而且，还有不少学生"把责备的目光投向了画像的同学"。通过引导学生的自我反省，一种新的学生文化在这个过程中逐渐生成了。

2. 在引导学生建立规则过程中生成新文化

师生共同遵循的规则就是班级的文化，在某种意义上也是教师文化和学生文化的一部分。开展师生文化对话，在化解师生文化冲突的同时，一个重要的任务就是要建立师生共同遵守的新规则。

（1）师生共同制订规则

制订规则是建立规则的首要环节。在师生文化对话中，教师如何引导学生共同制订新规则？其前提是要认识到师生文化冲突的真正症结所在，要把存在的问题摸准、吃透。其关键在于规则要共同制订。规则，不能是教师凭借权威，单方面自行宣布；

而应该是在教师的引导下,开展师生进行文化对话,双方协商,共同制订。

【实例 7.8】

新物理老师与学生的约定

初二时开了物理课,同学们对这门新课都非常感兴趣。加之这门课是一位经验丰富的老教师——王老师,同学们就学得更起劲了。但好景不长,王老师的女儿患了急性肝炎,他请假去照顾女儿了,所以我们班就由刚毕业的李老师接替王老师继续教我们班物理。很多同学习惯了王老师的讲法,都觉得李老师讲得不如王老师好,于是有些同学便开始在物理课上讲起话来。不久,物理课上讲话成风。

有一天,李老师并没有立即开始上课,他放下备课本,然后说:"我有一个问题需要同学们配合我才能解决。在我的课上,讲话的人太多。这样不但影响了物理课的进度,而且长此以往还会影响到同学们的学习。所以,今天我们坐下来讨论一下如何解决这一问题。我知道同学们在上课时有说话的需要,让我们大家一起来想一想有什么办法既可以满足你们说话的需要,又不影响我们上课呢?我提出一些建议,你们也可以尽量提出来。我们把这些解决方法写在黑板上,暂时先列出来不做任何评价,然后我们共同商量。把其中你们和我认为不合适的方法删去。"

不久,黑板上列出了以下内容:①惩罚在课上随意说话的同学。②重新安排座位。③当老师不讲话时再讲话。④每节课规定一定时间用于自由交谈。⑤低声耳语。⑥只许口头讨论时讲话。⑦随时想讲话就讲。⑧绝对不许讲话。

当没有人再提议时,老师说:"现在删去我们觉得真正不合理的建议。我要删去⑥、⑦项。"后来有有同学提议删去①、⑤、⑧项。老师说:"现在我们来讨论剩余的项目。对'重新安排座位'这一建议,大家看法如何?"稍经讨论,大家同意删去此项。老师又说:"那'每节课规定一定时间用于自由交谈',如何?"无人反对。对于"低声耳语",同学们觉得不合适,同意删去。

最后老师说:"那剩余的项目就是我们解决问题的方法了,还有谁想增加建议吗?没有?好,那么请同学们自觉遵守我们共同商议出的方案,希望不要再出现在课上随意讲话的现象了。"之后,李老师就开始上课了。对于师生之间出现的冲突,"李老师"采取了与学生沟通的方式,值得欣赏和借鉴。

〔资料来源:马瑞.师生冲突化解的艺术——我的学生经历与思考[J].新课程研究,2010(3下).〕

实例中,面对师生之间在课堂纪律方面的文化冲突,教师主动与学生开展文化对话，引导学生与自己共同制订课堂规则。在师生文化对话的过程中，课堂规则的制订经历了三个环节：一是教师和学生运用"头脑风暴法"，对新的课堂规则提出建议，并且罗列在黑板上。实例中，师生在这个环节列出 8 条课堂规则。二是教师删去了自己觉得不合理的 2 项规则。三是有的学生提议删去几条规则，对此，经由师生共同讨论，最后删除了 2 项，而剩余的项目则成为师生共同的约定。在规则制订之后，教师还要求学生自觉遵守。

(2) 师生共同执行规则

规则的生效是规则建立的标志。那么，有效的规则有什么特征，有效的规则如何建立？其中一个重要的做法是：规则的执行者，要成为规则的制订者；规则的制订者，同时也是规则的执行者、监督者。因此，在开展师生文化对话、化解师生文化冲突过程中，教师除了引导学生与教师一起制订规则外，还要引导学生与教师一起执行规则和监督规则的执行。

【实例 7.9】

师生之间的"契约书"

转眼间我已经是一名高中生了。新的开始，新的班级，同时也出现了新的问题。上课时，老有同学相互讲话、传纸条、看课外书或是走神。老师为了正常上课不得不停地维持课堂秩序，师生之间也因此发生不少摩擦。面对越来越多的课堂问题行为，班主任付老师专门开了一次主题班会来解决最近出现的师生冲突。

付老师先陈述了问题所在，然后鼓励大家畅所欲言，提出解决问题的方法，最后将这些方法形成我们班的"契约书"，师生共同遵守。

同学们纷纷发言，形成条款如下：①上课不随意讲话，有问题举手，经老师同意后再与老师、同学讨论。②上课时禁止传纸条，有事下课解决。③不能将与学习无关的书籍带到班里。

……

之后，付老师说："好，下面我们考虑一下如何才能使我们的决定生效？"同学们提出将这些条款由生活委员整理好，再预留出半页纸让同学们和老师在上面签名，以示同意。最后老师说："这样很好，以后老师和每位同学都是'契约书'的监督者，看谁还犯老毛病。我们拭目以待班级的新面貌。同时，我们也在'契约书'的执行过程中检验它的效果。"

为了解决课堂上不断出现的师生冲突，"付老师"与同学们共同商议，制定出了一份"契约书"，这样使问题的制造者"我们"同时也成为了问题解决者，进而为有效地减少师生冲突的出现做好了准备。

〔资料来源：马瑞．师生冲突化解的艺术——我的学生经历与思考［J］．新课程研究，2010（3下）．〕

实例中，教师发动学生开展师生文化对话，制订了师生共同遵守的班级"契约书"。制订之后，教师并没有把新的规则放在一边，不去管它的执行情况，而是继续与学生讨论规则的执行与监督。最后，除了制订班级"契约书"，而且还约定了"契约书"落实与监督的方法。这样，在新质文化生成的程度上，显然与仅仅制订规则相比，走得更加深入。

（3）师生共同内化规则

规则的内化，意味着规则在更深层次上成为了群体的文化。在师生文化对话中，对于师生双方共同约定的规则，师生共同去遵守，共同去执行，共同去监督，最后则内化为师生双方共同的文化规范。此时，内化了的规则，不再是师生表面同意的制度，而是成了师生双方内在的行为准则。

【实例7.10】

诚信果

在刚开学不久，我发现班中部分同学在排队时比较喜欢讲话，整队时要讲话，走在走廊上也要讲，上下楼梯还要讲，针对这种现象，我也曾试着批评他们，但收获甚微，怎么办呢？我苦思冥想，忽然在脑海中出现了一个想法。

第二天，我把一瓶装有28颗巧克力的瓶子放在讲台上，学生看了高高兴兴的议论起来：有的说："老师真好，又发巧克力给我们吃了。"还有的说："我吃过这种巧克力的，味道好极了！"正当他们谈兴正浓时，我开始说话了："这可不是一颗普通的巧克力，它是一课诚信果。如果有同学能保证从今天开始在队伍里不讲话的，可以上来领一颗。你吃了，就说明已经向我许下了诺言，那你必须要遵守这条规范，谁有勇气第一个上来？"

顿时教室里鸦雀无声，同学们互相望着。这种状态大约持续了两分钟后，我班的体育委员小郭同学带头第一个走向讲台，拿了一颗诚信果，并当着同学的面把它吃了下去。然后，同学们接二连三地上来拿这诚信果。最后教室里还剩下四五个男生坐着纹丝不动，我定眼一看，原来全是讲话的积极分子。当时我也看出他们内心在作斗争：上来吧，万一日后控制不住自己又在队伍里讲话，岂不是被老师和同学说是不讲诚信。不上来吧，在同学面前难交代，就在他们举棋不定时，我向他们投去了信任的眼神和甜甜的微笑。在我的鼓励下，这些同学终于鼓起勇气走上了讲台领了这颗诚信果。

这件事后,原来排队讲话的情况有了很大的改观,但他们毕竟是孩子,有的会有反复的,偶尔在他们排队时,我就会轻轻地提醒他们:"你已吃下了诚信果,怎们还……?"孩子们听后就心神领会了。

学生是有思想有感情的,教育他们不讲策略,只是面部僵硬,滔滔不绝的进行道法说教,恐怕不仅不能对症下药,反而会引发逆反的心理。较好的办法是避开正面交锋,借用巧妙的手法让学生心悦诚服。正所谓:"不战而屈人之兵,苦口良药也显奇效。"

〔资料来源:该实例由上海市宝山区月浦新村小学王建花撰写〕

实例中,对于学生排队、整队时随意讲话,教师存在不同的想法,并且也批评了学生,但收效甚微。教师为此组织一次专门的师生文化对话,与学生约定,拿了、吃了"诚信果",就是承诺在队伍里不讲话,而且还要遵守诺言。这样的约定,就是师生共同建立一个新规则。在所有学生领取诚信果之后,果然学生排队讲话的情况有了很大改观。对于那些有反复的学生,教师则轻轻地提醒他们已经吃了"诚信果",孩子们能够很容易地接受。相信经过这样多次的强化,师生文化对话中生成的规则,必然会内化成师生共同遵守的规则,成为师生双方做事的准则。

总之,文化生成是师生文化对话的主要结晶,也是师生文化对话的重要结果。但需要明确的是,师生文化对话的结果并不只是文化生成。为了更好地认识师生文化对话的结果,有必要先了解一般情况下两种或多种文化同处于一时空时的调节形式。西方有关研究指出,两种或多种文化汇合或交融在一起时,可能发生的调节形式有以下几种:其一,并行不悖,即每个集团保持自己的大部分原有特性,同时与其他文化并进;其二,排除,即对立的数种文化中的一种文化有效地排除其他文化。其三,统治,这是一种不太激烈的调节形式。当两种文化以不平衡的并立形式发展时,一种文化便压倒另一种文化。其四,溶合。两种文化的汇合形成一种包含两者特点的新文化。这种文化溶合往往是一种文化特点的成份多于另一种文化。[①] 师生文化对话的价值追求是师生文化的和谐,师生文化对话的结果也主要是文化和谐,而文化生成只是文化和谐的一种重要形式。这一节的内容,主要介绍、分析的是文化生成,而对师生文化对话的其他结果,在"师生文化对话的追求:文化和谐"这一部分已经有所提及,在这里则不作具体的分析。

---

① 中央教育科学研究所比较教育研究室编译. 简明国际教育百科全书·人的发展[Z]. 北京:教育科学出版社,1989:406.

实例索引

实例 1.1　学生说愚公太"愚蠢"了 …………………………… 14
实例 1.2　学生在课堂上玩电子游戏 …………………………… 15
实例 1.3　班主任把课外活动取消了 …………………………… 16
实例 1.4　学生要求课后补罚俯卧撑 …………………………… 19
实例 1.5　我踢了学生一脚 ……………………………………… 21
实例 1.6　一次考场变故折射的师生文化冲突 ………………… 21
实例 1.7　被激起来的耳光 ……………………………………… 27
实例 1.8　门外偷窥的眼睛 ……………………………………… 28
实例 1.9　他把书扔进了垃圾桶 ………………………………… 30
实例 1.10　不请假就回家的学生 ………………………………… 30
实例 1.11　学生在课堂上玩足球 ………………………………… 32
实例 1.12　适得其反的批评 ……………………………………… 32
实例 1.13　没有及时配眼镜挨老师骂 …………………………… 34
实例 1.14　辛苦换来的是学生的抱怨 …………………………… 34
实例 2.1　一头牛和一匹马能相加吗？ ………………………… 44
实例 2.2　都是《吃面条儿》惹的祸 …………………………… 45
实例 2.3　那本撕烂的书啊！ …………………………………… 46
实例 2.4　一个小失误带来的困惑 ……………………………… 47
实例 2.5　教师怀怒打伤了学生 ………………………………… 51
实例 2.6　都是沙包惹的"祸" ………………………………… 55
实例 2.7　打了学生耳光之后 …………………………………… 56
实例 2.8　不能容忍的学生"纸卡文化" ……………………… 57
实例 2.9　学生当面顶撞了老师 ………………………………… 58
实例 3.1　父亲打我，我就去打别人 …………………………… 65
实例 3.2　学生和父母都对学校不满 …………………………… 66
实例 3.3　以自我为中心的学生 ………………………………… 67
实例 3.4　被同学欺负的男生 …………………………………… 69
实例 3.5　惹事生非的学生小俊 ………………………………… 70

实例 3.6　一个学生的反常行为 …………………………………………… 71
实例 3.7　师生对同一问题的看法不同 …………………………………… 74
实例 3.8　我哪儿说错了 …………………………………………………… 78
实例 3.9　我对班级的管理失控了 ………………………………………… 79
实例 4.1　老师说我吹口哨 ………………………………………………… 90
实例 4.2　失败的一吼 ……………………………………………………… 93
实例 4.3　死要面子的学生 ………………………………………………… 94
实例 4.4　学生在破坏铁门 ………………………………………………… 99
实例 4.5　我忘了把"画"还给学生 ……………………………………… 100
实例 4.6　一场"莫名"的师生冲突 ……………………………………… 102
实例 5.1　"生姜"老师的坏事记录表 …………………………………… 107
实例 5.2　老师,对不起! ………………………………………………… 109
实例 5.3　"百度贴吧"惹的祸 …………………………………………… 114
实例 5.4　师生的矛盾化解了 ……………………………………………… 116
实例 5.5　师生关系从对立到和谐 ………………………………………… 117
实例 5.6　尊重学生要从小事做起 ………………………………………… 121
实例 5.7　同学,老师向你道歉 …………………………………………… 123
实例 5.8　学生在课堂上吃零食 …………………………………………… 125
实例 5.9　一个不服"管教"的学生 ……………………………………… 126
实例 6.1　摘下有色眼镜 …………………………………………………… 131
实例 6.2　一个善"辩"的学生 …………………………………………… 134
实例 6.3　面对嚣张的学生 ………………………………………………… 135
实例 6.4　老师,你伤了人家自尊 ………………………………………… 137
实例 6.5　五角星的背后 …………………………………………………… 139
实例 6.6　学生眼中的新老师 ……………………………………………… 143
实例 6.7　教师权威的度在哪里 …………………………………………… 146
实例 6.8　老师的"面子"怎么找回来 …………………………………… 147
实例 6.9　"数学老师自画像" …………………………………………… 148
实例 6.10　老师,你不该这样批评我 …………………………………… 149
实例 7.1　孩子爱唱另类童谣 ……………………………………………… 153
实例 7.2　我的小队长标志谁作主 ………………………………………… 156
实例 7.3　学生小丹终于理解了我 ………………………………………… 161
实例 7.4　她想逃离我的课堂 ……………………………………………… 163
实例 7.5　后排学生为什么上课讲话 ……………………………………… 165
实例 7.6　学生认识到了沟通的重要性 …………………………………… 167

实例 7.7　学生在黑板上给教师画头像 …………………………………… 171
实例 7.8　新物理老师与学生的约定 ……………………………………… 172
实例 7.9　师生之间的"契约书" …………………………………………… 173
实例 7.10　诚信果 ……………………………………………………………… 174

相关链接索引

相关链接 2.1　师生文化冲突促进学生成长 …………………………………… 42
相关链接 2.2　师生冲突影响师生关系 ………………………………………… 53
相关链接 3.1　文本文化与现实文化的冲突 …………………………………… 62
相关链接 4.1　学校制度引起的学生反抗 ……………………………………… 84
相关链接 4.2　大爱与偏爱的冲突 ……………………………………………… 91
相关链接 4.3　学生消极亚文化的表现 ………………………………………… 98
相关链接 6.1　不必奇怪孩子的文化选择 ……………………………………… 130
相关链接 6.2　宽容的教师更易化解师生冲突 ………………………………… 133
相关链接 7.1　师生交流有利于化解师生冲突 ………………………………… 155
相关链接 7.2　学生爱玩"摘菜"游戏 ………………………………………… 159

主要参考文献

一、著作部分

1. R. 本尼迪克特. 文化模式 [M]. 王炜, 等译. 北京：生活·读书·新知三联书店, 1988.
2. 殷鼎. 理解的命运 [M]. 北京：生活·读书·新知三联书店, 1988.
3. 中央教育科学研究所比较教育研究室编译. 简明国际教育百科全书·人的发展 [Z]. 北京：教育科学出版社. 1989.
4. 迈克尔·布雷克. 越轨青年文化比较 [M]. 岳西宽, 等译. 北京：北京理工大学出版社, 1989.
5. L. 科塞. 社会冲突的功能 [M]. 孙立平等译. 北京：华夏出版社. 1989.
6. R. 本尼迪克特. 菊与刀 [M]. 吕万和, 等译. 北京：商务印书馆, 1990.
7. 马骥雄. 外国教育史略 [M]. 北京：人民教育出版社, 1991.
8. 陈桂生. 教育原理 [M]. 上海：华东师范大学出版社, 1993.
9. 约翰·杜威. 学校与社会·明日之学校 [M]. 赵祥麟, 等译. 北京：人民教育出版社, 1994.
10. 程继隆主编. 社会学大辞典 [Z]. 北京：中国人事出版社, 1995.
11. 联合国教科文组织国际教育发展委员会. 学会生存——教育世界的今天和明天 [M]. 华东师范大学比较教育研究所译. 北京：教育科学出版社, 1996.
12. 联合国教科文组织总部中文科译. 教育——财富蕴藏其中 [M]. 北京：教育科学出版社, 1996.
13. 张志扬. 缺席的权利——阅读、讲演与交谈 [M]. 上海：上海人民出版社, 1996.
14. 李亦园. 人类学的视野 [M]. 上海：上海文艺出版社, 1996.
15. 王政挺. 传播：文化与理解 [M]. 北京：人民出版社, 1998.
16. 吴康宁. 教育社会学 [M]. 北京：人民教育出版社, 1998.
17. 王铭铭. 想象的异邦——社会与文化人类学散论 [M]. 上海：上海人民出版社, 1998.
18. 皮埃尔·布迪厄, 华康德. 实践与反思——反思社会学导论 [M]. 李猛, 李康译.北京:中央编译出版社,1998.

19. 费孝通.生育制度[M].北京:商务印书馆.1999.

20. 埃德加·莫兰.迷失的范式:人性研究[M],陈一壮译.北京:北京大学出版社.1999.

21. 埃德加·莫兰.复杂性理论与教育问题[M].陈一壮译.北京:北京大学出版社,1999.

22. 缪建东.家庭教育社会学[M].南京:南京师范大学出版社,1999.

23. O.F.博尔诺夫.教育人类学[M].李其龙,等译.上海:华东师范大学出版社,1999.

24. 周德祯.教育人类学导论[M].台湾:五南图书出版公司,1999.

25. 梁漱溟.东西文化及其哲学[M].北京:商务印书馆,1999.

26. 克利福德·格尔兹.文化的解释[M].纳日碧力戈,等译.上海:上海人民出版社,1999.

27. 郑金洲.教育文化学[M].北京:人民教育出版社,2000.

28. 迈克尔·沃尔泽.论宽容[M].上海:上海人民出版社,2000.

29. 司马云杰.文化社会学[M].北京:中国社会科学出版社,2001.

30. 黄书光,王伦信,袁文辉.中国基础教育改革的文化使命[M].北京:教育科学出版社,2001.

31. 贺来.宽容意识[M].长春:吉林教育出版社,2001.

32. 埃德加·莫兰.方法:思想观念[M].秦海鹰译.北京:北京大学出版社,2002.

33. 约翰·R·霍尔,玛丽·乔·尼兹.文化:社会学的视野[M].周晓虹,徐彬译.北京:商务印书馆,2002.

34. 莫里斯·哈布瓦赫.论集体记忆[M].毕然,郭金华译.上海:上海人民出版社,2002.

35. 布鲁克菲尔德著,张伟译:《批判反思型教师ABC》,中国轻工业出版社,2002.

36. 庄晓东主编.文化传播:历史、理论与现实[M].北京:人民出版社,2003.

37. 特瑞·伊格尔顿.文化的观念[M].方杰译.南京:南京大学出版社,2003.

38. 乔纳森·弗里德曼.文化认同与全球性过程[M].郭建如译.北京:商务印书馆2003.

39. 佐藤学.课程与教师[M].钟启泉译.北京:教育科学出版社,2003.

40. 衣俊卿.文化哲学十五讲[M].北京:北京大学出版社,2004.

41. 李亦园．文化与修养［M］．桂林：广西师范大学出版社，2004．

42. 麦特·里德雷．美德的起源：人类本能与协作的进化［M］．刘珩译．北京：中央编译出版社，2004．

43. 戴维·伯姆．论对话［M］．李·尼科编，王松涛译．北京：教育科学出版社，2004．

44. 克利福德·格尔兹．地方性知识——阐释人类学论文集［M］．王海龙，张家瑄译．北京：中央编译出版社，2004．

45. 韦政通．中国文化与现代生活［M］．北京：中国人民大学出版社，2005．

46. 约翰·杜威．我们怎样思维·经验与教育［M］．姜文闵译．北京：人民教育出版社，2005．

47. 黎德化．文化冲突与社会矛盾［M］．北京：北京出版社，2006．

48. Geore, F. Kneder, Educational Anthropology: An Introduction, 1965.

49. Spindler, G. D. (ed.), Education and Cultural Process, New York: Holt, Rinehart and Winston. Inc. 1974.

50. Gallagher, S. Hermeneutics and Education, State University of New York Press, 1992.

51. Bruner, J. The Culture of Education, Harvard University Press, 1996.

二、论文部分

1. 穆娜·阿布·辛娜．关于文化对话中的原则性意见［J］．马瑞瑜译．中国比较文学，1996，（2）．

2. 傅维利．学校教育与亚文化［J］．教育评论，1997，（6）．

3. 孙宏艳．新校园童谣31则［J］．少年儿童研究，2001，（1—2）．

4. 白明亮．批评与反思：师生冲突的社会学分析［J］．南京师大学报（社会科学版），2001，（3）．

5. 谷光辉，等．高中学生文化现象的调查与对策研究［J］．思想·理论·教育，2001，（3）．

6. 郑膺予．试论亚文化对青年的影响——兼论德育工作的应对［J］．华东理工大学学报（社科版），2001，（3）．

7. 丁敏．课堂教学中的师生冲突［D］．华东师范大学硕士学位论文，2001．

8. 李晓明．文化冲突与青少年犯罪［J］．苏州大学学报（哲学社会科学版），2002，（1）．

9. 孙肖远．论体制转轨中的文化冲突与文化构建［J］．社会主义研究，2002，（6）．

10. 姜勘．从社会学角度审视师生冲突［J］．引进与咨询，2003，（1）．

11. 丁敏. 师生冲突的文化因素探析 [J]. 苏州科技学院学报（社会科学版），2003,（3）.

12. 侯定凯. 从亚文化到多元文化：学校教育改革的一个视角 [J]. 思想·理论·教育，2003,（3）.

13. 高亚萍. "亚文化"视野中的青年流行文化 [J]. 中国青年研究，2003,（5）.

14. 王建军，邹红. 师生冲突的分析及其管理对策 [J]. 现代教育论丛，2003,（6）.

15. 白芸. 理解学生文化——上海市一个初中班级的个案研究 [D]. 华东师范大学博士学位论文，2003.

16. 陈平. 多元文化的冲突与融合 [J]. 东北师大学报（哲学社会科学版），2004,（1）.

17. 张玉茹. 校园亚文化与青年社会化 [J]. 青年探索，2004,（1）.

18. 田国秀. 接纳冲突：当代教师面对师生冲突 [J]. 教育理论与实践，2004,（2）.

19. 石艳. 隐性冲突：一种重要的师生互动形式 [J]. 湖南师范大学教育科学学报，2004,（2）.

20. 邹农基. 学生文化的存在及其与成人文化的冲突 [J]. 当代青年研究，2004,（2）.

21. 孙涛. 文化冲突——青少年犯罪的文化背景透视 [J]. 山东省青年管理干部学院学报，2004,（2）.

22. 王根明. 体罚学生：我一忍再忍忍不住 [J]. 思想·理论·教育，2004,（4）.

23. 丁静. 关于师生冲突中教师行为的案例研究 [J]. 教育研究，2004,（5）.

24. 杨四耕，林存华. 宽容精神观照下的课堂教学改革 [J]. 中国教育学刊，2004,（9）.

25. 林存华. 教育世界与生活世界：从隔离到融通 [J]. 教育理论与实践，2004,（10）.

26. 杨四耕，林存华. 走向"宽容教育" [J]. 思想·理论·教育，2004,（11）.

27. 杨俊，彭贵川. 论语文教育中人文精神培养的文化冲突与超越 [J]. 西南民族大学学报（人文社科版），2004,（11）.

28. 沈莹. 师生冲突——师生关系的另一个视角 [J]. 上海教育科研，2004（11）.

29. 崔玉中. 小学阶段独生子女师生关系调查报告 [J]. 当代教育科学，2004,（21）.

30. 姜月. 遮蔽与解蔽——学校教育的文化反思 [D]. 华东师范大学博士学位论

文，2004.

31. 徐爱芬．中学师生冲突现象研究——以兰州市安宁区的部分中学为例［D］．西北师范大学硕士学位论文，2004.

32. 王继平．论近代中西文化冲突与整合过程中的价值选择模式［J］．湘潭大学社会科学学报，2005，（1）．

33. 吴菁．中西文化的冲突与应对［J］．南通职业大学学报，2005，（1）．

34. 丁敏．师生冲突的根源及消解对策［J］．合肥学院学报（社会科学版），2005，（1）．

35. 叶为，韦耀阳．重新审视师生冲突——一种文化学分析［J］．湖北师范学院学报（哲学社会科学版），2005，（4）．

36. 关健，李庆霞．文化的构成与文化冲突［J］．边疆经济与文化，2005，（5）．

37. 徐学俊，李正洪，王文．关于中小学师生关系的调查与思考［J］．教育科学研究，2005，（5）．

38. 翟丽．教师文化的三大倾向及其对师生关系的负影响［D］．安徽师范大学硕士学位论文，2005.

39. 周海玲．制度下的教师文化［D］．华东师范大学博士学位论文，2005.

40. 左金娣．教师应对课堂师生冲突的策略探析［J］．保定师范专科学校学报，2006，（4）．

41. 杨宏丽．课堂文化冲突的多视角审视［J］．东北师大学报（哲学社会科学版），2006，（5）．

42. 刘福才．中小学师生冲突及其教育价值［J］．教育导刊，2006，（5）．

43. 杨双全．中小学师生冲突有何价值［N］．中国教育报，2006－05－20.

44. 邓伟志．建设和谐文化要处理好几个关系［N］．光明日报，2006－07－25.

45. 王馄，刘普．对初中师生冲突应对的调查与思考［J］．教师教育，2006，（11）．

46. 于贵明．文化多样性的动力作用与推动文化对话［J］．广播电视大学学报，2007，（4）．

47. 陈文心．社会转型期中学师生冲突的社会学探析——以海口调查为例［J］．河北师范大学学报（教育科学版），2007，（6）．

48. 梁桂．师生冲突的负面影响及其对策［J］．职业教育研究，2007，（7）．

49. 许琼华．师生冲突的多视角解读［J］．哈尔滨学院学报，2007，（10）．

50. 邓石莲．对师生冲突的一些思考［J］．中教研究，2007，（11－12）．

51. 李金霞．师生冲突的正向功能［J］．现代教育论丛，2008，（1）．

52. 辜志强，赵敏．师生冲突的文化原因及其积极意义［J］．九江学院学报，2008，（5）．

53. 袁伟英. 化解师生冲突, 共建和谐师生关系. 宿州教育学院学报, 2008 (5).

54. 陈贵虎. 社会学视角中的师生冲突 [J]. 中国成人教育, 2008, (5).

55. 杜志强. 教师权力策略: 基于师生冲突的案例剖析 [J]. 教育与现代化, 2009, (2).

56. 崔丽娟. 初中阶段师生冲突的现状调查与分析 [J]. 河南职业技术师范学院学报（职业教育版）. 2009, (6).

57. 龚新云. 巧妙地化解师生冲突 [J]. 教书育人, 2009, (7).

58. 耿宏丽. 刍议课堂教学文化场域中的师生冲突 [J]. 教育科学论坛, 2010, (2).

59. 符太胜, 焦中明. 从建构主义透视课堂文化冲突 [J]. 内蒙古师范大学学报（教育科学版）, 2010, (2).

60. 安富海. 论课堂中的文化冲突与调适 [J]. 教育导刊, 2010, (15).

61. 吴琼洳. 国中学生反学校文化之研究 [EB/OL]. http://140.109.196.10/pages/seminar/sp/socialq/wu_qiong_ru.htm.

62. Kramer Rita, Inside the Teacher's Culture, Public Interest, Winter 97, Issue 126.

63. Acker Sandra, Teachers' Culture in an English Primary School: continuity and change, British Journal of Sociology of Education, Sep 90, Vol. 11, Issue 3.

64. Anne Williams, Individualism to Collaboration: the significance of teacher culture to the induction of newly qualified teachers, Journal of Education for Teaching, Vol. 27, No. 3, 2001.

65. Michael Littledyke, Managerial Style, the National Curriculum and Teachers' Culture: responses to educational change in a primary school, Educational Research Volume 39 Number 3 Winter 1997.

66. Judyth Sachs & Richand Smith, Constructing Teacher Culture, British Journal of Sociology of Education, Vol. 9, No. 4, 1988.

后 记

当前，我们正处于社会结构深度转型、文化价值多元发展的时代。在这个社会与文化深刻转型的时代，教师文化与学生文化的差异、矛盾和冲突愈来愈明显，教师文化和学生文化有渐行渐远的趋势。关注社会转型期的师生文化冲突，始于博士学位论文的选题。完成博士学位论文之后一段时间，由于工作的原因，对这个话题关注得比较少了。近期，我又重新就这一选题收集了大量资料，主要是相关的文献和师生冲突的实例。在研读文献的过程中，我发现了一个令我"奇怪"的现象——有两篇公开发表的文章，"悄然"摘抄了我博士学位论文中大段的文字，但却没有做出任何的注释。对此，我一方面感到一点"欣喜"，这说明我的博士学位论文还值得关注，还是有人问津；另一方面，我也感到一点"吃惊"，为抄袭者的大胆感到吃惊，毕竟现在有了电子期刊，抄袭起来方便，抄袭被发现也更加容易。

除了收集文献资料，我还通过一些渠道收集了一线教师撰写的师生冲突案例，还就师生冲突这一话题调研了上海市的一所小学。在收集、梳理文献和调研基础上，我对原先的博士学位论文作了调整、扩展和修改，增加了一倍左右的文字。调整指的是把书稿的部分内容根据逻辑和篇章布局重新排列，使篇章结构更加合理，每章的长短更加匀称；扩展指的是根据结构和行文的需要，补充和扩写部分内容，如增加了第一章第三节"社会转型期师生文化冲突的类型"、第五章第二节"师生文化对话的界定"等内容，扩充的重点是增加了大量的师生文化冲突实例和相应的分析；修改指的是文字语句的修改，逐字逐句地修改后，文字表达变得更加准确，语句陈述变得更加精炼，增加了本书的可读性。

在篇章结构方面，本书由导言和七章内容组成。导言在介绍和分析研究师生冲突的教育学、心理学、社会学、生态角视角的基础上，提出了从文化学视角研究师生冲突具有分析深刻、对策贴切的优势。导言部分还引出了师生文化冲突的概念，揭示了研究师生文化冲突的理论意义和实践价值。第一章结合师生文化冲突的真实事例，描述了社会转型期师生冲突的几种表现，概括了社会转型期师生文化冲突的鲜明特点，介绍了社会转型期师生文化冲突的不同类型。第二章着重分析师生文化冲突的现实影响和潜在作用。这一章不仅分析师生文化冲突的消极作用，更是用相当的篇幅分析师生文化冲突的积极意义。而且，还用一定的文字分析以不恰当的方式应对师生文化冲突，即压制师生文化冲突所带来的危害，从而为引出师生文化对话的合理性，作了铺垫，并且为用文化对话来应对师生文化冲突，埋下了伏笔。

第三章和第四章探寻师生文化冲突的根源和成因。第三章从分析人的自然性与社会性的矛盾开始，探讨了师生文化冲突的社会根源；从分析文化自身矛盾在学校教育中的反映入手，探讨了师生文化冲突的文化根源；从分析家庭文化与学校文化的冲突出发，探讨了师生文化冲突的家庭生活根源。这一章还探讨了师生文化差异、文化接触、文化矛盾和文化冲突这四者之间的关系。第四章则对影响师生文化冲突的学校因素、教师因素和学生因素，作了较为详细的分析。

第五章、第六章和第七章集中探寻的是师生文化冲突的出路，即开展师生文化对话。在这三章内容中，不仅分析了师生文化对话的合理性，界定了师生文化对话的概念，而且还分析了开展师生文化对话的目标、要求和结果。这几章提出，师生文化对话的追求是师生文化和谐，师生文化对话的前提是教师尊重学生，师生文化对话的基础是师生双方特别是教师悬置偏见，师生文化对话的关键是教师宽容学生，师生文化对话的要点是重塑教师权威，师生文化对话的推进在于教师理解学生，师生文化对话的深入要求师生达成相互理解，师生文化对话的重要结晶则是文化生成。

本书的"前身"——我的博士学位论文，是在导师郑金洲先生的直接指导下完成的；本书后期的"加工"、"扩容"，也得到了郑老师的诸多关心和提点。说起来，在郑老师指导的研究生当中，我是受他指导的时间最早、跟随他学习时间最长的学生。我的学士学位论文、硕士学位论文、博士学位论文，都是郑老师指导的。记得1996年9月，我初入华东师范大学教育学系学习，是郑老师教授的"教育通论"这门课，让我与教育学有了"第一次亲密接触"。在四年的本科学习期间，我数次打扰郑老师，请他指导我的几篇教育研究方面的"习作"，他不厌其烦地耳提面命，并对几篇文稿作了文字上的精心修改，让我受益匪浅。攻读硕士研究生和博士研究生期间，我有幸得到郑老师的恩准，入他门下，得到具体的学术和人生指导，更是收获良多。参加工作之后，郑老师百忙之中，还经常关心我的业务、学习和生活，帮助我剖析自身存在的问题，指引发展的方向。在此，对我敬爱的导师，表示最诚挚的敬意和感谢！

本书的写作得到了我的家人，特别是爱人的大力支持。博士论文写作期间，她主动承担了几乎所有的家务，让我有更多的时间用于写作。本书后期加工期间，她又主动承担了照顾孩子的重任，让我有更多的时间修改文稿。本书写作之初，女儿还没有降生；本书成书之时，女儿已经3岁有余。从最初的写作，到本书的成稿，横跨了6年时光，不禁让人感叹时光之飞逝。在此，对我亲爱的家人，表示真心的感谢！

本书的出版得到了上海交大附中仲丽娟女士的大力引荐，得到了北京大学出版社姚成龙先生的慷慨惠允和有力推荐。仲女士和姚先生在阅读本书的初稿后，提出了很多建设性的修改意见。他们的意见，使本书增色不少。北京大学出版社成淼编辑认真负责、充分沟通，加快了本书的出版进程。在此，对仲女士、姚先生和成老师，表示衷心的感谢！

上海市宝山区教师进修学院张萍老师，为本书的修改推荐了不少一线教师撰写的师生冲突实例；上海市浦东新区北蔡中心小学，也为本书修改所需的调研提供了便利条件。本书的写作还通过查阅论文、著作、网络文章等方式，引用了许多一线教师和专业研究者的师生冲突实例、相关的学术观点。在此一致表示深深的谢意！

限于本人的水平，本书的错漏之处在所难免，恳请读者不吝指正！

林存华

2011 年 2 月于上海

lincunhua@126.com